헌법 쉽게 읽기

헌법 쉽게 읽기

ⓒ 김광민, 2017

초판 1쇄 2017년 9월 28일 펴냄
초판 5쇄 2024년 4월 1일 펴냄

지은이 | 김광민
펴낸이 | 강준우

기획·편집 | 박상문
디자인 | 최진영
마케팅 | 이태준
인쇄·제본 | ㈜ 삼신문화

펴낸곳 | 인물과사상사
출판등록 | 제17-204호 1998년 3월 11일

주소 | (04037) 서울시 마포구 양화로7길 6-16 서교제일빌딩 3층
전화 | 02-325-6364
팩스 | 02-474-1413

www.inmul.co.kr | insa@inmul.co.kr

ISBN 978-89-5906-542-4 03300

값 16,000원

이 도서의 국립중앙도서관 출판예정도서목록(CIP)은 서지정보유통지원시스템 홈페이지
(http://seoji.nl.go.kr)와 국가자료공동목록시스템(http://www.nl.go.kr/kolisnet)에서
이용하실 수 있습니다. (CIP제어번호: CIP2017024822)

헌법
쉽게 읽기

상식적이지만 비범한 우리의 법 이야기

김광민 지음

인물과
사상사

북한 이탈 주민은 한국에 정착하기까지 많은 어려움을 겪는다. 가장 큰 어려움은 고향을 잃은 것이다. 북한에 고향을 둔 그들은 자신의 선택으로 한국에 왔지만 고향에 대한 그리움은 어쩔 수 없다. 특히 여성 이탈 주민에게 고향의 상실은 곧 친정이 없다는 것을 의미한다. 그들에게 친정의 부재는 매우 큰 어려움이다. 남성 중심 사회에서 결혼한 여성에게 친정은 정서적 안식처이기 때문이다.

2015년 서울시 양천구 신월동에 있는 '친정집'에서 여성 이탈 주민들에게 헌법을 가르쳐달라는 요청을 받았다. 친정집은 친정을 잃은 그들에게 "우리가 서로의 친정이 되어주자"는 의미에서 만들어진 단체다. 단체라고 해보아야 조그마한 빌라에 몇몇 여성이 옹기종기 모여 서로에게 의지가 되어주는 정도였다. 처음에는 조금 의아했다. "북한 이탈 주민에게 법률 교육을 하려면 민법이나 노동법처럼 현실에서 사용할 수 있는 것을 알려주어야 하지 않을까?"
하지만 친정집은 한국 사회에 대한 이해가 부족한 그들에게 헌법
만큼 한국을 이해하는 데 도움이 되는 교재는 없다고 했다.

　세미나를 시작하려니 가장 먼저 부딪힌 어려움은 교재였다. '헌
법'이라는 제목을 단 책은 대부분 헌법 조문은 구경하기도 어려운
에세이집에 가까운 것이었다. 나는 북한 이탈 주민들과 함께 헌법
조문을 직접 읽어보고 싶었다. 헌법에 대한 개인의 생각을 풀어쓴
글은 북한 이탈 주민에게 한국에 대한 또 다른 편견을 심어줄 수
있을 것 같았다. 헌법 조문이 중심이 된 책을 찾기 시작했는데, 조
문이 들어간 책은 대부분 학술서나 수험서였다. 북한 이탈 주민들
과 둘러앉아 읽기에는 너무나 무거웠다.

　결국 직접 교재를 쓰기 시작했다. 교재를 쓰면서 법률 전문가라
는 변호사면서도 헌법을 너무 모르고 있었다는 것을 깨달았다. 헌
법은 읽으면 읽을수록 신비로웠다. 부족한 부분도 많았지만 훌륭
한 부분이 더 많았다. "헌법만 지켜도 훌륭한 세상이 되겠네"라는
자조 섞인 생각이 들기도 했다.

친정집의 세미나가 끝나고 만들어진 교재로 경기도 부천에서 시민단체 활동가들과 다시 세미나를 시작했다. 이 과정에서 교재를 한 번 더 다듬었다. 감사하게도 친정집과 부천 활동가들은 세미나를 좋게 평가해주었다. 더 많은 이가 볼 수 있었으면 좋겠다는 말에 용기를 내어 『오마이뉴스』에 연재를 시작했다.

이렇게 친정집, 부천 지역 활동가, 『오마이뉴스』를 거치며 다듬어진 교재를 책으로 묶어내게 되었다. 『오마이뉴스』에 연재한 28편의 글에 게재되지 않은 22편의 글을 더했다. 북한 이탈 주민과 지역 활동가가 편하게 읽을 수 있도록 가급적 쉽게 풀어썼지만, 아무래도 오랜 시간 법률 훈련을 받아왔기 때문에 무의식적으로 법률 용어나 어려운 문장을 쓰기도 했을 것이다. 독자에게 죄송한 부분이다. 조잡한 글로 같이 공부해준 친정집 식구들과 부천 지역 활동가들에게 고마움을 전한다.

2017년 9월

김광민

차례

1장

대한민국은 민주공화국이다

2장

🏛

나는 존엄할 권리가 있다

3장

권리를 지키기 위해 싸워온 사람들

4장

국가가 국민을 외면한다면

5장

🏛

헌법이 말하는 인간다운 삶

헌법, 어떻게 읽을까?

전문

유구한 역사와 전통에 빛나는 우리 대한국민은 3·1운동으로 건립된 대한민국임시정부의 법통과 불의에 항거한 4·19민주이념을 계승하고, 조국의 민주개혁과 평화적 통일의 사명에 입각하여 정의·인도와 동포애로써 민족의 단결을 공고히 하고, 모든 사회적 폐습과 불의를 타파하며, 자율과 조화를 바탕으로 자유민주적 기본질서를 더욱 확고히 하여 정치·경제·사회·문화의 모든 영역에 있어서 각인의 기회를 균등히 하고, 능력을 최고도로 발휘하게 하며, 자유와 권리에 따르는 책임과 의무를 완수하게 하여, 안으로는 국민생활의 균등한 향상을 기하고 밖으로는 항구적인 세계평화와 인류공영에 이바지함으로써 우리들과 우리들의 자손의 안전과 자유와 행복을 영원히 확보할 것을 다짐하면서 1948년 7월 12일에 제정되고 8차에 걸쳐 개정된 헌법을 이제 국회의 의결을 거쳐 국민투표에 의하여 개정한다.

헌법을 펼치면 가장 먼저 눈에 들어오는 것이 전문前文이다. 200자 원고지로 2.2장 분량으로 비교적 짧은 글이다. 넉넉잡아 1분이면 읽을 수 있다. 하지만 헌법을 읽어보려고 도전한 많은 이가 전문에서 포기하고는 한다. 짧지만 매우 난해하기 때문이다. 전문은 띄어쓰기를 포함해 435자고 단어 수로는 93단어다. 그런데 435자를 다 읽을 때까지 마침표가 나타나지 않는다. 전문을 모두 읽고 나서야 "개정한다."라며 찍힌 마침표를 볼 수 있다. 게다가 첫 줄에는 '법통法統'이라는 생소한 단어가 등장한다. 법통은 법률가나 법학자에게도 생소한 단어다. 법통이 무엇을 의미하느냐에 대해 법학자들 간에 치열한 논쟁이 있을 정도다. 법통의 사전적 의미는 '법의 계통이나 전통'인데 헌법 전문의 '법통'을 사전적 의미로 해석하면 대한민국임시정부와 대한민국의 연결 고리가 지나치게 축소되기 때문이다. 현재 헌법의 전문은 1987년 개헌 때 작성되었는데 당시 전문을 작성한 이들이 어디서 법통이라는 용어를 가져왔는지 알 수조차 없을 정도다. 법통에 대해서는 '법적 전통성'으로 해석하는 주장이 주를 이룬다.

전문 초반부에서 법통이 혼란을 주었다면 후반부에서는 단순한 산수가 머리를 아프게 한다. "1948년 7월 12일에 제정되고 8차에 걸쳐 개정된 헌법을 이제 국회의 의결을 거쳐 국민투표에 의하여 개정한다"고 적혀 있는데 현행 헌법은 제10호 헌법이다. "8차에 걸쳐 개정했고 이번에 다시 개정하면 9호여야 하는데……"라며 혼란해진다. 이승만의 사사오입 개헌이나 박정희의 유신헌법 등 정당성을 얻지 못한 개헌을 떠올리며 이런 것들이 헌법 호수號數에서 제외되었는지 추측도 해본다. 하지만 앞서 말했듯 이는 단순한 산수에 불과하다. 제헌 헌법은 제1호 헌법이 된다. 그리고 1회 개정되면 제2호 헌법이 된다. 따라서 헌법의 호수는 '개정 횟수+1'이다. "8차에 걸쳐 개정된 헌법을 이제 국회의 의결을 거쳐 국민투표에 의하여 개정"하니 9회 개정한 것이다. 헌법 호수는 여기에 1을 더해야 하니 제10호가 된다. 하지만 의문이 남는다. "국민투표를 거쳐 9차 개정한다"고 하면 될 것을 이처럼 어렵게 표현한 이유는 추측하기 어렵다.

헌법 전문은 헌법의 역사와 사상을 함축적으로 표현해 헌법 조문을 읽을 이들에게 방향성을 제시하는 역할을 한다. 하지만 현실에서는 헌법을 읽고자 하는 의욕을 꺾는 기능을 한다. 헌법을 만든 이들이 법률가나 법학자가 아닌 국민이 헌법에 접근하는 것을 의

도적으로 방해한 것은 아닌지 의심이 들기도 한다.

헌법 전문이 읽기 어렵다고 해도, 전문을 넘지 않고서는 헌법에 다가갈 수 없다. 그렇지만 전문의 내용 대부분은 헌법 조문에서 다시 다루기 때문에 시작부터 너무 많은 에너지를 소모할 필요는 없다. 전문에서는 "대한국민은 3·1운동으로 건립된 대한민국임시정부의 법통과 불의에 항거한 4·19민주이념을 계승"한다는 대목 정도만 주의 깊게 살피고 나머지는 헌법 조문을 통해 다시 읽는 것이 적절하다.

"3·1운동으로 건립된 대한민국임시정부의 법통"을 계승한다는 것은 대한민국의 뿌리가 중국 상하이에서 설립된 임시정부에서 시작됨을 뜻한다. 때문에 항간에 일고 있는 건국절 논란은 헌법 정신에 위배된다. 1948년 8월 15일을 건국의 시점으로 본다면 1919년 4월 13일, 3·1운동으로 건립된 대한민국임시정부는 건국 이전의 역사가 되기 때문이다.

"불의에 항거한 4·19민주이념"을 계승한다는 것은 시민 저항권을 뜻한다. 근대국가의 대표적 사상인 사회계약론은 국가권력은 국민 간의 계약으로 만들어진 것으로, 국가가 국민을 배반한다면 국민은 국가에 주었던 권력을 회수할 수 있다고 주장한다. 4·19민주혁명은 부정선거로 장기 독재를 꿈꾸던 이승만 정권을 국민의 힘으로 붕괴시킨 대표적인 시민 저항운동이었다.

1장

대한민국은
민주공화국이다

'민주공화국'이라는
의미

■ 헌법 제1조 제1항 ■

대한민국은 민주공화국이다.

헌법 제1조 제1항은 "대한민국은 민주공화국이다"라고 선언한다. 박근혜가 탄핵되기 전까지 수개월 동안 토요일만 되면 광화문을 메웠던 촛불 시민들은 이 구절에 음을 붙여 노래로 부르기도 했다. 그런데 국민이 주인이 된다는 '민주民主'는 쉽게 이해하겠는

데 '공화제共和制'는 무엇을 말하는 것일까?

『표준국어대사전』에서 공화제를 찾아보면 당황스러운 일이 발생한다. '공화제'를 '공화 정치를 하는 정치 제도'라 정의하고 있는데 이는 '공화제는 공화제다'라는 동어반복이기 때문이다. 그나마 '공화'는 "두 사람 이상이 공동 화합하여 정무를 시행하는 일"이라 정의되어 있어 좀 낫다. 하지만 이 역시 난해한 것은 마찬가지다.

상황이 이러다 보니 어떤 이들은 화和 자가 벼화禾 변에 입 구口 자를 쓰는 것에 착안해 같이共 쌀禾을 나누어 먹는口 것이라 해석하기도 한다. 상당히 그럴듯하지만 공화제의 뜻과는 거리가 멀다.

'공화제'의 어원에 대해서는 몇 가지 설이 있지만 자신을 비방하지 못하게 하고자 백성의 눈과 귀를 막았다는 고사성어 '오능미방吾能弭謗'에서 유래했다는 설이 유력하다. 『사기史記』의 「주본기周本紀」에는 기원전 8세기 무렵 주나라의 려왕厲王에 대한 일화가 있다. 려왕은 성격이 포악하고 오만하며 사치를 좋아했다. 때문에 민심은 왕을 외면했고 백성은 왕을 비난하기 시작했다. 소공召公이라는 충신은 왕의 폭정을 보다 못해 "백성들이 왕의 통치를 견디지 못하고 있습니다"며 간언했다. 그러나 려왕은 소공의 간언에 오히려 대노해 위衛나라의 신무神巫를 불러 백성을 감시하도록 했다. 신무는 백성을 철저히 감시했고 만약 왕을 비난하는 이가 있으면 곧바로 려왕에게 보고했다. 그러면 려왕은 자신을 비난한 백성을 가차 없이 죽었다.

　신무를 앞세운 려왕의 폭정이 이어지자 백성들은 두려움에 사로잡혀 한마디 말조차 할 수 없게 되었고 길을 지나다 서로 마주쳐도 눈짓만 주고받는 상황이 되었다. 그러자 려왕은 크게 기뻐하며 소공에게 "내가 비판을 막았으니 이제 그 누구도 감히 나를 함부로 비방하지 못할 것이다吾能弭謗矣內不敢言"라고 말했다.

　그러나 소공은 물러서지 않고 "그것은 백성의 입을 막은 것에 불과합니다是鄣之也. 백성의 입을 막는 것은 흐르는 물을 막는 것보다 심각한 일입니다防民之口甚於防川. 흐르는 물을 막으면 터져서 많은 사람이 다치게 됩니다川壅而潰傷人必多. 백성 또한 이와 같습니다民亦如之"라고 간언했다.

　그러나 려왕은 소공의 충언을 들으려 하지 않았다. 폭정은 계속되었고 백성들이 두려움에 떨며 아무 말도 하지 못하는 시간이 이어졌다. 그렇게 3년이 흐르자 결국 견디지 못한 백성들은 난을 일으켰다. 결국 려왕은 체彘나라(현재의 산시성 훠저우시)로 도망가야 했고 다시는 주나라로 돌아오지 못했다.

　려왕이 체나라로 도망가자 소공과 주공周公 두 상相이 정치를 돌보았다. 이 시기를 공화共和라 한다. 공화라는 명칭에 대해 『죽서기년竹書紀年』에는 다소 다르게 기술되어 있다. 려왕이 체나라로 도망가자 제후에게 추대된 공백共伯 화和라는 인물이 부재한 천자를 대신해 정무를 맡았다 해서 이 시기를 공화라 한다는 것이다.

일본 학자들은 영어의 'republic'에 대한 번역어를 찾다 마땅한 단어가 없어 고민했다고 한다. 그러다 왕 없이 나라를 다스렸던 주나라의 공화 시기가 'republic'과 유사하다는 생각을 하게 되어 오능미방의 일화를 차용해 공화제きょうわせい라는 단어를 만들어냈다. 이를 한국의 법학자들이 그대로 들여와 공화제가 된 것이다.

전두환 정권 시절 '땡전뉴스'라는 말이 유행했다. 땡전뉴스는 '뚜뚜전뉴스'라고도 했는데 전두환 정권은 언론을 통제해 매일 저녁 9시 뉴스 앞머리에 전두환 전 대통령의 동정이 보도되도록 했다. 매일 9시 10초 전이 되면 텔레비전에서는 "뚜뚜뚜" 하는 시계음이 흘렀고 9시 정각이 되면 "땡" 소리와 함께 "전두환 대통령 각하께서는……"이라는 멘트로 뉴스가 시작했다. 사람들은 9시 정각을 알리는 '땡'과 전두환의 첫 글자 '전'을 붙여 '땡전뉴스'라 하거나 시계음 '뚜뚜' 뒤에 '전'을 붙여 '뚜뚜전뉴스'라 부르곤 했다.

실제로 전두환 정권은 문화공보부 홍보정책실을 통해 거의 매일 각 언론사에 보도 지침을 내렸다고 한다. 각종 사건 기사는 '가', '불가', '절대불가' 등으로 구분되었고 이들의 보도 여부뿐만 아니라 보도 방향과 내용까지 구체적으로 기재되어 있어 사실상 언론의 제작을 정부가 주도한 것과 마찬가지였다. 이 때문에 국민은 정권의 입맛에 맞는 뉴스만 보고 들어야 했다.

이명박 정권은 인수위원회 시절부터 언론통제 의혹에 휩싸였다. 대통령직 인수위원회가 언론사 간부와 산하기관 단체장 등의 성향 조사를 정부 부처에 지시한 사실이 밝혀졌기 때문이다. 당시 인수위원회는 문화관광부 소속 인수위원회 전문위원의 개인적 돌발행동이라며 진화에 나섰다. 그런데 이명박 정권의 언론통제는 기우가 아니었다. 2009년, '언론사의 소유권 규제 완화'와 '신문사의 종합편성채널 진입 확대'를 골자로 하는 일명 '미디어법'이 야당의 극렬한 반대에도 당시 집권 여당이었던 한나라당(현 자유한국당)이 국회에서 날치기로 통과시키는 일이 발생한 것이다. 결국 종합편성채널은 『조선일보』, 『동아일보』, 『중앙일보』와 『매일경제』라는 보수 신문들에 돌아갔고 한국의 언론 다양성은 크게 훼손되었다.

박근혜 정권에서는 KBS 보도국장 김시곤이 이길영 KBS 사장의 보도 통제를 폭로하는 사건이 발생했다. 이길영 사장이 대통령과 여당을 비판하는 기사를 삭제하고 그 자리를 대통령 동정 보도로 채우도록 지시했다는 것이다. 더 나아가 청와대가 세월호 침몰 사고 보도에 수시로 외압을 행사했다는 증언도 이어졌다. 이후 당시 청와대 홍보수석이었던 이정현 의원의 세월호 보도와 관련 외압 녹취록이 공개되면서 사건은 일파만파로 퍼졌다.

박근혜 정권은 문화·예술계 인사 1만여 명을 좌파 성향으로 분류해 정부 지원 사업에서 제외하는 이른바 '문화계 블랙리스트'를 만들기도 했다. 언론을 통제해 국민의 눈과 귀를 막는 데 그치지 않고 표현의 자유를 억압해 국민의 입까지 막겠다는 의도였을 것이다. 결국 한국은 국경없는기자회가 발표하는 언론 자유 지수에서 이명박 정권 시기 세계 69위로 내려앉았고 박근혜 정권 시기에는 70위까지 떨어졌다. 국민의 눈과 귀를 막고자 했던 전두환 정권은 국민이 직접 들고일어난 1987년 6월 항쟁으로 무너졌고 박근혜는 광화문을 메운 100만 명이 넘는 촛불 시민들의 손에 끌려 탄핵 심판대에 서게 되었다.

공화국은 권력이 독점되지 않고 견제와 균형이 가능하도록 분산된 통치 체제다. 이런 의미에서 왕이 백성에게 쫓겨나고 권력이 분산되었던 주나라의 공화 시기를 차용한 '공화제'는 적절한 번역으로 보인다. 대한민국은 민주공화국이다. 권력을 독점하고 백성의 입을 틀어막으려던 주나라 려왕은 기원전 9세기 무렵 백성에게 쫓겨나 타지에서 생을 마감해야 했다. 소공은 이미 2,800여 년 전 백성의 입을 틀어막는 것은 강물을 막는 것과 같아 결국은 터져 많은 이가 다치게 될 것이라고 충언했다. 하지만 2,800여 년 후 려왕과 같이 백성의 입을 틀어막으려 했던 한국의 대통령은 소공이 말했던 것과 같이 강물을 막던 둑이 터진 것 같은 국민의 분노에 탄핵되고 말았다. 박근혜가 탄핵되고 당선된 문재인 대통령은 언론 적폐 청산을 공언하며 언론인 해직 관련 재발 방지 방안을 마련하고 해직 언론인의 복직과 명예 회복을 지원하겠다고 밝혔다. 실제로 YTN 노종면 기자 등 해직 언론인들이 복직되었다. 지금까지는 문재인 정부가 언론을 장악해 국민의 입과 귀를 막으려 할 것으로 보이지는 않는다. 3,000년 가까이 지난 소공의 충언을 다시 끄집어내는 일은 없어야 할 것이다.

대한민국은 민주공화국이다

대한민국 사람과
조선 사람

━━━━┫ 헌법 제2조 제2항 ┣━━━━

국가는 법률이 정하는 바에 의하여 재외국민을 보호할 의무를 진다.

1950년 6월 25일 한반도에서 전쟁이 발발했다. 전쟁은 3년 넘게 지속되었고 수많은 사람이 목숨을 잃어야 했다. 전쟁에서 살아남은 자도 모든 것이 폐허가 된 자리에 우두커니 남아 있어야 할 뿐이었다. 전쟁의 상처는 땅만 할퀴고 간 것이 아니었다. 사람들의 마음에도 생채기를 냈다. 전쟁이 끝난 지 반세기가 넘었지만 아직도 남과 북은 서로를 향해 총구를 겨누고 있다. 남과 북은 휴전선이 갈라놓았지만 남한 사람과 북한 사람은 서로에 대한 분노가 갈라놓았다.

하지만 한국전쟁을 당사자면서도 제삼자의 위치에서 겪어야 했던 사람들이 있다. 이들은 전쟁의 당사자면서도 어느 편에도 설 수 없었다. 전쟁이 멈추고 난 후 남과 북이 서로에게 총구를 겨누고 으르렁대는 모습을 그저 바라보아야만 했다. 그들에게는 남과 북이 모두 고향이었다. 그러나 둘로 갈라진 고향은 오히려 그들에게 어느 한편에 설 것을 강요했다.

일본에는 조선적朝鮮籍을 가진 사람들이 있다. 1945년 일본 제국의 패망 후 일본을 점령한 미 군정은 재일 조선인 가운데 대한민국이나 일본의 국적을 취득하지 않은 사람들에게 외국인 등록 제도의 편의상 조선적이라는 임시 국적을 부여했다. 조선적을 가진 재일 조선인들은 조국이 둘로 갈라진 현실에서 남한과 북한 중 어느 하나의 국적 선택을 거부했다. 남한과 북한 모두를 조국이라 여겼던 이들은 일본 국적을 선택할 수도 없었다. 때문에 이들은 일본이 패망한 지 70년이 넘은 지금까지도 조선적을 유지하고 있다.

수원 삼성 블루윙즈의 공격수로 활약했던 축구 선수 정대세는 K리그에서 활동하기 전 북한 축구 대표팀 선수로 활약한 경력 때문에 곤욕을 치러야 했다. 2014년 6월 보수 논객 변희재가 회장으로 있는 한국인터넷미디어협회는 "과거 해외 방송 등에서 북한을 찬양하는 발언을 하며 국가보안법을 위반했다"는 이유로 정대세를 고소했다. 결국 무혐의 처분을 받기는 했지만 이 사건으로 정대세는 큰 고통을 겪어야 했고 결국 한국을 떠나 일본 J리그로 이적하고 말았다.

정대세의 국적은 한국이다. 한국 국적인 정대세가 북한 축구 대표팀 선수로 활동할 수 있었던 데는 조선적이라는 한반도의 슬픈 과거가 있다. 정대세는 일본에서 한국 국적 아버지와 조선적 어머니 사이에서 태어났다. 아버지가 정대세의 국적을 한국으로 신고했는지는 불명확하다. 하지만 "출생 당시에 부父 또는 모母가 대한민국의 국민인 자"는 출생과 동시에 한국 국적을 취득하도록 규정한 국적법에 따라 정대세는 출생과 동시에 아버지의 국적에 따라 한국 국적이 부여되었다.

하지만 부모는 자녀를 총련계 조선인 학교에 보냈고 정대세는 조선인으로서 정체성을 갖고 성장하게 되었다. 정대세는 2006년 월드컵 아시아 지역 예선에서 북한이 일본에 지는 모습을 보고 북한 축구 대표팀에서 뛰겠다는 결심을 하게 된다. 그러나 아버지의 국적에 따라 출생과 동시에 부여된 한국 국적이 문제였다. 정대세는 FIFA에 탄원서를 제출하는 등 북한 대표팀에서 활동하기 위해

갖은 노력을 했다. FIFA는 정대세의 한국 국적취득 과정, 어머니의 조선적 그리고 조선인 학교를 다닌 점 등을 고려해 북한 축구 대표팀 활동을 허가했다.

FIFA의 허락을 받은 정대세는 2008년 동아시아축구연맹 선수권대회, 2010년 남아공 월드컵, 2011년 AFC 아시안컵에서 북한 대표팀 선수로 활동할 수 있었다. 당시 한국 국적인 정대세가 북한 대표팀에서 활동하는 것이 한국 방송에 보도되면서 관심을 받기도 했다. 이후 정대세는 독일 FC 쾰른을 거쳐 수원 삼성 블루윙즈 공격수로 K리그에 진출해 한국에서 활동했다.

정대세는 단 한 번도 한국 국적을 선택한 적이 없다. 다만 한국 국적법에 따라 출생과 동시에 한국 국적이 부여되었을 뿐이다. 조선인 학교에서 성장한 정대세의 민족 정체성은 오히려 북한에 더 가까울 것이다. 하지만 정대세에게는 아버지의 국적인 남한 역시 정신적 고향이었던 것으로 보인다. 그에게 남한과 북한은 모두 조국이었다. 때문에 정대세가 북한 국가 대표팀이 되었다가 남한 K리그에서 활동하는 것은 전혀 이상한 일이 아니었다.

하지만 몇몇 남한의 보수 인사는 조선적 어머니의 아들이 북한에서 국가 대표팀 선수로 활동한 것을 국가보안법 위반으로 보았다. 남한과 북한을 모두 조국으로 여겼던 축구 선수 정대세는 검찰의 수사를 받아야 했고 결국 남한을 떠나야 했다. 북한은 한국 국적을 갖고 있는 정대세를 국가 대표 선수로 선발하기까지 했다. 하지만 남한은 남한과 북한을 모두 사랑했던 한국 국적의 정대세를 품지 못했다. 경계인의 삶을 살아야 했던 정대세는 결국 다시 일본으로 떠나야 했다. 그에게 조선인으로서 한국 생활보다 외국인으로서 일본 생활이 편했던 것이다.

한국의 조선 국적자 차별은 정대세만이 아니다. 한국은 조선 국적을 인정하지 않는다. 때문에 조선 국적의 재일 조선인이 한국에 입국하기 위해서는 한국 영사관에서 여행 증명서를 발급받아야 한다. 2009년에 조선 국적의 재일 조선인에게 한국 영사관이 한국 국적취득을 종용하는 사건이 발생했다. 한국에서 대학을 다니기 위해 여행 증명서를 신청한 학생에게 한국 영사관은 한국으로 국적을 변경할 의사가 없는지 묻고 국적을 변경할 계획이 없다면 여행 증명서를 발급해줄 수 없다고 한 것이다. 한국에서 대학 입학시험을 치러야 했던 그 학생은 어쩔 수 없이 한국 국적취득을 조건으로 여행 증명서를 발급받았다. 이후 그가 대학 입학을 위해 다시 여행 증명서 발급을 요청하자 한국 영사관은 한국 국적 미취득을 이유로 여행 증명서 발급을 불허했다.

조선 국적을 유지하고 있는 재일 조선인은 보통 3대 이상에 걸쳐 일본에 거주하면서 조선적을 유지해온 이들이다. 이들이 오랜 시간 큰 불편을 감수하면서까지 지금은 존재하지도 않는 조선이라는 나라의 국적을 유지해오고 있는 것은 분단된 조국 중 어느 한쪽 국적을 선택할 수 없다는 신념이 있었기 때문이다. 조선 국적 자에게 남한 국적취득을 강요한 한국 영사관은 조국에 대한 그들의 신념을 여행 증명서라는 종이 한 장으로 무너뜨리려 했던 것이다. 국가인권위원회는 한국 영사관의 한국 국적취득 강요는 인권 침해에 해당한다고 결정했다(09진인2583).

노무현 정부까지 조선 국적자에 대한 여행 증명서 발급률은 100퍼센트에 가까웠다. 그러나 이명박 정부가 출범한 이후 여행 증명서 발급률은 2009년 81.3퍼센트로 떨어지고 2010년에는 43.8퍼센트로 떨어졌다. 박근혜 정부 시기인 2016년에는 34.6퍼센트까지 떨어졌다.

대한민국은 조선을 이은 나라다. 조선이 남한과 북한으로 나뉜 것은 반성해야 할 역사다. 아직 조선적을 유지하고 있는 조선 국적 자는 둘로 갈라진 조국 중 어느 한 곳을 선택할 수 없었던 이들이다. 그들은 남한과 북한 모두를 조국으로 여기고 있다. 그렇다면 감히 대한민국이 조선 국적자를 외국인으로 치부할 수는 없을 것이다. 법률적으로 조선 국적과 대한민국 국적은 다른 것이기에 여행 증명서를 받아 한국에 입국해야 하는 것은 어쩔 수 없는 절차라 생각할 수도 있다. 하지만 과거에는 여행 증명서가 발급률 100퍼센트에 달하는 형식적 절차에 불과했다. 그러나 이명박 정부와 박근

대한민국은 민주공화국이다

혜 정부에서 여행 증명서 발급률은 50퍼센트에도 미치지 못했다. 조선 국적자의 한국 입국을 사실상 가로막았던 것이다.

남한에서 대한민국 국적자 부모에게서 태어난 사람은 대한민국이라는 자신의 국적을 당연하게 여긴다. 하지만 일본에서 대한민국 국적자인 아버지와 조선 국적자인 어머니 사이에서 태어났는데도 태어남과 동시에 대한민국 국적이 부여된 정대세에게 대한민국 국적은 폭력일 수도 있다.

북한과 대치 중인 남한에서 살아가는 사람이 보기에 한국에 입국하고자 하면서도 한국 국적을 취득하지 않는 조선 국적자는 이해하기 어려운 대상일지도 모른다. 하지만 한반도를 조국으로 여기고 살아가는 그들의 고민을 한국 사람이 이해하는 것은 처음부터 어려운 일이었을지도 모른다.

대부분의 한국인은 분단되지 않은 조국을 경험해보지 못했다. 한국 사회는 선거 때마다 후보의 '반공 검증'이 주요 이슈가 될 정도로 북한과 대치를 전제로 발전해왔다. 북한과의 대치는 체제가 되었고 북한에 대한 경계는 문화가 되었다. 그렇기에 대부분의 한국인에게 남도 북도 아닌 한반도를 조국으로 여기는 조선 국적자의 생각과 고민은 한 번도 고민해보지 못한 것이다. 조선 국적자의 생각과 고민을 이해하지 못한 채 어느 한쪽의 국적을 강요하는 것은 한반도 분단 체제에 대한 강요가 될 수도 있다.

대한민국의 영토는
어디까지일까?

헌법 제3조

대한민국의 영토는 한반도와 그 부속도서로 한다.

헌법 제4조

대한민국은 통일을 지향하며, 자유민주적 기본질서에 입각한 평화적 통일 정책을 수립하고 이를 추진한다.

1950년 6월 25일 한반도에서 전쟁이 발발했다. 같이 살던 이들이 남과 북으로 쪼개져 3년간 전쟁을 이어갔다. 수많은 이가 죽었고 전 국토는 초토화되었다. 전쟁의 결과는 종전이 아닌 휴전이었다. 1953년 7월 27일 북한, 중국, UN군은 'UN군 총사령관을 한편

으로 하고 조선인민군 최고사령관과 중국인민지원군 사령관을 다른 한편으로 하는 대한민국 군사 정전에 관한 협정(정전협정)'을 체결했다.

정전협정 제1조 제1항은 군사분계선을 경계로 남북 쌍방이 각기 2킬로미터씩 후퇴해 비무장지대를 만든다는 규정이다. 현재의 휴전선은 정전협정의 결과물이다. 정전협정이 현재 남한과 북한의 영토를 결정지은 것이다. 북한과 중국과 UN이 합의한 영토는 대한민국 헌법 제3조가 말하는 것과 전혀 다르다. 정전협정에 따르면 대한민국의 영토는 휴전선 이남 지역에 국한된다. 반면 헌법에 따르면 북한 지역도 대한민국의 영토다. 정전협정과 대한민국 헌법이 모순되어 헌법이 정전협정을 위반한다는 비판이 가능하다. 정전협정에 대한민국이 당사자로 참여하지 않았지만 이는 한반도의 운명을 결정짓는 협정에 대한민국이 참여하지 못한 부끄러운 역사지, 대한민국이 정전협정에 구속되지 않는다는 근거는 될 수 없다.

헌법이 북한 지역을 포함한 한반도 전체를 대한민국의 영토로 규정함으로써 현실에서는 여러 가지 모순이 발생한다. 북한은 대한민국의 영토이나 괴뢰정권이 불법으로 지배하고 있어 통치권이 미치지 못하는 지역이 된다. 북한 주민들이 북한을 탈출해 남한에 들어오면 통일부, 국방부, 국가정보원으로 구성된 3관 합동 조사

를 받는다. 조사를 마치면 하나원이라는 북한 이탈 주민 정착 지원
시설에서 장기간 교육을 받는다. 그들은 3관 합동 조사와 하나원
생활을 무사히 마쳐야 비로소 남한 사회에 발을 디딜 수 있다. 하
지만 이 과정 중 어디에도 국적취득 절차는 없다. 북한 지역도 우
리 영토고 그곳에 살고 있는 사람 또한 대한민국 국민이기 때문이
다. 원래부터 대한민국 국민이었기 때문에 국적취득이 필요 없는
것이다.

이렇듯 한국은 북한을 국가로 인정하지 않고 북한 정권의 통치
를 받는 주민까지 국민으로 여긴다. 그러면서도 1991년 북한과 동
시에 UN에 가입했다. 벌써 대통령 2명이 북한을 방문해 정상회담
을 했다. 게다가 헌법 제4조는 평화통일을 규정하고 있다. 통일統一
은 나누어진 것을 하나로 합친다는 뜻이다. 만약 북한 지역이 대한
민국의 영토라면 나누어진 것이 아니라 강취당한 것이니 수복收復
이라는 표현을 사용해야 한다.

현재 대한민국의 실질적 영토와 행정 체제는 한국전쟁의 정전
협정에서 시작되었다. 물론 정전협정은 북한, 중국, UN군 사이에
체결된 휴전협정으로 대한민국은 당사자가 아니다. 하지만 이는
한반도에서 벌어진 전쟁에 대한민국이 주체로 인정받지 못한 것
을 반성해야 할 일이지 한국이 정전협정과 무관하다는 뜻일 수는
없다.

정전협정에는 영토에 관한 규정이 없다. 다만 제10항에서 군사분계선을 기준으로 이남 지역의 민사 행정과 구제 사업은 UN군 총사령관이, 이북 지역은 조선인민군 최고사령관과 중국인민지원군(중공군) 사령관이 공동으로 책임진다고 규정하고 있다. 비록 영토 규정은 아니지만 정전협정은 군사분계선 이북 지역에 대한 북한(조선인민군 최고사령관)의 권한을 인정한 것으로 보아야 한다. 한국 정부가 북한과 동시에 UN에 가입하고 대통령이 2번이나 북한을 방문한 것은, 북한을 하나의 국가로 인정했다는 반증이다. 만약 그렇지 않다면 북한에 가서 정상회담을 한 대통령은 국가보안법 위반이나 내란죄로 처벌받아야 할 것이다.

한반도를 대한민국의 영토로 규정한 헌법 제3조의 문제는 여기서 그치지 않는다. 헌법 제3조는 바로 다음 조인 헌법 제4조와도 충돌한다. 헌법 제4조는 대한민국은 평화적 통일을 지향한다고 선언한다. 평화적 통일은 남한이나 북한 어느 한쪽이 주체가 되어 상대를 흡수하는 흡수통일과는 다른 개념이다. 평화적 통일은 양측이 대화를 통해서 하나가 되는 길로 나아가는 통일이다. 상대를 국가로 인정하는 것이 통일의 전제가 된다. 상대의 존재를 부정하면서 대화한다는 것은 불가능하다. 헌법 제3조는 북한의 존재를 부정하면서 제4조는 북한과 대화를 하라는 형국이다.

영토는 절대적 개념이 아니다. 특정 국가가 지배하고 있다는 것

외에 영토의 정당성을 입증할 방법은 없다. 하지만 국가가 영토를 지배하는 행위는 사실행위일 뿐 그 자체가 정당할 수는 없다. 2014년 러시아는 크림반도를 자국의 영토로 병합했다. 국제사회는 러시아의 행위를 비난했다. 하지만 러시아의 크림반도 지배는 기정사실화되었고 크림반도는 러시아의 영토가 되었다. 이스라엘은 1917년 팔레스타인 지역을 점령한 영국이 일방적으로 건국을 선포하면서 영토를 갖게 되었다. 지금도 전 세계에서 여러 나라가 영토 분쟁을 겪고 있다. 중국은 일본과 센카쿠열도(중국명 댜오위섬)를 두고 영토 분쟁을 겪고 있다. 필리핀과는 남중국해의 스카버러(중국명 황옌섬, 필리핀명 파나타그)를 두고 영토 분쟁 중이다. 러시아는 일본과 북방 4개 섬을 두고 분쟁 중이다. 그리고 일본의 입장에서 독도 역시 영토 분쟁 지역이다.

현대 국가는 대부분 국제 질서에 편입되어 있어 국가 간 영토 분쟁이 전쟁으로 이어지는 경우는 드물다. 그리고 영토 분쟁으로 지배 국가가 바뀌는 일도 드물다. 그러나 지금도 영토는 고정불변의 대상은 아니다. 크림반도와 같이 지배 국가가 바뀌기도 한다. 영토 문제는 어느 나라든 자칫 군사 분쟁으로 이어질 수도 있는 매우 민감한 사안이다. 그렇기에 영토 문제에서는 최대한 주변국을 자극할 언사는 자제하는 것이 보통이다. 그래서 영토 규정을 헌법에 기입한 국가는 드물다. 헌법에 영토를 규정해 괜한 분쟁 소지를 만들 수 있기 때문이다. 그리고 영토는 지배하는 것이지 선언하는 것이 아니다.

때문에 헌법 제3조의 영토 규정은 불필요한 규정으로 보인다. 현실적으로 대한민국이 북한 지역을 지배할 가능성은 없다. 헌법이 평화통일을 규정하는 이상 전쟁을 통해 북한 지역을 지배하는 것은 헌법 위반이다. 북한이 먼저 도발해 전쟁을 하게 된다고 해도 휴전선 이남 지역의 방어는 가능하나 그 이상의 북진은 평화통일을 규정한 헌법을 위반할 소지가 크다. 특히 전쟁은 엄청난 인명 피해를 내기 때문에 반드시 피해야 한다.

북한이 붕괴되어 대한민국이 흡수하게 된다면 평화적으로 흡수통일이 가능할 수도 있다. 북한이 곧 붕괴할 것이라는 위기설은 지난 수십 년 끊이지 않고 제기되어왔지만, 북한에서는 3대째 정권이 이어져오고 있다. 그리고 준비되지 않은 상태에서 북한의 붕괴에 의한 흡수통일은 한반도에 엄청난 혼란을 가져올 수 있다. 북한의 붕괴는 막아야 할 일이지 희망할 일은 아니다. 더욱이 평화통일의 상대방인 북한을 너희 땅은 내 것이고 너희는 내 땅을 불법으로 점령한 괴뢰 집단이라는 말로 자극할 필요는 더더욱 없다.

결국 한반도가 통일될 수 있는 길은 북한과 대화를 통한 방법밖에 없다. 대화를 통한 통일이 국제 평화 유지에 노력하고(헌법 제5조 제1항) 평화통일을 추구(헌법 제4조)한다는 헌법 정신에도 적합하다. 결국 헌법 제3조의 영토 규정은 실현 가능성도 없고 헌법 이념에도 부합하지 않는 조항이다. 만약 헌법이 개정된다면 제3조의 삭제는 진지하게 고민해야 할 것이다.

정당하지 못한 전쟁,
정당하지 못한 파병

1964년 8월 2일 북베트남 어뢰정 3척은 통킹만Gulf of Tonkin에서 작전을 수행하던 미국의 구축함 매독스호를 어뢰와 기관총으로 공격했다. 매독스호는 즉각 대응해 1척을 격침하고 2척을 반파했다. 주변에서 공동으로 작전을 수행하던 항공모함 타이콘데로가호와 함대 구축함 터너 조이호도 공격에 가세했다. 미국의 거대 해상 전단을 공격한 북베트남의 어뢰정은 혹독한 대가를 치러야 했다.

미국은 통킹만 사건을 빌미로 베트남전쟁에 본격적으로 개입하기 시작했다. 5일 후인 8월 7일 미국 하원은 414 대 0으로 북베트남에 대한 선전포고인 통킹만 결의안을 채택했다. 하지만 1971년 미국 국방부는 통킹만 사건의 조작 가능성을 제기했다. 베트남전쟁 당시 국방부 장관이었던 로버트 맥나마라Robert S. McNamara는 1995년 회고록에서 통킹만 사건이 미국의 자작극이었음을 고백했다.

2003년 3월 미국과 영국 연합군은 이라크를 침공했다. 대량 살상 무기WMD의 보유가 명분이었다. 그리고 7년이 지난 2010년 8월 31일 버락 오바마 대통령은 이라크전쟁의 종전을 선언했다. 이라크 대통령이었던 사담 후세인Saddam Hussein은 2003년 체포된 뒤 2006년 사형에 처해졌다. 후세인이 축출된 후 이라크에는 새로운 정부가 들어섰지만 곧 내전 상황에 빠지고 말았다. 국제 테러 조직인 ISIslamic State가 이라크 영토의 절반 이상을 장악하기까지 했다. 전쟁은 이라크 대부분의 기간 시설을 파괴하고 수많은 인명을 희생시켰다. 그러나 오바마 대통령의 종전 선언 이후에도 이라크에서는 내전과 기아로 수많은 사람이 희생되고 있다.

이라크전쟁의 명분이었던 대량 살상 무기는 연합군이 이라크

전역을 샅샅이 뒤졌는데도 끝내 찾을 수 없었다. 폐기한 흔적조차 없었다. 연합군이 대량 살상 무기를 찾을 수 없었던 것은 애초부터 존재하지 않았기 때문이다. 미국 국무장관을 역임한 힐러리 클린턴은 2015년 민주당 대선 후보 2차 텔레비전 토론에서 "이라크 침공 결정은 잘못된 정보에 따른 것으로, 이라크 침공은 실수였다"고 밝혔다. 이라크전쟁의 또 다른 축이었던 영국의 토니 블레어 총리도 CNN과의 인터뷰에서 "우리가 잘못된 정보를 받았다는 점에 대해 사과한다"면서 "참전 계획에서 빚어진 실수는 물론 이라크 정권 제거 뒤 어떤 일이 일어날지 예측하지 못했던 실수도 사과한다"고 했다. 세계 최강국인 미국과 영국이 잘못된 정보를 기반으로 전쟁을 벌였다는 것이다. 한 국가를 혼란과 기아의 땅으로 만든 전쟁을 그들은 '실수'라고 표현했다.

베트남전쟁과 이라크전쟁은 미국이 주도했다는 공통점이 있다. 그리고 미국이 두 전쟁의 명분으로 밝힌 통킹만 사건과 대량 살상 무기는 모두 사실이 아니었다. 하나는 조작이었고 하나는 그들의 표현으로 '실수'였다. 이에 더해 한국이 참전했다는 공통점도 있다. 1966년 3월 7일 주한 미국 대사였던 윈스럽 브라운Winthrop G. Brown은 한국 정부에 문서 한 통을 발송한다. 「브라운 각서Brown Memorandum」라 불리는 해당 문서는 한국군의 베트남전쟁 추가 파병에 따른 미국의 지원 내용을 담고 있다. 총 14개 항으로 구성된

「브라운 각서」의 주요 내용은 '국군의 현대화 추진', '베트남전쟁에서 소요되는 군수물자 중 일부를 한국에서 구매', '한국 기업의 베트남 진출', '한국 상품의 수출 지원' 등이었다. 「브라운 각서」는 베트남전쟁에 관한 문서인데도 전쟁보다 한국의 경제지원에 관한 사항을 담고 있다. 한국군의 베트남전쟁 참전에 대해 논란이 끊이지 않는 이유기도 하다.

이라크전쟁이 발발하자 미국은 한국에 참전을 요청했다. 한국 정부는 이라크 파병을 결정했다. 하지만 국내외에 반전 분위기가 팽배했고 파병 반대 여론이 상당히 높았다. 파병에 반대하는 이들은 전국 곳곳에서 반대 집회를 열었다. 파병안 표결이 이루어진 당일에는 국회 앞에서 대규모 반대 집회를 열기도 했다. 그러나 2003년 4월 파병안은 결국 통과되었다. 정부는 이라크 전후 복구와 의료 지원 임무로 2003년 5월 675명(서희부대 575명, 제마부대 100명)을 이라크에 파병했다. 이후 미국은 2003년 9월 한국에 추가 파병을 요청했고 이에 따라 정부는 3,000명 규모의 자이툰 부대를 추가로 파병했다.

베트남전쟁은 미국이 참전하면서 본격적으로 확전되었다. 이라크전쟁은 대량 살상 무기에 대한 잘못된(또는 의도적으로 잘못된) 정보로 인해 발생했다. UN이 1974년 제29회 총회에서 채택한 '침략의 정의에 관한 결의' 제1조는 침략 전쟁을 "일국에 의한 타국의 주권, 영토 보전 혹은 정치적 독립에 대한, 또는 UN헌장과 양립하지 않는 기타의 방법에 의한 무력의 행사"라고 정의한다. UN의 정의에 따른다면 조작과 실수로 타국을 침공한 미국의 베트남전쟁과 이라크전쟁은 침략 전쟁이라는 비난을 피하기 어렵다. 베트남과 이라크에 파병한 한국 역시 침략 전쟁에 참여했다는 비난에서 자유로울 수 없다.

헌법 제5조 제1항은 "대한민국은 국제평화의 유지에 노력하고 침략적 전쟁을 부인한다"고 선언한다. 한국은 베트남과 이라크에 파병을 결정할 당시 통킹만 사건이 조작되었다는 것과 대량 살상 무기가 실제로는 존재하지 않는다는 것을 몰랐을 수도 있다. 그렇지만 단순히 '침략 전쟁을 부인하는 것'이 아닌 '국제 평화 유지에 노력'한다면 조금 더 신중했어야 한다. 미국의 경제원조를 받고 참전하고, 국내외의 반전 여론에도 일방적으로 밀어붙여 파병안을 통과시킨 것을 신중한 결정이라고 할 수는 없다. 한국의 베트남과 이라크 파병은 헌법이 선언한 국제 평화 유지 의무에 어긋난 것일 가능성이 크다.

더욱이 한국군은 베트남에서 양민을 학살했다는 의혹을 받기까지 한다. 베트남 전역에는 베트남 민중이 세운 한국군 증오비가 있다. 한국군이 베트남 양민을 무참히 학살했다는 것이다. 이에 대한 증언과 증거도 다수 제시하고 있다. 한국은 공식적으로는 베트남에서 양민 학살을 인정하지 않고, 양민 학살 의혹을 규정하기 위한 노력도 하고 있지 않다.

대한민국이 진정으로 국제 평화 유지에 노력하고 침략 전쟁을 부인한다면 베트남과 이라크에 사과하는 것이 옳을 것이다. 최소한 미국은 통킹만 사건의 조작 가능성을 스스로 꺼냈다. 실수라고 에둘렀지만 이라크에 사과도 했다. 베트남전쟁과 이라크전쟁에 대한 반성이 없다면 앞으로 언제든 같은 잘못을 반복할 가능성도 배제할 수 없다. 그렇다면 헌법 제5조 제1항은 허울뿐인 규정에 그칠 것이다.

노예와 다름없는
강제 노동이 존재하는 대한민국

2006년 국가인권위원회는 외교통상부 장관과 노동부 장관에게
국제노동기구ILO 제29호 '강제 근로에 관한 협약'과 제105호 '강제
근로 폐지에 관한 협약' 가입을 권고했다. 강제 근로란 어떠한 형
태로든 자신의 의사에 반하는 근로를 강요당하는 것을 뜻한다. 강

제 근로는 급여를 받는지 받지 않는지의 차이는 있지만 사실상 노예와 다름없다. 그런데 민주주의 국가를 표방하는 대한민국에서 헌법에 따라 설립된 기구인 국가인권위원회가 국가에 강제 근로와 관련된 국제 협약에 가입할 것을 권고하는 사건이 발생했다. 게다가 국가인권위원회는 아직도 대한민국에서 강제 근로가 이루어지고 있다고 판단했다.

파업은 노동자가 집단으로 노무 제공을 거부하는 것이다. 수백 명, 수천 명 또는 수만 명이 일하는 공장에서 노동자 한 사람이 일손을 놓아보았자 사용자에게는 피해를 입히지 못한다. 때문에 노동자들이 집단으로 일손을 놓는 것이다. 사용자에게 대항하기 위해서는 일손을 놓는 노동자가 많으면 많을수록 유리하다. 사용자가 노동자와 대화로 문제를 해결할 의지가 없다면 노동자가 선택할 수 있는 수단은 파업 외에는 거의 없다. 생산 시설을 독점한 사용자가 기존 노동자들을 해고하고 새로 사람을 뽑는 것이 노동자가 새 일자리를 찾는 것보다 훨씬 쉽다. 그렇기에 노동자에게 파업은 반드시 인정되어야 하는 권리 중 하나다.

노무 제공의 거부는 노동자의 권리다. 하지만 다른 측면에서 생각해보면 노무 제공이 노동자의 의무는 아니기 때문에 노동자에게 노무 제공을 강제할 수는 없다. 사용자의 사업장에서 일하는 것이 노동자의 의무가 아니므로 노동자가 일하고 싶지 않으면 안 해도 되는 것이다. 다만 일을 하지 않았다면 임금을 포기해야 한다. 이에 더해 사용자와 근로계약을 체결했기 때문에 일방적으로 노무 제공을 거부한다면 계약에 따른 손해배상은 감수해야 한다.

하지만 한국은 노동자에게 노동을 강제하고 있다. 헌법 제33조 제1항은 "근로자는 근로조건의 향상을 위하여 자주적인 단결권·단체교섭권 및 단체행동권을 가진다"고 규정해 근로조건의 향상을 위해서만 파업(단체 행동)이 가능하도록 제한한다. '근로조건의 향상'이라는 조건은 과거 군사정권 시절 노동조합을 탄압하기 위해 만든 조항이다. 하지만 이에 따라 '노동조합 및 노동관계 조정법'은 노동쟁의를 "노동조합과 사용자 또는 사용자 단체 간에 임금·근로시간·복지·해고 기타 대우 등 근로조건의 결정에 관한 주장의 불일치로 인하여 발생한 분쟁상태"로 정의해 파업 사유를 임금·근로시간·복지·해고로 한정하고 있다.

노동조합이 파업하면 사업장의 운영이라는 사용자의 업무에 방해가 될 수 있다. 정당한 사유로 파업이 진행되었다면 정당행위로 인정되어 업무방해죄는 적용되지 않는다. 하지만 그렇지 않다면 노동자들은 업무방해죄로 처벌을 받게 된다. 업무방해죄의 형량은 5년 이하의 징역 또는 1,500만 원 이하의 벌금으로, 결코 적지 않다. 그런데 법원은 '노동조합 및 노동관계 조정법'의 근로조건 결정에 관한 사항인 파업 사유를 좁게 해석해 대부분의 파업에 업무

방해죄가 적용될 위험이 있다.

파업 이유가 근로조건 때문이라도 노동자가 자유롭게 파업할 수 있는 것은 아니다. '노동조합 및 노동관계 조정법'에 따르면 노동조합의 파업은 조합원의 직접·비밀·무기명투표에 의한 과반수의 찬성으로 결정되어야 하고(제41조 제1항) 조정 절차를 거치지 않고는 파업에 돌입할 수 없다(제45조 제2항). 파업 중이라도 작업 시설의 손상이나 원료·제품의 변질 또는 부패를 방지하기 위한 작업은 정상적으로 수행되어야 한다(제38조 제2항). 그리고 중재에 회부되면 그날부터 15일간은 파업할 수 없다. 노동조합이 파업을 하려면 복잡한 절차를 거쳐야 하고, 파업에 돌입해도 신경 써야 할 규제가 너무 많다. 만약 노동자가 이러한 조건을 위반하고 파업을 진행하면 3년 이하의 징역 또는 3,000만 원 이하의 벌금(제89조) 또는 1년 이하의 징역 또는 1,000만 원 이하의 벌금(제91조)에 처해지게 된다. 파업을 하기 위해서는 징역형까지 감수해야 하는 것이다.

그런데 '강제 근로 폐지에 관한 협약'은 파업 참가에 대한 제재를 강제 근로로 규정한다. 한국이 해당 협약에 가입하지 않고 있는 이유다. 실제로 제295차 ILO 결사의 자유 위원회는 파업 참가에 대한 업무방해죄 적용 자제를 권고하기도 했다. 하지만 한국 정부는 한국이 ILO 제29호 '강제 근로에 관한 협약'과 제105호 '강제 근로 폐지에 관한 협약'에 가입하지 않았기 때문에 문제 될 것이 없다는 입장이다.

UN 사무총장까지 배출하며 인권 선진국이라 자부하는 대한민국이 160개국이 넘게 가입한 ILO 제29호와 제105호에 아직 가입하지 않았다는 것은 매우 부끄러운 일이다. 더욱이 조속한 가입 절차를 밟지는 못할망정 비가입국이니 ILO 권고를 이행하지 않아도 된다는 태도는 뻔뻔하다. 하지만 문제는 뻔뻔한 태도에서 그치지 않는다.

헌법 제6조 제1항은 "헌법에 의하여 체결·공포된 조약과 일반적으로 승인된 국제법규는 국내법과 같은 효력을 가진다"고 규정한다. 헌법에 의해 체결·공포된 조약이 국내법과 같은 효력을 갖는 것에 이견이 있을 수 없다. 다만 "일반적으로 승인된 국제법규"의 해석은 논란이 있을 수 있다. 일반적으로 승인된 국제법규는 많은 나라가 체결했거나 널리 알려져 많은 나라가 따르는 국제법규를 의미한다. ILO 제29호와 제105호 협약은 160개가 넘는 국가가 가입했다. 그렇다면 이 협약은 대한민국에서도 국내법과 동일한 효력을 가진다고 보아야 한다.

노동자가 파업에 참가하기 위해 징역까지 감수해야 하는 현행 제도는 노동자의 파업 참여 제재를 강제 근로로 규정한 '강제 근로 폐지에 관한 협약'과 충돌한다. 효력을 인정받은 보편적인 국제법과 국내법이 충돌한다면, 국내법을 국제 기준에 맞게 개정해야 한다. 특히 인권 증진에 관한 것이라면 더욱 그렇다.

강제 노동에 관한 국제 협약은, 헌법에 의해 국내법과 동일한 효력을 가진다고 보아야 한다. 그런데도 ILO의 권고를 수용하지 않는 대한민국의 태도는 국제적인 망신이고, 인권이 보장되지 않는 국가라고 선언하는 행위다. 노동자가 일하지 않았다는 이유로 감옥에 가야 하는 국가는 인권이 보장된 국가일 수 없다.

공무원이 정치적 활동을
하지 못하는 이유

┝━━━━ **헌법 제7조 제2항** ━━━━┥

공무원의 신분과 정치적 중립성은 법률이 정하는 바에 의하여 보장된다.

헌법 제7조 제2항은 공무원의 정치적 중립을 지켜야 할 의무가 있다고 규정한다. 한국 사회에서 공무원의 정치적 중립은 일종의 상식으로 통한다. 왜 공무원이 정치적 행위를 하면 안 되는지 의문을 제기하는 사람은 거의 없다. 여기에는 한국의 슬픈 근현대사가 숨어 있다.

1948년 대한민국 초대 대통령이 된 이승만은 12년에 걸쳐 장기 집권했다. 하지만 이승만은 집권을 더 연장하고자 했고 퇴임 이후에도 자신의 권력이 지속되기를 바랐다. 이승만은 1960년 3월 15일 선거에서 재임에 성공하고 대통령 승계권이 있는 부통령에 자신의 충신인 이기붕을 당선시키고자 했다. 하지만 국민의 여론은 이승만에게 호의적이지 않았다. 결국 이승만은 집권 연장을 위해 대대적인 부정선거를 저지르게 된다.

이승만은 모든 방법을 동원해 부정선거를 저질렀다. 선거인 명부를 조작하거나 유권자를 기권시키는 방법으로 선거 전에 40퍼센트에 달하는 지지표를 만들었다. 폭력으로 입후보 등록을 방해하거나 심지어 야당 인사를 살해하기도 했다. 유권자를 3~5명씩 묶어 공개투표를 하게 했고, 이를 위해 야당 참관인을 내쫓았다. 당선이 확실했는데도 개표 시에도 부정을 저질렀다. 광범위한 부정선거로 이승만이 얻은 득표율은 95~99퍼센트에 달했다. 득표율이 너무 높게 나오자 이승만 정권은 이승만과 이기붕이 각각 963만 표(85퍼센트)와 833만 표(73퍼센트)를 얻은 것으로 하향 조정해 선거 결과를 발표했다. 부정선거로 조작한 선거 결과가 너무 높게 나오자, 그 결과마저 조작해버린 것이다. 하지만 이승만 정권은 결국 3·15 부정선거로 촉발된 4·19 민주혁명으로 붕괴되고 말았다.

이승만이 자신에게 불리했던 선거에서 99퍼센트에 달하는 득표율을 얻을 정도로 광범위한 부정선거를 저지를 수 있었던 것은 공무원을 대대적으로 동원했기 때문이다. 이승만의 12년 장기 집권과 3·15 부정선거로 한국 사회는 공무원이 집권 세력에 휘둘릴 때 발생할 수 있는 문제를 경험하게 되었다. 공무원이 선거에 동원되는 관권 선거를 방지할 필요가 대두되면서 1962년 개헌에서 공무원의 정치적 중립 의무가 도입되었다.

그런데 3·15 부정선거는 공무원이 정치적으로 중립적이지 못해 발생한 것은 아니었다. 오히려 공무원에게 정치가 중립적이지 않았기에 발생한 사건이었다. 대대적인 관권 선거는 공무원이 엄격한 선발 절차가 아닌 알음알음 인맥을 통해 선발되고 승진과 면직도 정권의 입맛에 따라 이루어졌기 때문에 가능했다. 하지만 이승만 정권의 부정선거에 놀라 헌법에 정치적 중립 의무를 도입해 공무원의 정치적 권리를 전면적으로 배제해버렸다. 공무원은 정당이나 정치단체에 관여하거나 가입할 수 없고 업무적 관련과 상관없이 일체의 정치적 행위를 할 수 없게 되었다. 공무원이라는 이유만으로 민주주의의 핵심이고 국민의 권리인 정치 참여를 박탈당하는 것이 정당한지 의문이다. 헌법 제7조 제2항은 공무원의 정치적 중립만 규정한 것이 아니다. 공무원의 신분보장도 규정하고 있는데, 이것만으로도 관권 선거는 충분히 방지할 수 있다.

'공시족'이라는 신조어가 있다. 마땅한 직업 없이 공무원 시험만 준비하는 이들을 일컫는 말이다. 공시족은 경제적 불황 속에 젊은 이들이 안정적 일자리를 찾아 공무원 시험에 몰리는 안타까운 현실이 반영된 신조어다. 공시족의 씁쓸한 사회상은 잠시 뒤로하고 공시족의 원인을 분석해보면 성적주의와 안정성을 꼽을 수 있다. 공무원은 철저히 시험 성적에 따라 선발된다. 단 1점에 당락이 갈리다 보니 시험을 준비하는 이들은 수년 동안 노량진 학원가에서 공부에 매진한다. 이들이 인생의 중요한 시기를 몇 년씩 공무원 시험에 쏟아붓는 것은 합격하기만 하면 만 60세까지 정년이 보장되기 때문이다. 40대만 되어도 명예퇴직을 걱정해야 하는 사기업에 비하면 공무원은 상당히 안정적인 직업이다. 10년 이상 근무하면 지급되는 연금 역시 많은 이가 공무원 시험을 선택하는 이유다. 사기업의 노동자는 평생을 저축해도 노후 자금을 마련하기 어려운 반면 공무원은 정년퇴직이 보장된 데다 퇴직 후 연금까지 받을 수 있어 노후 자금을 걱정하지 않아도 된다.

그런데 이와 같이 공시족을 만들어낸 성적주의와 안정성만으로도 관권 선거는 어느 정도 방지할 수 있다. 권력에 잘 보이지 않아도 성적만 높으면 선발될 수 있고 일단 선발되면 권력자와의 관계에 신경 쓸 필요 없이 안정적 일자리가 보장되기 때문이다. 다만 승진에 권력의 영향이 미치지 못하도록 하는 추가적 장치는 필요하다. 권력과의 관계에 따라 승진 여부가 결정된다면 공무원은 정권의 눈치를 보게 될 것이기 때문이다. 하지만 이는 공무원 제도의 기본 원칙 중 하나인 성과주의로 극복할 수 있다. 철저히 성적에 따라 선발하는 것과 같이 철저히 성과에 따라 승진이 이루어진다면 권력이 승진을 매개로 공무원에게 영향력을 행사하는 일은 방지할 수 있다.

2017년 6월 통계청이 발표한 자료에 따르면 한국에서 정부, 지방자치단체, 공기업, 공공 기관 등 공공 부문에서 일하는 사람은 2015년 기준 233만 6,000명이라고 한다. 전체 취업자 중 9퍼센트에 달하는 규모다. 국민 중 약 10퍼센트가 직·간접적으로 국가가 지급한 급여로 생활하고 있는 것이다. 만약 공무원들이 조직적으로 선거에 개입한다면 공정한 선거는 이루어질 수 없다. 이러한 이유에서 공무원의 정치적 중립 의무가 불필요하다고만 할 수는 없다. 공무원의 정치 개입이 문제 되는 것은 3·15 부정선거와 같이 공무원 집단이 집권 세력에 조직적으로 동원되는 경우다. 공무원들이 자신의 개인적 신념에 따라 정당에 가입하고 정치 활동은 하는 것은 오히려 민주주의의 발전에 이로울 것이다.

공무원 노동조합은 자신의 이익을 대변할 수 있는 특정 정치 세력을 지지하고 그렇지 않은 정치 세력을 비난할 자유가 보장될 필요가 있다. 과거 박근혜 정권은 공무원 노동조합에 적개심을 노골적으로 드러낸 바 있다. '불리한'이라는 단서를 붙이기는 했지만 공공 기관에 노동조합과 체결한 단체 협상을 폐기하도록 지시했다. 그리고 전국교직원노동조합(전교조)의 법외노조화를 밀어붙였다. 이처럼 특정 정치 세력이 공무원 노동조합에 적개심을 표현하고 공격하는 데도 공무원 노동조합은 공무원의 정치적 중립 의무 때문에 정치적 의사를 표현할 수 없었다.

문제는 여기서 그치지 않는다. 공무원은 정치적 중립 의무에 의해 정치 참여에 제약을 받게 되는데, 이것이 오히려 공무원의 정치적 중립 의무를 훼손한다. 근래에 들어 공무원 조직에 나타난 변화는 계약직 공무원의 증가다. 계약직 공무원들은 2~3년 단위로 계약을 체결하고 계약이 만료될 때마다 재계약을 하는 방식으로 고용된다. 안정성이 보장되지 않는 계약직 공무원은 인사권자의 눈치를 볼 수밖에 없다. 지방직 공무원은 4년마다 돌아오는 지방선거에, 국가직 공무원은 5년마다 돌아오는 대통령 선거에 예민해진다. 계약직 공무원의 증가는 공무원의 정치적 중립에 가장 큰 위험 요소가 되고 있다. 이러한 의미에서 문재인 정부가 내세운 '공공 부문 비정규직 제로 시대'는 양질의 일자리 제공 외에도 공무원의 정치적 중립 측면에서도 환영할 만한 부분이다.

계약직 공무원 증가와 같은 조직의 구조 변화를 견제할 수 있는 가장 확실한 세력은 조직의 구성원이다. 공무원과 공무원 노동조합은 공무원 조직의 구조 변화를 견제할 당사자인데도 정치적 중립 의무에 묶여 자유롭게 비판할 수 없다.

공무원의 정치적 중립은 관권 선거와 같이 정권이 공무원을 정치적으로 동원하는 행위를 금지하는 수준에서 해석해야 한다. 이것이 3·15 부정선거의 교훈으로, 공무원의 정치적 중립 의무를 도입한 의도와도 맞을 것이다. 공무원의 정치적 중립 의무를 이유로 공무원의 정치적 권리를 모조리 박탈하는 것은 오히려 정권 견제 능력을 빼앗아 정권에 휘둘릴 가능성을 높인다. 공무원의 신분을 보장하는 장치를 강화하고 헌법에서 정치적 중립 의무를 삭제하는 것을 고려해볼 수 있을 것이다.

선출되지 않은 권력이
선출된 권력을 파면시키다

━━━━━━┥ 헌법 제8조 제4항 ┝━━━━━━

정당의 목적이나 활동이 민주적 기본질서에 위배될 때에는 정부는 헌법재판소에 그 해산을 제소할 수 있고, 정당은 헌법재판소의 심판에 의하여 해산된다.

2013년 11월 5일 정부는 헌법재판소에 통합진보당 정당 해산 심판을 청구했다. 1958년 이승만 정부가 죽산 조봉암이 이끌던 진보당을 행정청 직권으로 강제해산한 사례가 있었지만, 합법적 절차에 따라 정당이 해산된 것은 최초였다. 헌법재판소는 2014년

12월 19일 통합진보당 해산을 결정했다. 중앙선거관리위원회는 헌법재판소의 결정을 통지받은 즉시 정당 등록을 말소했고, 통합진보당은 결국 해산되었다. 이에 따라 통합진보당 소속이었던 지역구 의원 3명, 비례대표 2명 등 국회의원 5명 또한 의원직을 상실하게 되었다.

정당이 민주적 기본 질서를 위반했다면 당연히 제재를 받아야 한다. 민주주의를 실질적으로 위협할 정도로 심하다면 해산까지도 요구할 수 있다. 그러나 통합진보당 해산이 꼭 필요했는지, 그리고 정당했는지 생각해볼 부분이 있다. 헌법재판소가 통합진보당의 활동이 민주적 기본 질서를 위반한다고 판단한 이유에 대해서는 아직까지도 논란이 그치지 않고 있다. 결정 이유에 대해서는 이념적 대결 양상을 보이기도 한다. 때문에 논쟁이 다소 소모적으로 흐르는 경향이 있다. 그러나 헌법재판소가 결정을 내리기까지 절차는 검토해볼 필요가 있다.

정부가 통합진보당 해산 심판을 청구하게 된 직접적 계기는 이석기 전前 의원의 내란 음모, 내란 선동, 국가보안법 위반 때문이다. 이석기는 2014년 8월 서울고등법원에서 내란 음모는 무죄, 내란 선동과 국가보안법 위반은 유죄 판결을 선고받고 곧바로 대법원에 상고上告했다. 당시 헌법재판소에서는 정부의 통합진보당 정당 해산 심판 청구에 대한 심리가 진행되고 있었다. 그리고 헌법재판소에서는 2014년 12월 19일, 대법원에서는 2015년 1월 22일 각각 결정과 선고가 이루어졌다. 대법원의 선고가 헌법재판소의 결정보다 한 달가량 늦은 것이다.

헌법재판소가 대법원보다 한 달가량 서둘러 결정을 내린 것은 문제의 소지가 있다. 헌법재판소는 정당 해산을 심판할 때 민사소송법을 준용遵用해야 한다(헌법재판소법 제40조). 반면 대법원의 이석기 사건은 형사재판이기 때문에 형사소송법이 적용된다. 재판은 증거를 두고 다투어 진실을 밝히는 절차다. 그런데 민사소송의 증거 인정 절차는 형사소송보다 상당히 느슨하다. 민사소송은 분쟁을 다루는 데 반해 형사소송은 유무죄를 다투기 때문이다. 때문에 민사소송은 증거를 두고 당사자가 서로 다툰다. 반면 형사소송은 피고인의 유죄를 입증하기 위해 검사가 증거를 제출하고 제출한 증거를 입증해야 한다. 형사소송의 증거 인정 절차는 민사소송보다 훨씬 까다롭다.

이런 민사소송과 형사소송의 차이 때문인지는 알 수 없으나 헌법재판소와 대법원의 판단은 일치하지 않았다. 헌법재판소는 이석기의 내란 음모 사실을 전제로 통합진보당의 해산을 결정했다(헌재 2014. 12. 19. 2013헌다1). 그러나 대법원은 이석기의 내란 음모 혐의에 무죄를 선고했다(대법원 2015. 1. 22. 선고 2014도10978 전원합의체 판결). 특히 대법원은 이석기가 이끌었다는 지하 혁명 조직

RO의 실체가 없다고 판단했지만 헌법재판소는 사실상 RO의 실체를 인정했다.

민사소송 절차를 준용하는 헌법재판소는 이석기 내란 음모 혐의의 진실을 밝히는 데 근본적 한계가 있다. 그리고 이석기의 내란 음모 여부는 통합진보당 해산을 결정하는 데 매우 중요한 요소였다. 그렇다면 헌법재판소는 대법원의 판결을 기다렸어야 했다. 헌법재판소가 형사소송법 절차를 통한 대법원의 이석기 사건 판단을 참고해 통합진보당의 해산 여부를 결정하는 것이 당연하다. 대법원 판결과 헌법재판소 결정은 불과 한 달여밖에 차이가 나지 않았다. 헌법재판소가 서두를 이유는 없었다. 더욱이 헌법재판소는 결정을 내리고 5주 후 오류가 있다며 결정문 일부를 정정했다. 헌법재판소가 시간에 쫓겨 결정을 서둘렀기 때문에 헌정사상 최초의 정당 해산이라는 중대한 심판의 결정문에 오류가 발생했다는 의심을 사기에 충분하다.

헌법재판소가 통합진보당 해산을 서둘러 결정한 데는 정치적 이유가 있다는 의혹이 끊이지 않고 제기되었다. 대법원이 내란 음모에 무죄를 선고한 이후에는 정당 해산을 결정할 수 없을 것이라 판단하고 결정을 서둘렀다는 것이다. 당시 청와대 비서실장이었던 김기춘이 헌법재판소 결정에 관여했다는 의혹도 제기되었다. 박근혜 정권에서 청와대 정무수석을 지낸 고故 김영환의 비망

록에서 관련 메모가 발견되었기 때문이다. 김영환의 업무 수첩에는 2014년 12월 17일자에 "정당 해산 확정, 비례대표 의원직 상실, 지역구 의원 상실 이견 – 소장 의견 조율 중(금일). 조정 끝나면 19일, 22일 초반"이라고 적혀 있었다. 그리고 비망록의 2014년 10월 4일자 수석비서관 회의 내용에는 김기춘의 지시 사항을 뜻하는 '長(장)'이라는 글씨와 함께 '통진당 해산 판결 – 연내 선고'라고 쓰여 있었다. 통합진보당 해산에 청와대가 개입했다는 의혹이 전혀 근거가 없는 것은 아니다.

헌법재판소는 자체 조사를 통해 모든 의혹이 사실이 아니라고 밝혔다. 그러나 헌법재판소가 증거를 조사하는 데 근본적인 한계가 있는데도 대법원의 판결에 앞서 성급하게 통합진보당 해산을 결정한 행동이 의혹을 부추긴다. 최고 재판 기관인 헌법재판소의 행동이라기에는 너무 신중하지 못한 결정이었다. 헌법재판소가 스스로 의혹을 키웠다는 비판을 면하기 어려운 부분이다.

헌법재판소 결정의 문제는 시기적 성급함만이 아니다. 헌법재판소는 정당 해산 결정이 선고되면 그 정당 소속 국회의원은 의원직을 상실하게 된다고 했다. 그런데 헌법재판소가 국회의원의 의원직을 박탈할 권한이 있는지 의문이다. 당시 통합진보당에는 지역구 국회의원 3명과 비례대표 국회의원 2명이 있었다. 이들은 국민이 직접 선거로 선출한 국회의원이다. 비례대표는 국회의원에게 직접 투표하는 것은 아니지만, 국민이 정당에 투표함으로써 선출된다. 비례대표 국회의원 역시 국민이 직접 선출했다고 보아야 한다.

반면 헌법재판소는 국민이 직접 정당성을 부여한 조직이 아니다. 국민이 국민투표를 통해 정당성을 부여해준 헌법에 의해 간접적으로 정당성이 부여된 조직이다. 특히 헌법재판소 재판관은 대통령과 국회, 대법원이 임명하기 때문에 국민이 직접 선출한 것은 아니다. 그렇다면 국민이 직접 선택한 결정(국회의원)을 직접 선출되지 않은 자들(헌법재판관)이 취소시킬 수 있는지 문제 될 수 있다. 헌법재판소는 헌법의 적용을 판단하는 기관이지만 국민은 주권자로서 헌법보다 위에 있기 때문이다. 통합진보당 국회의원의 의원직 상실 결정은 헌법재판소가 국민의 결정이 잘못되었다고 판단한 것과 같은 것이다. 같은 논리로 2017년 박근혜 탄핵 역시 비난받을 수 있다. 하지만 박근혜 탄핵은 국민의 대통령 탄핵 요구로 촉발된 것이다. 한국에는 대통령에 대한 국민소환제(대통령, 국회의원 같은 선출직 공무원 중 부적절한 사람을 투표로 파면시키는 제도, 지방자치단체에서는 2007년부터 시행되고 있다)가 없지만 일종의 국민소환에 의한 탄핵으로 보아야 한다.

김씨라는 이유로 피해야 할 사람이 440만 명

헌법 제9조

국가는 전통문화의 계승·발전과 민족문화의 창달에 노력하여야 한다.

한국의 김해 김씨는 440만 명에 달한다. 한국 인구가 대략 5,000만 명이니 10명 중 1명은 김해 김씨인 것이다. 때문에 한때 김해 김씨는 결혼하기 가장 어려운 성씨였다. 동성동본 간 결혼이 금지되었기 때문이다.

한국의 성씨는 성姓과 본本으로 구성된다. 김해 김씨는 성은 '김'이고 본은 '김해'다. 동성동본 금혼은 성과 본이 모두 같은 이들이 결혼하는 것을 금지하는 제도다. 어쩌다 김해 김씨로 태어났을 뿐인데 한국 국민 중 10퍼센트와는 결혼할 수 없는 현실을 받아들이는 것이 쉬운 일이 아니다. 그러다 보니 동성동본 금혼은 도입 시부터 끊이지 않는 논란을 불러왔다. 1957년 국회의 법제사법위원회에서는 동성동본 금혼 관습을 제정되는 민법에 채택할지에 대한 논쟁이 있었다. 삭제 주장도 많았지만 도입해야 한다는 주장이 워낙 강해 동성동본 금혼 규정은 제정 민법에 삽입되었다. 1970년대와 1980년대에도 동성동본 금혼을 폐지하려는 시도가 있었다. 특히 1970년대에는 범여성가족법개정촉진회의까지 결성되어 동성동본 금혼 폐지를 강력하게 추진했다. 하지만 동성동본 금혼 폐지는 번번이 실패하고 말았다.

동성동본 금혼을 폐지해야 한다는 측은 동성동본 금혼이 중국에서 들어온 외래문화라고 주장했다. 반면 유지해야 한다는 측은 동성동본 금혼이 한국 고유의 전통문화라는 주장을 굽히지 않았다. 동성동본 금혼의 유래를 추적할 수 있는 문헌이 많지 않아 외래문화인지 한국 고유의 전통문화인지 명확히 판단하기는 어렵다. 다만 외국에서 유래했다고 반드시 전통문화가 아니거나 한국에서 발현했다고 무조건 전통문화인 것은 아닐 것이다.

동성동본 금혼 폐지 문제가 40년 가까이 논란만 일으키는 동안 수많은 동성동본 커플은 고통을 받아야 했다. 많은 연인이 사랑해서 만났지만 동성동본이라는 이유로 헤어져야 했다. 도저히 헤어질 수 없어 결혼을 선택한 이들은 더욱 큰 고통을 겪어야 했다. 우선 혼인신고를 할 수 없어 법적 부부가 될 수 없었다. 의료보험과 같은 공적 보험에 각자 가입해야 했고 가족을 대상으로 하는 사보험은 가입할 수조차 없었다. 부양가족에게 제공되는 다양한 세제 혜택을 받을 수 없었고, 직장에서 제공하는 부양가족 수당에서도 제외되었다. 동성동본 결혼을 부도덕하게 바라보는 시각에도 고통을 겪어야 했다. 하객을 초대할 수 없어 결혼식을 올리지도 못했다. 가정을 이루고 살아가면서는 끝없이 이웃의 시선을 의식해야 했다. 하지만 무엇보다도 힘든 것은 자녀 문제였다. 법률상 부부가 될 수 없었기에 부모의 이름으로 출생신고를 할 수 없었다. 출생신고를 하지 않고 지내다 입학 통지서를 받지 못해 학교에 보내지 못하는 이들도 있었다. 고육지책으로 자녀를 사생아나 혼외자로 출생신고한 이들은 자녀가 성장해서 혼담이 오고 가다 사생아나 혼외자라는 이유로 파혼을 당하기도 했다.

동성동본 부부가 겪는 고통이 크자 이를 악용한 불법행위도 성행했다. 동성동본 부부의 혼인은 무효가 아닌 취소 사유였다. 때문에 담당 공무원이 실수로 혼인신고를 수리하면 법률상 유효한 부부가 될 수 있었다. 이를 악용해 동성동본 부부에게 뒷돈을 받고 실수를 가장해 혼인신고를 수리해주는 브로커가 기승을 부렸다. 하지만 동성동본 부부들은 돈을 주고서라도 혼인신고를 하고자 했다. 그만큼 그들이 겪어야 하는 고통은 컸다.

동성동본 부부가 사회적 문제가 되자 정부는 1977년, 1987년, 1995년 세 차례에 걸쳐 '혼인에 관한 특례법'을 시행했다. 정부는 특례법을 통해 1년 정도 한시적으로 동성동본 부부의 혼인신고를 수리해주었다. 특례법으로 구제된 동성동본 부부는 1978년 4,577쌍, 1988년 1만 2,443쌍, 1996년 2만 7,807쌍으로 총 4만 4,827쌍에 달했다. 10년에 한 번꼴로 특례법을 시행해 동성동본 부부를 양성화한 것은 정부가 나서서 동성동본 금혼이 유지되기 어려운 제도라고 자인한 것과 마찬가지였다.

결국 동성동본 금혼 규정은 1997년 헌법재판소에서 위헌 결정이 내려졌다(헌재 1997. 7. 16. 95헌가6). 이로써 동성동본 부부도 법률적 부부가 될 수 있게 되었다. 하지만 40년이 넘도록 동성동본 금혼을 주장해온 이들은 헌법재판소의 결정에 강하게 반발했다. 특히 유림들은 전통 복장에 갓까지 쓰고 상경해 헌법재판소 앞에서 농성을 벌였다. 하지만 헌법재판소에서 한 번 결정된 사항은 번복할 수 없다.

동성동본 금혼이 언제부터 내려온 관습인지에 대한 이론은 많다. 그러나 조선 중기까지도 성 없이 이름만으로 살아온 사람이 많았던 것으로 보아 동성동본 금혼은 빨라야 조선 후기에야 정착되기 시작한 제도로 보인다. 성이 있어야 동성동본 금혼도 가능하기 때문이다. 그렇다 하더라도 조선시대에도 일정 부분 존재했고 대한민국 민법에 40년 동안이나 규정되어온 동성동본을 무작정 외래문화로 치부할 수는 없을 것이다. 하지만 명확한 당위성도 없는 데다 사회적 갈등까지 빚어내 정부도 유지하기 어렵다고 판단한 제도를 전통문화라는 이름으로 고수할 수도 없다.

헌법재판소가 동성동본 금혼 규정이 위헌이라고 판단한 주요 이유는 전통문화 여부가 아닌 인간의 존엄성과 성 평등에 위배된다는 것이었지만 이 결정은 전통문화가 무엇인지에 대해도 교훈을 준다. 헌법 제9조는 "국가는 전통문화의 계승·발전과 민족문화의 창달에 노력하여야 한다"고 규정한다. 헌법이 국가에 계승·발전의 의무를 부여한 전통문화는 오늘날 우리에게 가치가 있거나 보존할 필요가 있는 전통문화를 말한다. 동성동본 금혼과 같이 사회적 문제를 만들어내고 많은 이에게 고통을 주기만 하는 것은 전통문화보다는 폐지해야 할 인습이다.

2장

나는
존엄할 권리가 있다

안락사는 왜
불법일까?

━━━━━━━━━━┫ 헌법 제10조 ┣━━━━━━━━━━

모든 국민은 인간으로서의 존엄과 가치를 가지며, 행복을 추구할 권리를 가진
다. 국가는 개인이 가지는 불가침의 기본적 인권을 확인하고 이를 보장할 의무
를 진다.

2008년 76세였던 김 할머니는 폐종양 검사를 위해 내시경 시술
을 받았다. 시술 중 급작스러운 과다 출혈이 발생했고 심장은 더는
뛰지 않았다. 의사들의 신속한 심장마사지 덕에 다행히 심장은 다
시 뛰기 시작했다. 하지만 심장마사지에 소요된 몇 분이 뇌에는 치

명적이었다. 저산소성 뇌손상이 발생했고 결국 김 할머니는 식물인간 상태에 빠졌다.

　병원은 김 할머니에게 인공호흡기를 연결하고 튜브로 영양분을 공급했다. 인위적으로 생명을 연장하는 연명 치료가 시작되었다. 김 할머니의 자녀들은 연명 치료 중단을 요구했다. 연명 치료는 단순히 생명만 연장시키는 것에 불과해 의학적으로 의미가 없고 김 할머니가 평소 무의미한 생명 연장을 거부하고 자연스럽게 죽고 싶다는 말을 했다는 것이 이유였다. 하지만 병원은 자녀들의 요구를 거부했다.

　법은 심장과 폐가 정지하는 순간을 사망 시점으로 판단한다. 김 할머니의 심장과 폐는 약물과 인공호흡기에 의지했지만 분명 살아 있었다. 법적으로 김 할머니는 살아 있는 사람이었다. 병원은 생명을 연장할 수 있는데도 치료하지 않는 것은 의사의 생명 보호 의무에 위반되어 연명 치료를 중단할 수 없다고 했다. 연명 치료를 중단한다면 김 할머니의 심장과 폐는 정지할 것이었고 이는 병원의 행위(연명 치료 중단)로 김 할머니가 사망하는 것이라 병원 측에 살인죄가 적용될 부담도 있었다.

　김 할머니가 의식 없이 약물과 기계에 의존한 채 병상에 누워 있는 기간이 길어지자 자녀들은 법원에 소송을 제기했다. 대법원은 연명 치료에 "원인이 되는 질병의 호전을 목적으로 하는 것이 아니라 질병의 호전을 사실상 포기한 상태에서 오로지 현 상태를 유지하기 위하여 이루어지는 치료에 불과"하다며 "연명 치료를 환자에게 강요하는 것이 오히려 인간의 존엄과 가치를 해"하기에 자녀들의 연명 치료 중단 요구가 타당하다고 판단했다(대법원 2009. 5. 21. 선고 2009다17417 전원합의체 판결). 법원의 판결을 받고 나서야 김 할머니는 인공호흡기나 튜브 없이 잠들 수 있었다.

김 할머니의 자녀들은 헌법 소원도 제기했다. 연명 치료 중단 사유를 규정한 법률이 없어 소송에 오랜 기간을 허비해야 했고 그만큼 김 할머니의 식물인간 상태가 지속되어 인간의 존엄성과 행복 추구권이 침해되었다는 주장이었다. 국회에 연명 치료의 중단에 관한 기준, 절차와 방법 등에 관한 법률을 만들지 않은(입법 부작위) 책임을 물은 것이었다.

하지만 헌법재판소는 이에 대해 판단조차 하지 않았다. 헌법재판소가 국회가 특정 법을 제정하지 않은 행위에 위헌 여부를 판단한다면 국회에 법을 제정하도록 명령하는 것이 되어 입법권을 침해한다는 이유였다(헌재 2009. 11. 26. 2008헌마385). 삼권분립 체제에서 법은 입법부인 국회에서 만든다. 입법 의무를 이행하지 않는 것에 대한 위헌이 결정되면 입법부에는 해당 법률을 만들 의무가 생긴다. 그렇기 때문에 입법권이 침해된다는 해석은 일견 타당하다. 그러나 헌법에 따라 기본권이 침해되는 상황이 법률 제정으로만 해소될 수 있다면 해당 법률의 필요성에 대한 판단은 입법부 고유 영역은 아닐 것이다. 그리고 법률의 내용 판단이 아닌 필요성에 대한 판단이 입법부의 절대적 권한이라는 것은 과도한 해석이다. 입법 부작위가 헌법재판소의 심판 대상이 아니라는 판단은 현존하는 기본권 침해를 방치하겠다는 것으로, 지나치게 소극적인 태도였다.

헌법재판소의 소극적 태도는 사망의 단계에 접어든 회복 불가능한 환자가 인공호흡기나 영양 공급 튜브에 의지한 채 침상에 누워 있도록 강제해, 환자의 존엄성과 행복추구권이 침해되는 상황을 지속시키는 결과를 야기했다. 연명 치료 중단은 2016년 2월에야 '호스피스·완화의료 및 임종과정에 있는 환자의 연명의료결정에 관한 법률(연명의료결정법)'의 제정으로 가능해졌다. 연명의료결정법은 2017년 8월 4일부터 시행되었다. 헌법재판소가 입법 부작위에 대한 판단을 내렸다면 8년 가까운 시간을 아낄 수 있었을 것이다.

연명의료결정법은 환자가 사전에 연명 치료 거부 의사를 밝혔거나, 가족들이 일관되게 진술할 경우, 또는 의료 기관에서 작성한 계획서를 의사가 확인할 수 있을 경우 연명 치료를 중단할 수 있도록 한다. 인간의 존엄성은 어떻게 살 것인지의 문제인 동시에 어떻게 죽을 것인지의 문제이기도 하다. 의식 회복의 가능성이 없는 식물인간 상태에서 각종 의료 장비에 의지해 생명을 유지하는 것은 인간의 존엄성에 부합하지 않을 것이다. 그런 상황을 거부해왔다면 더욱 그렇다.

그런데 존엄한 죽음은 연명 치료 중단만으로 이루어지지 않는다. 아직 환자의 의식이 남아 있으면 문제가 될 수 있다. 연명의료결정법에 따른다 해도 의식이 남아 있는 환자의 연명 치료 중단은 불가능하다. 하지만 말기 암 환자와 같이 회복 가능성이 없고 나날이 극심한 고통 속에서 살아가는 환자에게 임종의 시기를 앞당겨주는 것 또한 인간의 존엄성 측면에서 고려할 필요가 있다.

연명 치료를 중단하는 것에서 더 나아가 환자의 임종을 앞당기는 것, 즉 적극적 안락사는 그간 많은 논란이 되어왔다. 그러나 이미 네덜란드, 벨기에, 룩셈부르크, 스위스, 캐나다 등에서 적극적 안락사를 시행하고 있다. 심지어 많은 이가 안락사가 금지된 자국을 피해 네덜란드나 스위스 등으로 원정 안락사를 떠나기도 한다.

물론 인간의 생명은 가장 존엄한 것으로 자살은 허용될 수 없다. 그러나 생명 자체가 인간의 존엄성을 해치는 경우에도 생명 연장을 강제하는 것에 대해서는 근본적인 고민이 필요하다. 연명 치료 중단에 대한 헌법재판소의 소극적 대응과 입법부의 책임 회피로 오랫동안 인간의 존엄성이 침해되어왔다. 이제 한걸음 더 나아가 안락사에 대한 사회적 논의가 이루어져야 한다. 안락사의 도입과 금지 중 과연 어떤 것이 헌법 제10조가 선언한 '인간으로서의 존엄과 가치'에 부합하는지 근본적으로 생각해보아야 한다. 그리고 연명의료결정법의 도입을 지연시킨 과오를 다시 범해서는 안 될 것이다.

여성만 들어갈 수 있는 로스쿨은 차별일까?

┃ 헌법 제11조 제1항 ┃

모든 국민은 법 앞에 평등하다. 누구든지 성별·종교 또는 사회적 신분에 의하여
정치적·경제적·사회적·문화적 생활의 모든 영역에 있어서 차별을 받지 아니
한다.

서울시 서대문구 대현동에 있는 이화여자대학교는 여성만 입학
할 수 있다는 원칙으로 유명하다. 1886년 미국 북감리교 여선교
부 선교사 메리 F. 스크랜턴Mary F. Scranton이 서울 정동의 자택에서
학생 1명을 가르친 것에서 시작한 이래 이 원칙은 변함없이 유지

되고 있다. 그간 여성만 입학할 수 있다는 원칙은 많은 우여곡절을 겪었다. 다른 여학교들이 속속 남녀공학으로 전환하면서 여자대학교의 존재 자체에 의문이 제기되기도 했다. 혹자는 여학생만 받겠다는 발상 자체가 전근대적이라며 공격하기도 했다. 하지만 이화여자대학교는 한국 사회에서 여학생만으로 이루어진 대학교가 아직까지 필요하다는 것을 입증하며 꿋꿋이 버텨왔다. 우여곡절 중 으뜸은 2010년 헌법 소원일 것이다.

로스쿨 입학을 준비하던 엄 모 씨는 각 학교의 입학 전형을 살피던 중 이화여자대학교의 입학 전형을 보고 끓어오르는 분노를 참을 수 없었다. 남성인 그는 이화여자대학교 로스쿨에 지원조차할 수 없었기 때문이다. 이화여자대학교 로스쿨의 정원은 100명인데, 매년 100명의 여성만 이화여자대학교 로스쿨에 입학할 수 있고 그만큼 남성의 자리가 줄어든다는 생각에 견딜 수가 없었다. 엄 모 씨는 이화여자대학교 로스쿨 입학 전형이 남성의 평등권을 침해했다며 헌법 소원을 제기했다.

헌법재판소는 엄 모 씨의 청구를 기각했다. 평등권의 침해 요소는 있지만 전체 로스쿨의 정원 2,000명에 비해 이화여자대학교 로스쿨의 정원은 100명으로 비율이 매우 낮고, 엄 모 씨는 이화여자대학교 외에도 나머지 1,900명의 정원에 지원할 수 있기 때문에 기본권 침해 정도가 매우 미미하다고 판단했다(헌재 2013. 5. 30.

2009헌마514). 평등권을 침해받기는 했지만 참을 만한 수준이라는 것이다.

헌법이 규정하는 평등은 절대적 평등이 아닌 상대적 평등이다. 모든 차별을 부정하는 것이 아니다. 합리적 근거가 있는 차별은 가능하다. 합리적 근거 중 대표적인 것이 '차이'다. 서로 다른 이를 모두 동일하게 대하는 것은 차이를 무시한 행위로 오히려 불평등한 결과를 만들 수 있다. 교실에서 눈이 나쁜 사람이 앞자리에 앉는 것은 눈이 좋은 사람에게는 차별이지만 문제 되지 않는다. 모든 교실에 앞자리만 존재할 수 있도록 교실과 교사의 수를 늘리면 차별적 상황 자체가 없어지겠지만 이는 물리적으로 불가능하다. 그렇기에 눈이 나쁜 사람을 앞자리에 배치하는 것은 합리적 이유가 있는 차별이다.

차별을 정당화하는 또 다른 합리적 근거는 '적극적 우대 조치 affirmative action'다. 불평등한 상황을 바로잡기 위한 일시적 불평등 조치는 불평등이 아니라는 것이다. 국가인권위원회법 제2조 제3호는 "현존하는 차별을 없애기 위해 특정한 사람(특정한 사람들의 집단을 포함)을 잠정적으로 우대하는 행위와 이를 내용으로 하는 법령의 제정·개정 및 정책의 수립·집행은 평등권 침해의 차별행위로 보지 아니한다"고 하며 적극적 우대 조치를 규정하고 있다.

미국 대학교의 흑인 쿼터제나 한국의 고위 공무원 여성 할당제는 적극적 우대 조치의 대표적 사례다. 미국에서 흑인을 비롯한 소수 인종은 백인에 비해 사회·경제적으로 열등한 지위에 놓여 있다. 소수 인종 아이들은 어릴 적부터 열악한 환경에서 자랄 수밖에 없고 당연히 대학 입시에서도 백인에 비해 낮은 점수를 받고는 한다. 한국에서는 많은 여성이 공직에 진출하지만 고위 공무원에서 여성이 차지하는 비율은 극히 낮다. 힘의 균형이 남성에게 기울어진 공무원 조직에서 여성이 능력을 인정받아 승진하는 것은 매우 어렵기 때문이다. 여성에게는 유리천장이 존재하는 것이다. 이와 같은 흑인이나 여성의 열악한 지위는 기회의 평등만으로 해결될 수 없다. 기회를 형성하는, 또는 기회를 평가하는 단계에서부터 차별이 존재하기 때문이다. 따라서 현존하는 불평등 자체를 인위적으로 개선하는 적극적 조치가 필요하다. 대학 입학생 중 일정 비율을 흑인에게, 고위 공무원 중 일정 비율을 여성에게 강제로 할당해야 그나마 불평등의 개선을 기대할 수 있다.

적극적 우대 조치에 항상 따라다니는 반론은 '역차별'이다. 약자에게 지원하는 것이 강자에게 차별이라는 것이다. 대학 입시의 흑인 쿼터제로 합격 가능성이 있는 백인이 떨어지거나 고위 공무원 여성 할당제로 능력 있는 남성 공무원이 승진에서 탈락할 가능성은 충분하다. 하지만 평등은 결과로만 판단할 수 없다. 백인과 남성 공무원이 그간 누려온 우위가 입학시험 성적과 공무원으로서 능력이나 평가에 반영되었을 것이기 때문이다. 그리고 흑인과 여성이 받고 있는 차별이 해소되어야 할 필요가 일시적 불평등에 의한 손해보다 크다고 할 수도 있다. 역차별은 주의해야 하지만 적극적 우대 조치를 반대할 명분은 되지 못한다.

엄격한 평등을 추구했다면 이화여자대학교는 남성의 입학을 허용하지 않으면서 로스쿨을 유치할 수 없었을 것이다. 헌법재판소는 "교육부 장관이 이화여자대학교에 법학전문대학원 설치 인가를 한 것은 대학의 교육 역량에 대한 객관적인 평가에 따른 것이지 결코 여성 우대를 목적으로 한 것이 아니"라 문제 되지 않는다고 해석했다. 하지만 이화여자대학교의 로스쿨 유치를 여성 우대로 보아도 문제 될 것은 없다. 여성만 입학할 수 있어도 이화여자대학교가 로스쿨을 유치할 수 있었던 것, 그 자체를 적극적 우대 조치로 보아도 되기 때문이다. 매년 남성에 못지않은 비율로 여성 법조인이 배출되고 있지만 2017년 9월 현재 대법관 13명 중 여성은 3명, 헌법 재판관(현재 1명 공석) 8명 중 여성은 1명에 그친다. 고위 법관과 검사 사정도 비슷하다. 이처럼 여성의 지위가 현저히 낮은 법조계에서 25개 로스쿨 중 1곳, 2,000명의 로스쿨 학생 중 100명을 여성에게 부여한 것을 남성에 대한 역차별이라 주장하기는 어렵다.

헌법 제11조 제1항을 다시 읽어보자. "모든 국민은 법 앞에 평등하다. 누구든지 성별·종교 또는 사회적 신분에 의해 정치적·경제적·사회적·문화적 생활의 모든 영역에 있어서 차별을 받지 아니한다." 이는 모든 국민이 평등하다는 선언에 그치는 것이 아닌, 국가에 평등 추구 의무를 부여한 것이고 더 나아가 적극적으로 개입해 불평등한 상황을 개선할 의무를 부여한 것이다.

거리를 떠돌았다는 이유로
소년원에 간 청소년

┃ 헌법 제12조 제1항 ┃

모든 국민은 신체의 자유를 가진다. 누구든지 법률에 의하지 아니하고는 체포·구속·압수·수색 또는 심문을 받지 아니하며, 법률과 적법한 절차에 의하지 아니하고는 처벌·보안처분 또는 강제노역을 받지 아니한다.

2054년 워싱턴 D.C. 시민들은 최첨단 치안 시스템인 프리크라임pre-crime 덕에 안전한 삶을 살아가고 있다. 프리크라임은 범죄 발생 시각, 장소, 범인 등을 사전에 예측한다. 특수 경찰은 이 정보로 범죄 발생 전에 범인을 체포해 범죄를 사전에 예방한다. 스티븐 스필버그 감독, 톰 크루즈 주연의 2002년 작 SF 영화인 〈마이너리티 리포트〉의 내용이다. 영화는 결국 범죄의 정확한 예측은 불가능하며 예측만으로 사람을 가두는 것이 심각한 인권침해임을 깨닫고 체포되었던 모든 사람을 풀어주면서 끝난다. 그런데 범죄를 사전에 예측해 아직 범죄를 저지르지 않았지만 범행이 예측되는 사람을 체포하는 다소 허무맹랑한 이야기는 SF 영화 속에만 존재하는 것이 아니다.

2010년 구글과 미국 중앙정보국CIA은 실시간 인터넷 데이터 분석을 통해 앞으로 발생할 일까지 분석할 수 있는 레코디드 퓨처스 Recorded Futures라는 회사를 지원하기 시작했다. 이 회사는 웹 사이트, 블로그, SNS 등을 실시간으로 모니터링해 사람과 조직, 행동, 사건 간의 상관관계를 분석한다고 한다. 이를 통해 언제, 어디서 특정 사건이 발생할지를 알아낼 수 있다는 것이다. 그런데 프리크라임이나 레코디드 퓨처스 같은 일이 이미 한국에서는 일어나고 있다.

앞으로 법을 어길 우려가 있다는 이유로 1년 4개월 동안 소년원에 수감되어야 했던 소년이 있다. 이 소년은 물건을 훔치거나 누군가를 때리지도 않았다. 단지 학교에 가지 않고 또래끼리 무리를 지어 동네를 어슬렁거렸을 뿐이다. 소년은 학교에 가기가 싫었다. 지적장애가 있는 어머니와 말도 잘 통하지 않았다. 집에 있기 싫었던 소년은 아침에 책가방을 메고 나오면 하루 종일 동네를 어슬렁거렸다. 자연스럽게 비슷한 친구들끼리 모이게 되었다. 한 무리의 청소년이 수업 시간에 교복을 입고 동네를 어슬렁거리자 주민들은 학교에 민원을 넣었다.

잦은 결석과 주민 민원까지 이어지자 학교는 소년의 어머니를 학교로 불렀다. 담임교사는 '통고通告'라는 이야기를 꺼냈다. 소년이 조만간 큰 사고를 칠 것 같고 그전에 통고를 보내야 한다는 이야기도 덧붙였다. 통고가 무엇이냐는 어머니에게 담임교사는 판사에게 소년을 위한 적절한 처분을 요청하는 것이라고 했다. 어머니는 소년원에 가야 하는 처분도 있다는 말을 듣고 소스라치게 놀랐다. 소년을 절대 통고할 수 없다며 선을 그었다. 흥분한 어머니에게 담임교사는 소년원이 무조건 나쁘지는 않다고 했다. 기술도 배울 수 있고 다녀오면 착해져서 나온다고 했다. 무엇보다 지금처럼 방치되어 있다 사고를 치고 교도소에 가는 것보다 훨씬 좋다고 했다. 어머니는 그 말을 곧이곧대로 믿었다.

어머니는 재판정에서 소년이 가능한 한 오랫동안 소년원에 있게 해달라고 말했다. 그런 어머니의 행동에 소년은 서운함이 가슴 깊이 사무쳤다. 어머니와 학교 모두 소년원 송치를 원하자 판사는 장기 결석 중인 소년에게 10호(2년간 소년원 송치) 처분을 내렸다. 소년은 전주에 있는 소년원에 가야 했다. 다행히 모범적인 생활을 해서 1년 4개월 만에 가퇴원(가석방)할 수 있었다.

소년법에는 통고라는 제도가 있다. 범죄를 저지르지 않았지만 범죄를 저지를 위험성이 큰 청소년을 처분할 수 있는 제도다. 소년법이 제시하는 통고의 사유 중에는 "그의 성격이나 환경에 비추어 앞으로 형벌 법령에 저촉되는 행위를 할 우려가 있는 10세 이상인 소년"이라는 문구가 있다. 세부적으로 "① 집단적으로 몰려다니며 주위 사람들에게 불안감을 조성하는 성벽性癖이 있는 것, ② 정당한 이유 없이 가출하는 것, ③ 술을 마시고 소란을 피우거나 유해환경에 접하는 성벽이 있는 것"이라는 조건이 달려 있다. 그렇다 하더라도 또래끼리 몰려다니거나 집을 나온 행위 또는 술집이나 노래방에 출입하는 행위만으로 청소년은 통고 대상이 될 수 있다. 물론 청소년의 가출이나 유흥업소 출입이 바람직한 행동은 아니다. 하지만 범법 행위도 아니다. 그런데도 청소년은 이것만으로 법적 처벌을 받을 수 있다.

헌법 제12조 제1항은 신체의 자유를 규정하고 있다. 신체의 자유는 상당히 포괄적인 권리로, 신체를 훼손당하지 않을 권리에 그치는 것이 아니라 구속당하지 않을 권리(신체의 자율성)도 포함한다. 제12조 제1항 뒷부분의 '체포·구속·압수·수색 또는 심문'과 '처벌·보안처분 또는 강제노역'은 국가권력에 의해 신체 자유가 훼손되는 대표적 사례다.

통고된 청소년은 소년보호사건으로 처리되고 가정법원에서 심판을 받게 된다. 심판의 결과에 따라 1호부터 10호까지의 보호처분이 내려진다. 1호는 보호자에게 청소년의 감호監護를 위탁하는 처분이지만, 8~10호는 최장 2년까지 소년원에 송치되는 강도 높은 처분이다. 나머지 처분은 봉사 활동이나 수강 명령, 보호관찰, 소년 보호시설에 수용되는 처분이다. 어떠한 처분을 받든지 신체의 자유는 심각하게 침해될 수밖에 없다. 그런데도 범죄를 저지르지 않은 청소년을 법정에 세우고 소년원에 가두는 통고 제도가 대한민국 헌법하에 존재하는 이유는 무엇일까?

법은 소년법에 의한 보호처분을 사법적 처분보다는 복지적·행정적 처분으로 본다. 보호처분은 처벌이 아닌 청소년 복지를 위한 행정처분이기 때문에 범죄를 저지르지 않았더라도 처분이 가능하다. 하지만 최대 2년까지 소년원에 송치될 수 있는 보호처분을 과연 청소년이 복지로 받아들일 수 있을지는 의문이다. 그리고 신체의 자유가 심각하게 침해될 수 있는 방법으로 복지를 증진할 수 있다는 생각은 그 자체로 복지에 대한 몰이해이며 심각한 권위주의적 발상이다.

문제는 여기서 그치지 않는다. 통고로 보호처분을 받는 과정에서 청소년이 의견을 피력할 기회는 거의 없다. 소년법상 통고권자는 보호자·학교·사회복지시설·보호관찰소의 장이다. 즉 청소년은 부모나 교장의 판단만으로 통고될 수 있다. 통고로 가정법원 소년부에 송치된 청소년은 경찰이나 검찰의 수사를 받지 않는다. 소년부는 수사 기록도 없이 부모나 학교의 의견, 보호관찰소의 생활 조사 자료에만 의지해 소년을 판단한다. 대부분 가정법원 소년부의 심리는 단 한 번 열리는데 시간도 10분 내외로 매우 짧다. 통고된 청소년은 이 짧은 시간 내에 자신의 주장을 피력해야 한다.

신체의 자유는 대對국가적 기본권의 성격이 강하다. 신체의 자유가 침해되는 경우는 공권력에 의한 강압적 또는 불법적인 수사, 연행, 감금 등이 대부분이기 때문이다. 신체의 자유가 침해되는 대상은 대부분 사회적 약자다. 청소년은 우리 사회에서 가장 힘없는 약자다. 그렇기에 범죄의 예측만으로 처벌하는, 성인이라면 상상도 할 수 없는 일이 벌어지고 있는 것이다.

고문이
부당한 이유

━━━━━━━━━━━━┥ **헌법 제12조 제2항** ┝━━━━━━━━━━━━

모든 국민은 고문을 받지 아니하며, 형사상 자기에게 불리한 진술을 강요당하지
아니한다.

2000년 8월 전라북도 익산시에서 택시 기사가 12군데 이상 흉
기에 찔려 사망한 강도 사건이 발생했다. 유일한 목격자는 다방에
서 배달원으로 일하고 있던 최 군이었다. 하지만 최 군은 곧 참고
인에서 피의자로 신분이 바뀌었다. 경찰은 최 군을 유력한 용의자

로 지목했다. 최 군은 자신의 범행을 완강히 부인했다. 최 군을 범인이라고 지목하기에 앞뒤가 맞지 않는 정황 또한 여럿 드러났다. 그러나 최 군은 수사 중 범행을 자백했고, 1심은 최 군에게 강도살인죄를 적용해 징역 15년을 선고했다. 이후 항소심에서 5년 감형된 징역 10년을 선고받은 최 군이 상고를 포기해 유죄가 확정되었다. 그는 10년을 만기 복역하고 나서야 다시 사회에 발을 디딜 수 있었다. 15세 청소년은 청년이 되었고 최 군이 아닌 최 씨라 불리고 있다.

출소 후 최 씨는 자백을 번복하고 자신의 무고함을 주장하기 시작했다. 그의 말을 들어주는 이가 없었으나, 어느 헌신적인 변호사를 만나면서 희망이 보이기 시작했다. 재심 전문 변호사라 불리는 박준영 변호사다. 무작정 억울함만 주장하던 최 씨는 그의 무고함을 다시 다투어볼 수 있는 재심이라는 제도를 알게 되었다. 수사기관의 강압 수사 정황이 드러났다. 특히 진범이 잡혔는데도 풀어주었다는 사실은 결정적이었다. 결국 2016년 11월 17일 광주고등법원 제1형사부는 최 씨에게 무죄를 선고했다. 사법부의 과오를 인정한 것이다. 16년을 살인자로 살아야 했던 최 씨의 누명이 풀리는 순간이었다. 2017년 영화로 제작되어 큰 반향을 불러일으켰던 〈재심〉의 실제 사연이다.

그런데 택시 기사를 살해하지 않은 최 군은 왜 자신을 살인범이라 자백했던 것일까? 그는 수사 과정에서 심한 폭행이 이루어졌다고 주장했다. 수사기관은 "내가 살인범이다"는 자백을 받아내기 위해 최 씨를 고문했다. 최 씨의 자백은 고문의 고통에 못 이겨 이루어진 허위 진술이었던 것이다. 고문은 직접적으로 신체적·정신적 고통을 가하는 행위로 인간의 존엄성을 파괴하는 범죄행위다. 더욱이 자신의 의사에 반해 수사기관이 원하는 진술을 강요당하는 것으로 자신의 존엄성을 부정하게 만드는 반인륜적 행위이기도 하다. 때문에 형사소송법 제308조의 2와 제309조는 고문 같은 위법한 수단을 통해 얻은 진술을 유죄의 증거로 사용할 수 없다고 규정하고 있다. '위법 수집 증거 배제의 법칙'이다.

우리 역사에는 고문 등 부당한 수사 행위로 억울하게 처벌받아야 했던 사례가 수없이 많다. 〈변호인〉이라는 영화로 제작되어 1,000만 명이 넘는 관객을 동원했던 부림 사건, 〈남영동 1985〉로 제작되어 많은 이의 눈시울을 붉혔던 김근태 고문 사건, 선고된 지 8시간 만에 사형이 집행되어 국제법학자협회가 '사법사상 암흑의 날'로 지정한 인혁당 사건, 재일 동포 유학생들을 간첩으로 몰고 이들을 지원했다며 학생운동 가담자들에게 간첩 혐의를 뒤집어씌운 재일 동포 유학생 간첩단 사건, 어부들이 북한을 오가며 간첩 활동을 했다며 울릉도 주민 47명을 간첩 혐의로 검거한 울릉도 간첩단 사건 등 하나하나 거론하기 어려울 정도다.

그러나 더 큰 문제는 고문이 과거만의 문제가 아니라는 것이다. 2013년, 국가정보원은 간첩이 탈북민으로 서울시에 침투했다며 서울시 공무원이던 유우성을 간첩 혐의로 체포했다. 일명 서울시 공무원 간첩 사건이다. 간첩이 공무원 조직까지 침투했다는 사실에 많은 국민이 경악했다. 그러나 대법원은 2015년 유우성에게 무죄를 선고했다. 주요 증거였던 서류들은 위조된 것으로 드러났다. 특히 결정적 증거였던 동생 유가려의 증언이 강압 수사에 의한 허위 자백임이 밝혀졌다. 국가정보원은 유가려를 6개월 동안 독방에 가두고 오빠가 간첩이라는 진술을 강요했다고 한다. 6개월이라는 기간 동안 독방에 가두어놓는 것은 극심한 정신적 고통을 유발하는 행위다. 신체에 고통을 가하는 것 못지않은 정신적 고문인 것이다. 이 사건은 불과 4년 전에 벌어진 일로, 지금도 고문이 근절되었다고 확신할 수 없다.

UN은 1984년 12월 10일 '고문 및 그 밖의 잔혹한, 비인도적인 또는 굴욕적인 대우나 처벌의 방지에 관한 협약(고문방지협약)'을 채택해 고문을 금지했다. 한국 역시 1995년 2월 8일 협약에 동참했다. UN까지 앞장서 고문 금지를 외치고 있는데도 고문이 아직까지 근절되지 않는 이유는 무엇일까? 피의자의 자백을 받아내는 데 고문만큼 수월한 방법이 없기 때문이다. 때문에 형사소송법 제310조는 자백 외에 별도의 증거가 없으면 자백을 통해 유죄를 입증할 수 없음을 규정하고 있다. '자백 배제의 법칙'이다. 자백만으로도 유죄가 입증될 수 있다면 고문으로 자백만 받아내면, 진실이 무엇이든 유죄가 인정되기 때문이다.

그런데 반대로 유죄라는 확신이 있지만 별다른 증거가 없고, 피의자가 자백하지 않을 경우 피의자를 풀어주어야 하는데, 이것은 옳을까? 1994년 6월 미국 로스앤젤레스의 고급 주택가에서 배우 니콜 브라운 심프슨Nicole Brown Simpson과 론 골드먼Ron Goldman이 피투성이 시체로 발견되는 사건이 발생했다. 경찰은 프로 미식축구 선수였던 배우 O. J. 심프슨O. J. Simpson을 유력한 용의자로 지목했다. 그러나 소위 '드림 팀'이라 불린 유력 변호사를 대거 고용한 심프슨은 인종차별 주장까지 끌어들이며 372일 동안의 법정 다툼을 이어간 끝에 결국 무죄로 풀려났다. 그러나 니콜의 유가족이 제기한 민사소송에서는 패소해 배상금 850만 달러와 징벌적 배상금 2,500만 달러를 유가족에게 지급하라는 명령을 받았다. 형사소송에서는 무죄를 선고받았지만 민사소송에서는 살인이 인정된 것이다.

O. J. 심프슨 사건과 같이 심증은 가는데 물증이 없는 경우는 다소 강압적인 수사 기법을 동원해서라도 자백을 받아야 하는 것 아닐까? 하지만 물증을 찾아내는 것은 수사기관의 몫이다. 자백은 피고인이 부인할 수 없는 물증을 제시해 받아내야지 강요로 받아내

나는 존엄할 권리가 있다

서는 안 된다. 물증이 없다면 함부로 유죄를 의심해서는 안 된다.

헌법 제12조 제2항은 모든 국민은 고문을 받지 않으며, 불리한 진술을 강요당하지 않는다고 선언하고 있다. 간혹 명확한 증거가 있는데도 억울하다며 소리 높이는 뻔뻔한 피의자를 볼 때는 고문을 해서라도 자백을 받아내고 싶다는 충동을 느낄지도 모른다. 하지만 고문당하지 않을 권리와 불리한 진술을 강요당하지 않을 권리는 민주주의의 마지막 보루다. 민주주의는 양심에 따른 의견을 자유롭게 제시할 수 있을 때 발전한다. 권력에 눌려 진술을 강요당한다면 그곳은 민주주의 국가가 아닐 것이다.

범인 99명을 잡았더라도 1명이 억울하게 누명을 썼다면 그것은 정의가 아니다. 오히려 범인 99명을 놓쳤더라도 억울한 1명의 누명을 벗겨주는 것이 정의다. 이 땅에 더는 고문이 존재하지 않아야 하는 이유다.

검찰의 비리와
경찰의 무능

▌━━━━━━ 헌법 제12조 제3항 ━━━━━━▌

체포·구속·압수 또는 수색을 할 때에는 적법한 절차에 따라 검사의 신청에 의하여 법관이 발부한 영장을 제시하여야 한다. 다만, 현행범인인 경우와 장기 3년 이상의 형에 해당하는 죄를 범하고 도피 또는 증거인멸의 염려가 있을 때에는 사후에 영장을 청구할 수 있다.

2000년 10월 미국 CBS는 범죄 수사 드라마인 〈CSI〉를 방영하기 시작했다. 〈CSI〉가 인기를 끌자 〈CSI 뉴욕〉, 〈CSI 마이애미〉 등 다른 지역을 배경으로 한 시리즈가 제작되었고 해군을 소재로 한 〈NCSI〉가 제작되기도 했다. 미국 범죄 수사 드라마는 이후에도 다양한 주제와 소재로 제작되어 많은 인기를 얻고 있다. 미국의 범죄 수사 드라마의 인기는 한국에도 영향을 미쳤다. 케이블 채널뿐만 아니라 공중파 방송까지 미국 범죄 수사 드라마를 수입해 방송했다. 범죄 수사 드라마를 직접 제작하기도 했다. 그런데 한국의 범죄 수사 드라마는 큰 인기를 끌지 못했다. 다양한 이유가 있겠지만 가장 큰 원인은 한국과 미국의 수사 방식 차이 때문이다.

미국 범죄 수사 드라마에는 검사가 등장하지 않는다. 반면 한국 범죄 수사 드라마에는 검사가 거의 빠지지 않고 등장한다. 아예 검사가 주인공인 드라마도 적지 않다. 미국 검사는 형사사건의 재판을 요구하는 공소권과 재판 절차를 유지하는 공소 유지가 주된 임무다. 원칙적으로 수사의 주체는 경찰이다. 반면 한국 검찰은 소추권은 물론 수사 지휘권까지 갖고 있다. 때문에 경찰은 검찰의 지휘를 받아 수사할 뿐이다. 검사는 영장 청구권까지 독점하고 있다. 검찰의 지휘 없이 경찰이 단독으로 할 수 있는 것은 거의 없다. 포괄적인 수사 권한을 가진 미국 경찰은 사건 전반을 지휘하며 수사하는 반면, 수사권이 검찰에 있는 한국 경찰은 그럴 수 없다.

헌법 제12조 제3항은 "체포·구속·압수 또는 수색을 할 때에는 적법한 절차에 따라 검사의 신청에 의하여 법관이 발부한 영장을 제시하여야 한다"고 해서 영장주의를 선언하고 있다. 체포나 구속 등은 인신人身을 구속하는 행위로 신중을 기해야 하기에 법관이 발부한 영장이 꼭 필요하다고 규정한 것이다. 그런데 여기서 중요한 것은 "검사의 신청에 의하여"다. 헌법이 영장 청구권을 검사에게 독점적으로 부여하고 있는 것이다.

외국의 사례를 살펴보면 대부분의 국가가 헌법으로 영장주의를 규정하고 있다. 그렇지만 한국과 같이 검사만 영장을 청구할 수 있는 경우는 찾아보기 어렵다. 오히려 청구권자에 대한 규정 자체가 없는 경우가 대부분이다. 많은 나라에서 형사소송법으로 영장 청구권자를 규정하고 있는데, 미국은 거의 모든 주에서 영장 청구권자를 경찰로 규정하고 있다. 일본은 '검찰관·검찰 사무관 또는 사법 경찰원'으로 규정해 경찰도 영장을 청구할 수 있다고 밝히고 있다(일본 형사소송법 제218조 제3항). 독일이나 프랑스 헌법 역시 영장주의만 규정했을 뿐 청구권자를 제한하지는 않는다.

그렇다면 왜 유독 한국 헌법만 영장 청구권자를 검사로 한정지은 것일까? 헌법 제12조 제3항은 1962년 제5차 개헌에서 도입되었다. 제5호 헌법까지는 "수사기관은 법률의 정하는 바에 의하여 사후에 영장의 교부를 청구할 수 있다"고 해서 영장 청구권을 수사기관 전체에 포괄적으로 부여했다. 제5차 개헌이 이루어진 1962년은 5·16 군사 쿠데타 다음 해다. 당시에는 군과 검찰에 국가의 모든 권력이 집중되었다. 당시 상황을 고려해보면, 쿠데타로 집권한 세력이기에 강력한 검찰의 권한이 필요했을 것으로 추측할 수 있다. 영장 청구권을 검찰에 독점적으로 부여한 이유다.

그런데 그 이후 검찰이 연루된 비리 사건이 끊이지 않고 있다. 근래만 살펴보아도, 2016년 7월 18일 진경준 전 검사장이 뇌물 수수 혐의로 구속되었고, 2017년 2월 7일 김형준 전 부장검사가 동일한 혐의로 징역 2년 6개월의 실형을 선고받았다. 한곳에 몰린 권력은 썩을 수밖에 없다. 수사, 공소, 영장 청구 등 형사 절차와 관련된 거의 모든 권한을 독점한 검찰에서 비리 사건이 끊이지 않는 것은 어찌 보면 당연한 결과다.

굵직한 사건이 터질 때마다 특별검찰(특검)의 필요성이 제기된다. 특검의 수사는 다른 검찰보다 국민의 신뢰를 받고는 했다. 최순실 국정 농단 사건도 박영수 특검에 의해 진행되었고, 특검의 수사 결과에 많은 국민이 신뢰를 보냈다. 특검에 대한 요구가 끊이지 않는 것은 특검이라는 한시적 특수 조직의 수사 능력 때문이기도 하지만 국민이 기존 검찰을 불신하기 때문이기도 하다. "검찰이 어떻게 공정하게 수사하겠어?"라는 것이다.

2017년 개봉한 영화 〈더 킹〉은 권력을 움켜쥔 검사의 비리를 그렸다. 물론 영화적 상상력이 가미되었겠지만 영화 속 검사는 조직폭력배와 연계되어 있고 정치권에 영향력을 행사한다. 〈더 킹〉은 500만 명 이상의 관객을 동원하며 흥행에 성공했다. 판타지 영화가 아닌 이상 관객은 현실과 동떨어진 영화에 관심을 주지 않는다.

〈더 킹〉의 흥행은 검찰에 대한 국민의 인식을 잘 보여준다.

흔히 미국 드라마와 한국 드라마를 비교해 "미국 드라마에서 형사는 수사를 하지만 한국 드라마에서 형사는 사랑을 한다"고 한다. 기소권, 수사권, 영장 청구권 등 어떠한 권한도 없는 한국 경찰이 드라마에서 할 수 있는 것은 사랑밖에 없을지도 모른다. FBI나 CSI처럼 한국의 경찰도 영화나 드라마 속 영웅으로 등장해 사랑받는 날이 왔으면 한다. 그러기 위해서는 검찰이 독점한 권력이 경찰에 분산되어야 한다. 일선 현장에서, 국민 곁에서 활동하는 경찰이 영웅이 되는 것이 국민에게도 이로울 것이다. 현장에서 활동하는 경찰에게 그에 맞는 권한이 부여되어야 수사도 올바르게 이루어질 수 있다. 끊이지 않는 검찰 비리를 끊고 검찰이 국민의 신뢰를 회복할 수 있는 유일한 길이기도 하다. 헌법이 개정된다면 제12조 제3항은 반드시 삭제되어야 한다.

2017년 9월 정부는 고위공직자범죄수사처(공수처)를 만들겠다고 발표했다. 공수처가 신설되면 검찰 권력은 분할될 것이다. 하지만 경찰은 또 다른 검찰 권력일 뿐이라며 반대하기도 했다. 검찰의 수사와 기소권 독점은 그대로이기 때문이다. 다행히 검찰의 수사·지휘권 개혁도 논의되고 있다. 검찰의 과도한 권력은 수사 대상에서만 비롯된 것이 아니라, 수사권에서도 비롯되었다는 것을 명심해야 한다.

나는 존엄할 권리가 있다

"변호인의 도움을 받을 권리가 있습니다"

2009년 민주사회를위한변호사모임(민변) 권영국 변호사는 경기지방경찰청 전투경찰대 중대장 류 경감을 직권남용 등의 혐의로 고소했다. 그보다 앞선 2009년 6월 26일 류 경감은 권영국 변호사를 공무집행방해 현행범으로 체포했다. 권영국 변호사와 류 경

감은 모두 재판에 넘겨졌다. 재판은 8년여 동안 진행되었고, 권영
국 변호사는 무죄를 선고받은 데 반해 류 총경(그사이 류 경감은 승진
해 총경이 되었다)은 징역 6개월에 집행유예 2년을 선고받았다. 경찰
공무원 신분인 류 총경은 경찰공무원법에 따라 퇴직 처리되어 옷
까지 벗어야 했다.

이 사건은 2009년 쌍용자동차 파업 사태로 시작되었다. 쌍용자
동차 경영진은 경영난을 핑계로 노동자 2,600명의 정리 해고를 주
요 내용으로 하는 구조 조정안을 발표했다. 회사의 일방적인 구조
조정안에 노동자들은 강하게 반발했다. 노동조합은 부분파업으로
맞섰다. 노동부가 중재하려 했으나 실패했고, 노동조합의 전면파
업과 사측의 직장 폐쇄가 이어졌다. 결국 노동조합이 공장을 점거
하는 사태로 악화되고 말았다.

6월 26일, 공장을 점거한 노동조합과 경찰 병력이 대치 중이기
는 했지만 이렇다 할 물리적 충돌은 발생하지 않고 있던 상황이었
다. 오전 10시 30분, 노동자 6명이 공장 밖으로 나왔다. 그들이 왜
공장 밖으로 나왔는지는 알 수 없지만 순순히 자기 발로 나온 것
으로 보아 점거를 풀겠다는 의사표시로 볼 수 있었다. 그러나 전투
경찰은 이들을 둘러싸고 연행하려 했다. 체포의 이유나 변호사의
도움을 받을 권리 등은 전혀 고지되지 않았다.

근처에 있던 권영국 변호사는 체포 이유 등이 고지되지 않은 불

법체포라고 항의하며 이들의 연행을 저지했다. 30~40분간 실랑이가 이어졌지만 경찰은 이들을 결국 연행했다. 이어 다른 노동자 1명이 공장 밖으로 나왔다. 그도 같은 과정을 거쳐 연행되었다. 권영국 변호사는 전투경찰대 책임자인 류 경감에게 불법체포 행위를 항의하고 변호사로서 연행된 노동자들에 대한 면접권을 행사하고자 했다. 그런데 류 경감은 오히려 연행자들과 면담하고자 면접·교통권을 요구한 권영국 변호사를 공무집행방해 혐의로 체포해버렸다. 체포된 권영국 변호사는 수원 서부경찰서로 연행되었고, 체포된 지 36시간이 지나서야 체포 적법성 여부에 대한 심판(적부심사)을 통해 석방될 수 있었다.

헌법 제12조 제4항은 체포나 구속된 피의자가 변호사의 도움을 받을 권리를 규정한다. 이어 제5항은 체포나 구속될 경우 왜 체포(구속)되었는지 그 사유와 변호인의 도움을 받을 권리가 고지되어야 한다고 규정한다. 일명 '미란다 원칙'이다. 한걸음 더 나아가 제6항은 체포나 구속당했을 경우 법원에 적법성 여부에 대한 심판을 청구할 권리까지 규정하고 있다.

피의자에게 변호사를 붙여주고 미란다 원칙을 고지해주고 더나아가 체포나 구속이 적법한지 법원에 물을 수 있게 보장해주는 이유는 무엇일까? 앞의 사건을 보면 점거 중인 공장을 스스로 나온 노동자들을 경찰이 폭력적으로 연행하려 했다. 미란다 원칙도 고지하지 않았고 체포 사유도 명확하지 않았다. 체포는 인신을 직접 구속하는 행위로 적법한 절차를 거치지 않는다면 심각한 인권 침해로 이어질 수 있다. 하지만 법적 절차에 대한 지식이 부족하면 자신의 권리가 침해되는지조차 알 수 없을 가능성이 크다. 때문에 그들이 가진 권리를 알려줄 필요가 있는 것이다. 미란다 원칙을 고지해야 하는 이유다.

그런데 자신의 권리를 안다 해도 정확한 법적 지식이 없이는 문제를 지적하고 항의하기가 쉽지 않다. 전투경찰에게 둘러싸여 연행된 노동자들은 법률 전문가가 아니었고, 충분한 지식을 갖고 전투경찰의 행위에 항의하기 어려웠다. 스스로 법적 권리를 주장하기 어렵다면 전문가의 도움을 받을 수 있어야 한다. 권영국 변호사는 그래서 노동자들을 도와주려고 했던 것이다. 하지만 변호사가 도와주고 싶어도 피의자를 만날 수 없다면 도움을 줄 수 없다. 권영국 변호사가 노동자들을 돕기 위해서는 호송차로 가서 연행된 사람들을 만나고 그들과 이야기를 나눌 수 있어야 했다. 면접·교통권의 행사가 가능해야 하는 것이다. 하지만 류 경감은 권영국 변호사가 노동자들을 만나려는 것을 막고 권영국 변호사마저 체포해버렸다.

대법원도 인정했듯 경찰이 권영국 변호사를 체포한 것은 불법이었다. 권영국 변호사는 억울하게 체포되었고, 억울하게 갇혔다면 최대한 빨리 풀려나야 한다. 하지만 경찰이 스스로 풀어줄 가능성은 매우 낮다. 때문에 법원에 체포나 구속이 적법한지 물어볼 수 있는 절차가 필요하다.

한걸음 더 들어가면, 평범한 사람은 평생을 살아도 경찰이나 검사에게 조사를 받을 일이 거의 없다. 전과 10범인 사람이라 해도 수사기관에서 조사를 받고 재판을 받은 경험은 10번뿐이다. 하지만 경찰이나 검찰은 한 달에 수십 건, 많게는 수백 건의 사건을 처리한다. 게다가 그들은 전문 지식을 갖추었고 공권력이라는 막강한 수단까지 보유하고 있다. 결국 피의자와 수사기관의 대결은 필연적으로 불평등할 수밖에 없다. 수사기관이 압도적인 우위에 있는 상황에서 수사와 재판이 공정하게 이루어질 수 없다. 그렇기에 힘의 균형을 맞추어주는 규칙이 필요하다. 피의자에게 변호사를 붙여주고 체포나 구속은 엄격한 절차에 따라 이루어져야 하며 그 정당성에 대해 법원에 다시 한 번 심판을 구할 수 있는 등의 형사 절차가 그것이다.

경찰서장급인 총경이 실형을 선고받고 당연퇴직(일정한 사유가 있으면 자동으로 퇴직시키는 것) 당하는 사태가 발생하자 경찰 내부에서는 볼멘소리가 나왔다고 한다. 이 정도 연행도 못하면 어떻게 수사를 하고 범죄자를 잡겠냐는 것이다. 그러나 적법한 절차에 따르지 않는 체포나 구속은 심각한 인권침해를 야기할 수 있다. 그리고 변호인의 도움을 받을 권리가 방해된다면 수사기관의 행위가 위범違犯한지조차 알지 못한 채 수사가 진행되는 위험한 상황이 초래될 수도 있다. 때문에 적법한 절차에 의한 체포와 변호인의 도움을 받을 권리는 최소한이면서도 필수적인 권리인 것이다. 이를 위반한 류 총경의 처벌은 당연하다. 위법을 저지른 이를 승진시켜주고 실형을 선고받자 불만을 토로하는 경찰의 모습이 오히려 형사 절차가 철저히 보장되어야 하는 이유를 잘 설명해준다.

나는 존엄할 권리가 있다

야만적인
빨갱이 사냥의 역사

▐ 헌법 제13조 제3항 ▐

모든 국민은 자기의 행위가 아닌 친족의 행위로 인하여 불이익한 처우를 받지
아니한다.

2003년 노무현 정부는 과거 국가가 저지른 2건의 폭력을 인정
하고 사과했다. 제주 4·3 사건과 수지 김 사건이다. 제주도 제주
시 명림로 430에는 제주4·3평화공원이 있다. 10만 제곱미터가
넘는 부지에 세워진 공원 초입에는 제주4·3평화기념관이 있다.

지하 1층, 지상 4층 규모에 1만 6,000여 개의 사료를 소장하고 있어 모두 둘러보려면 2~3시간가량 소요된다. 기념관 출구에는 고故 노무현 전 대통령의 영상이 반복 상영되고 있다. 노무현 전 대통령은 2003년 10월 31일, 대통령으로서 55년 전 제주도에서 발생한 4·3 사건에 대해 사과했다.

『제주 4·3 사건 진상조사 보고서』의 말을 빌리면 4·3 사건은 "1947년 3월 1일 경찰의 발포사건을 기점으로 하여, 경찰·서청의 탄압에 대한 저항과 단선·단정 반대를 기치로 1948년 4월 3일 남로당 제주도당 무장대가 무장봉기한 이래 1954년 9월 21일 한라산 금족지역이 전면 개방될 때까지 제주도에서 발생한 무장대와 토벌대 간의 무력충돌과 토벌대의 진압과정에서 수많은 주민들이 희생당한 사건"이다. 초토화작전이 이루어진 1948년 10월 말부터 1949년 3월까지 약 5개월 동안 학살당한 사람만 대략 2만 5,000~3만 명으로 추정된다. 당시 제주도 인구의 10퍼센트에 해당하는 규모다. 근래에는 4·3 사건을 반공 이데올로기와 제주도인이라는 환상이 결합해 만들어진, 특정 집단에 대한 대량 학살로 일종의 제노사이드genocide로 보기도 한다.

4·3 사건으로 제주도에서는 무차별적인 학살이 진행되었다. 한 마을 전체를 학살하기도 했고, 동굴 속에 수류탄을 던져 숨어 있던 사람들을 모조리 죽이기도 했다. 연좌제緣坐制의 일종인 대살代殺이

라는 것도 있었다. 토벌대는 무장대와 민중의 연계를 막는다며 중산간 마을 주민들을 해안 지역으로 강제 소개疏開시키고 100여 곳의 중산간 마을을 불태웠다. 소개령 이후에도 마을에 남아 있던 주민들은 무차별 학살을 피할 수 없었다. 해변 마을로 소개해온 사람이라 할지라도 가족 중 1명이라도 없으면 '도피자 가족'이라 해서 총살했다. 대살은 도피한(또는 도피한 것으로 간주된) 자를 대신해 가족을 죽인다는 의미다.

헌법 제13조 제3항은 "모든 국민은 자기의 행위가 아닌 친족의 행위로 인하여 불이익한 처우를 받지 아니한다"고 규정한다. 연좌제를 금지한 것이다. 많은 이가 연좌제라 하면 사극에 나오는 "3족을 멸하라"는 말을 떠올린다. 조선시대 기본 법전인 『경국대전經國大典』은 연좌제를 규정한다. 누군가 대역죄를 저지르면 자신뿐 아니라 자신의 직계가족, 처가의 직계가족三族을 멸하도록 했다. 더나아가 구족九族까지 연대책임을 물어 죽이거나 귀양을 보내기도했다. 가족의 일원이 저지른 잘못을 가족 구성원에게 묻는 연좌제는 대표적인 전근대적 형벌이다. 하지만 대한민국에서도 연좌제는버젓이 자행되었다. 오히려 조선시대의 연좌제는 『경국대전』이라는 법률에 따라 집행되었지만 4·3 사건에서는 법률도 무시된 채무차별적으로 자행되었다.

또 다른 사건을 살펴보자. 2003년 8월 14일 서울중앙지방법원에서는 대한민국을 피고로 하는 무려 42억 원에 달하는 손해배상 판결이 내려졌다. 국가를 상대로 한 손해배상으로는 초유의 규모였다. 법무부가 판결에 항소하지 않아 손해배상금은 그대로 확정되었다. 손해배상을 청구한 사람은 수지 김이라 불렸던 여성의 유가족이었다.

수지 김은 1987년 1월 2일 홍콩의 한 저택에서 남편 윤태식과 사업 자금 문제로 다투던 중 살해당했다. 그런데 남편의 단순 살인이었던 수지 김 사건은 이상한 방향으로 흐르기 시작했다. 윤태식은 살인죄로 처벌받을 것이 두려워 수지 김이 북한의 간첩이고 자신을 납북하려 했다고 신고했다. 그리고 수지 김은 북한의 공작원들에게 살해당했다고 주장했다. 국가안전기획부(안기부, 현 국가정보원)는 윤태식이 거짓말한다는 것을 알았지만 공안 정국 조성에 활용하기 위해 수지 김을 간첩으로, 윤태식을 피해자로 조작했다. 안기부는 살인범인 윤태식을 반공 투사로 미화하고 억울하게 살해당한 수지 김을 북한 간첩으로 위장해 '홍콩 미녀 간첩 사건'이라는 대공 사건으로 둔갑시켜버렸다.

국가가 조작한 사건이라도 손해배상금 42억 원은 굉장히 큰 금액이다. 이처럼 큰 금액이 나올 수 있었던 것은 법원이 수지 김의 가족을 직접적인 피해자로 보았기 때문이다. 수지 김의 죽음이 대공 사건으로 둔갑한 후 그녀의 집안은 파탄에 이르고 말았다. 빨갱이 집안으로 낙인찍혀 온갖 차별을 받아야 했고 안기부는 그들을 감시했다. 어머니, 오빠, 언니는 수지 김 사건으로 고통받다 세상을 떠나야 했고 여동생은 이혼을 당했다. 죽어서 누명을 쓴 수지 김뿐만 아니라 빨갱이 가족으로 몰려 감시와 차별을 받아야 했던 유가족 모두가 국가 폭력의 피해자였던 것이다.

42억 원이라는 초유의 손해배상금과 유가족을 피해자로 규정한 법원의 판단에 법무부는 항소하지 않았다. 국가를 상대로 한 소송에서 1심에 대한 항소는 거의 예외 없이 이루어지는 관례에 비추어보면 매우 이례적인 태도였다. 이는 국가가 저지른 폭력에 오래 고통받아온 유가족에게 국가가 취할 수 있는 최소한의 예의였던 것이다.

연좌제는 국가가 자행한 폭력이다. 국가는 군대와 경찰이라는 물리적 강제력을 독점한다. 때문에 국가가 저지른 폭력은 보통 사람 사이에서 벌어지는 폭력과는 비교할 수 없는 수준의 피해를 입힌다. 진실을 조사할 권한마저 국가가 보유하고 있기 때문에 진실이 밝혀지는 데 긴 시간이 걸리거나 아예 사건 자체가 묻히기도 한다. 4·3 사건은 55년, 수지 김 사건은 16년이 걸렸다. 국민을 보호해야 할 국가가 오히려 국민의 기본권을 침해하는 행위인 국가 폭력은 어떠한 이유로도 정당화될 수 없는 범죄다. 연좌제는 누군가와 관계가 있다는 이유만으로 처벌을 가하는 국가 폭력으로 반드시 금지되어야 하는 범죄다. 헌법 제13조 제3항이 연좌제를 금지한 이유다.

2003년 행정부 수반이던 노무현 대통령은 4·3 사건에 대한 국가 폭력을 사죄했다. 같은 해 사법부는 빨갱이로 몰려 십수 년간 고통받아야 했던 수지 김 가족을 피해자로 인정하고 국가가 배상하도록 했다. 이로써 국가 폭력, 특히 연좌제는 근절되었을까? 아직도 "빨갱이를 죽여야 한다"는 구호를 공공연하게 외치는 사람들이 있다. 공권력은 이를 애써 외면해왔다. 4·3 사건과 수지 김 사건에 모두 적용한 반공 이데올로기가 아직도 살아 있다는 생각이 든다. 그렇다면 연좌제 역시 언제든 다시 작동될 수 있지 않을까?

나는 존엄할 권리가 있다

전쟁터에 들어가려는 사람을 말려야 할까?

헌법 제14조

모든 국민은 거주·이전의 자유를 가진다.

2004년 6월 22일 이라크에서 미군과 거래하던 한국 군납 업체 직원 김선일이 팔루자 지역에서 무장 단체 유일신과 성전(타우히드 왈지하드)에 피살되는 사건이 발생했다. 김선일은 살해되기 20여 일 전에 납치되었다. 한국 정부는 김선일의 석방을 위해 무장 단체와 협상에 들어갔고, 무장 단체는 한국군의 추가 파병 철회를 요구했다. 하지만 한국 정부가 이를 즉시 수용하지 않자 김선일을 살해했다. 무장 단체는 그를 살해하는 장면을 녹화, 공개해 국민들은 더욱 큰 충격을 받아야 했다.

2007년 7월 25일에는 아프가니스탄 가즈니주 카라바그에서 10여 발의 총상을 입고 사망한 한국인 남성이 발견되었다. 11일 전 청년회 신도 등을 이끌고 아프가니스탄에 입국한 분당 샘물교회 배형규 목사였다. 배형규 목사 일행의 입국 목적은 선교 활동이었다. 한국에서 출발한 20명과 아프가니스탄 현지에서 합류한 3명으로 구성된 일행은 버스를 타고 남부 칸다하르로 향하고 있었다. 그러나 카라바그 지역을 통과하던 중 탈레반에 납치되고 말았다.

배형규 목사 일행을 납치한 탈레반은 아프가니스탄 정부에 한국군의 철수를 요구했다. 그러나 아프가니스탄 정부와의 협상에서 실패하자 탈레반은 곧 한국 정부와 직접 대화를 요구하며 탈레반 포로 8명과 인질의 맞교환을 제안했다. 그러나 인질 협상은 결렬되었고 25일 배형규 목사를 살해했다. 그리고 5일이 지난 30일에는 심성민을 살해했다.

8월 10일이 되어서야 한국 정부는 탈레반 대표와 협상을 시작할 수 있었다. 이틀 후인 12일 건강이 좋지 않은 여성 2명이 석방되었다. 나머지 인질 19명은 한국 정부가 아프가니스탄에 파병한 다산부대를 철수하겠다는 계획을 발표하고야 풀려날 수 있었다.

분당 샘물교회 납치 사건을 계기로 종교 단체의 공격적 선교 활동을 비판하는 목소리가 높아졌다. 교전 중인 이슬람 국가에 기독교 선교를 목적으로 입국하는 것이 올바르냐는 비판이 이어졌다. 분당 샘물교회 일행이 출국하기 직전 아프가니스탄 여행 경고문을 배경으로 찍은 사진이 공개되고 칸다하르의 모스크 내에서 찬송가를 부르는 등 이슬람을 자극하는 행위를 한 것이 알려지면서 위험을 자초한 것이 아니냐는 비난도 제기되었다.

2015년 1월에는 평소 이슬람 무장 세력인 IS를 동경했던 것으로 알려진 18세 청소년이 터키 여행 중 무리를 이탈해 IS에 가입한 것으로 알려져 충격을 주었다. 현재 그는 실종 상태로, 정보기관에 따르면 이미 피살된 것으로 추정된다.

한국 정부는 샘물교회 피랍 사건이 발생하자 2007년 8월 3일 교민 철수 명령을 내렸다. 그리고 8월 6일 외교통상부 장관은 '여권의 사용 제한 등에 관한 고시'로 한국인의 아프가니스탄에서 여권 사용을 정지시켰다. 그러자 2003년경부터 아프가니스탄 북동부와 중부에서 의료봉사와 교육 활동을 하다 2007년 8월 3일 교민 철수 명령으로 한국으로 돌아온 한의사가 외교통상부 장관의 고시가 자신의 거주·이전의 자유를 침해했다며 헌법 소원을 제기했다(헌재 2008. 6. 26. 2007헌마1366).

헌법 제14조의 거주·이전의 자유는 국가의 간섭을 받지 않고 거주 또는 체류지를 정할 수 있는 자유다. 국내에서 거주·이전뿐만 아니라 국외 이주의 자유, 해외여행의 자유와 귀국의 자유도 포함한다. 국적이탈의 자유까지 포함된다고 해석하는 이들도 있다. 아프가니스탄에 들어가지 못하게 한 외교통상부 장관의 고시가 거주·이전의 자유를 침해했다는 주장은 일견 타당하다. 하지만 국가는 국민의 기본권을 보장할 의무와 동시에 국민의 안전을 책임질 의무가 있다. 한국 정부는 이미 23명이 피랍되어 2명이 살해당하고 나머지 사람들도 40여 일이 지나서야 풀려난 아프가니스탄에 국민이 입국하겠다는 것을 제한하지 않을 수 없었다. 너무 위험하기 때문이다.

결국 헌법재판소는 이 청구를 기각했다. 거주·이전의 자유를 침해하기는 했지만 본질적인 침해는 아니라는 이유였다. 전쟁터에 들어가겠다는 국민을 말리는 것은 국가의 당연한 의무다. 경제적·종교적인 이유 또는 개인적인 목적으로 위험한 곳에 가려는 사람은 계속 존재한다. 이들은 위험지역에 들어가는 것을 거주·이전의 자유라고 주장한다. 하지만 국민의 기본권이라고 해도 모든 경우에 절대적으로 보장되는 것은 아니다. 특히 국민이 위험한 나라나 지역에 들어가려는 것을 막는 것처럼, 국가의 국민 보호 의무와 국민의 거주·이전의 자유가 충돌할 경우 기본권은 일정 부분 제한될 수 있다. 게다가 가지 말라는 나라에 가서 위험 안내 표지판 앞에서 사진을 찍고, 타 종교의 성전에서 찬송가를 부르는 등 위험을 자초하는 행위를 한다면 더욱 그럴 것이다.

고시 출신 엘리트들이
일탈하는 이유

┃ 헌법 제15조 ┃

모든 국민은 직업선택의 자유를 가진다.

기각되기는 했지만 최순실 국정 농단 사건에 연루된 우병우 전 청와대 민정수석은 직권남용과 권리 행사 방해 등 혐의로 법원에 서야 했다. 그는 머리가 비상해 공부를 잘했다. 서울대학교 법대에 진학했고, 만 20세에 최연소로 사법시험에 합격했다. 이른바 '소년

급제'였다. 23세에 검사가 되었고 법무부와 대검찰청 등 다른 검사들은 한번 부임하기도 힘든 요직을 두루 거쳤다. 승승장구했지만 46세가 되어서는 검사장 승진에 탈락하는 고배를 마셔야 했다. 우병우는 검찰을 떠나 변호사로 개업했지만 곧 청와대 민정비서관을 거쳐 민정수석으로 화려하게 복귀했다. 공직자 재산 신고에서 423억 원을 신고하기도 했다. 이처럼 화려한 인생을 걸어온 그의 나이는 고작 50세였다.

경상북도 봉화라는 시골에서 태어나 영주에서 고등학교를 다닌 우병우가 젊은 나이에 부와 권력을 손에 쥘 수 있었던 배경에는 사법시험이 있었다. 20세라는 어린 나이에 합격한 사법시험은 그에게 요술 방망이와 같았다. 비단 우병우만이 아니었다. 최순실 국정 농단 사태로 우병우보다 먼저 법정에 서고 구속까지 된 김기춘 역시 만 20세에 사법시험의 전신인 고등고시 사법과에 합격하고 24세부터 검사 생활을 했다. 그리고 49세에 검찰총장이 되었다.

얼마 전까지만 해도 검사를 '영감님'이라 불렀다. 공부를 잘해 검사가 된 이들은 20대 초반에 영감님 소리를 듣고 50세가 되기 전에 검찰총장이나 청와대 민정수석이 되었다. 뒤집어 말하면 누구든 공부만 잘하면 성공할 수 있다는 뜻이다. 고시 제도를 지지하는 이들이 이 제도의 유지를 요구했던 이유이기도 하다.

흔히 사법시험을 '계층 이동의 사다리'라 부른다. 누구든, 가난하든 부자든 공평하게 사법시험에 응시할 수 있고 합격한다면 탄탄한 인생이 보장되기 때문이다. 그런데 계층 이동의 사다리라는 사법시험이 폐지되었다. 사법시험만 준비해온 많은 이가 사법시험 이후 법조인 선발 제도로 도입된 로스쿨이 현대판 음서제라며 강하게 반발했다. 한 학기의 등록금이 1,000만 원을 넘는 로스쿨에는 있는 집 자식만 갈 수 있다는 것이다. 그런데 정말 사법시험이 평등한 시험인지, 로스쿨이 현대판 음서제인지를 따지기 전에 짚고 넘어갈 부분이 있다. 계층 이동이라는 단어와 사회적으로 물의를 빚고 있는 고시 출신 엘리트들이다.

헌법 제11조 제1항은 "모든 국민은 법 앞에 평등하다"고 선언한다. 제2항은 "사회적 특수계급의 제도는 인정되지 아니하며, 어떠한 형태로도 이를 창설할 수 없다"는 것을 확인해준다. 물론 사회적 계층과 계급은 다른 개념이다. 하지만 수직적으로 구분되는 계층이 존재하고 그것이 고시라는 사다리 없이는 올라설 수 없다면 계층이 아니라 계급이다. 계급이 존재한다면 그곳은 평등한 사회라 할 수 없다. 이처럼 평등 국가라는 헌법 이념에 반하는 '계층 이동의 사다리'가 공공연히 주장되고 더 나아가 법률 전문가인 법조인을 선발하는 제도의 당위성에 동원되는 현실은 오늘날 법치주의가 무엇을 의미하는지 고민하게 만든다.

그런데 사법시험은 왜 계층 이동의 사다리라 불리게 되었을까?

이는 우병우와 김기춘이 어떻게 부와 권력을 손에 쥘 수 있었는지, 왜 수많은 사람이 사법시험에 합격하기 위해 젊은 날을 허비하는지와 같은 질문이다. 답은 법조인에게 지나치게 사회적 자본이 집중된다는 것이다.

법조인에게 사회적 자본이 집중되는 것은 법조인의 수를 통제해왔기 때문에 가능했다. 사법시험 체제에서 1년에 배출되는 법조인의 수는 1,000명이었다. 로스쿨 체제에서도 별반 다르지 않아 1년에 1,500명의 법조인이 배출된다. 현재 변호사 수는 2만 명이 약간 넘는다. 대한민국의 인구가 5,100만 명 정도라는 것을 감안하면 변호사 1인당 국민 수는 2,550명 정도다. 국민이 25년에 한 번꼴로 송사訟事를 치른다고 하더라도 변호사 1명이 1년에 100건 이상의 사건을 처리해야 한다. 이처럼 수요보다 공급이 모자라다 보니 변호사가 고소득 직종이 된 것이다. 사법시험 한 방으로 인생을 역전시킬 수 있는 것이다.

사법시험이나 변호사 시험(로스쿨)과 같이 합격 인원을 사전에 정해놓은 시험을 정원제 시험이라고 한다. 응시자들을 일렬로 줄 세우고 일정 등수 안에 들어야만 합격시키는 정원제는 어찌 보면 가장 공정한 시험이다. 하지만 동시에 가장 정당하지 않은 시험이기도 하다. 1년에 1,000명 또는 1,500명이라는 합격선이 변호사 자격을 부여받을 능력의 기준이 될 수는 없기 때문이다. 1,500등과 1,501등 사이에 어떤 유의미한 차이가 있기는 어렵다. 올해의 1,500등과 내년의 1,500등의 능력이 같다고 할 수도 없다.

합격 인원을 미리 정해놓지 않고 특정 점수 이상이면 모두 합격시키는 방식을 점수제 또는 능력제 시험이라 한다. 능력제 시험은 변호사로서 갖추어야 하는 자질을 정해놓고 그 자질이 있다고 판단되는 이들에게 모두 자격을 부여하는 방식이다. 미국의 변호사 시험이 대표적이다. 과연 개인의 능력을 객관적으로 평가할 수 있는지가 문제 될 수는 있겠지만 평가 방식의 발전을 통해 오류를 줄여갈 수 있다. 기준에 대한 어떠한 정당성도 없이 등수를 정해놓고 자격을 부여하는 정원제 시험보다 그나마 평가 기준이라도 있는 능력제 시험이 공정한 것이다.

정원제 시험은 공정성 문제에 더해 직업의 자유를 침해할 소지도 크다. 헌법 제15조는 "모든 국민은 직업선택의 자유를 가진다"며 직업의 자유를 규정한다. 여기서 직업의 자유는 상대적이다. 직업의 자유가 상대적 자유인 이유는 모든 국민에게 직업의 기회를 보장하되 특정한 직업에 종사하는 것은 능력에 따라 결정되기 때문이다. 특정 직업이 요구하는 능력을 갖추었을 경우에만 직업의 자유가 인정될 수 있는 것이다. 그런데 앞서 살펴보았듯 1,000등이나 1,500등은 변호사가 될 자질을 평가할 수 있는 객관적인 기준이 아니다. 변호사가 될 능력을 갖추었는데도 등수에 들지 못해 변호사가 되지 못하는 국민이 생길 가능성은 충분하다. 정원제 시험은 변호사가 될 능력은 충분히 갖추었으나 합격 인원에 들지 못해 변호사가 될 수 없는 국민의 직업의 자유를 침해하는 것이다.

법조계는 사법시험과 로스쿨로 인위적으로 법조인의 수를 조절해 사회적 자본을 독점해왔다. 반면 국민들은 평등권과 직업 선택의 자유를 침해당해왔다. 비상한 머리로, 혹은 그렇지는 못해도 기를 쓰고 노력해 고시의 문턱을 넘은 극소수 엘리트는 국민의 희생을 밑거름 삼아 탄탄대로를 걸어왔다. 사법계 엘리트가 고시제도를 이용해 국민의 희생 위에 군림해온 것이다.

국민의 희생 위에 군림해온 고시제도를 통해 배출된 엘리트들에게 서민의 삶을 이해해달라는 것은 애당초 불가능한 일이었을지도 모른다. 더욱이 소년 급제로 20대 초반에 영감님 소리를 듣고 40~50대에 권력의 정점에 선 우병우와 김기춘 같은 고시 엘리트들에게 권력은 처음부터 국민의 것이 아닌 그들의 것이었다.

고인 물은 썩을 수밖에 없다. 권력의 독점은 비리를 낳을 수밖에 없다. 정원제 시험으로 엘리트의 권력 독점이 이어진다면 우병우와 김기춘 같은 권력형 비리 역시 계속될 것이다.

이제 사법시험은 역사 속으로 사라졌다. 법조인 배출은 로스쿨이 담당하게 된다. 하지만 로스쿨 역시 연 1,500명이라는 정원제를 유지하고 있다. 사법시험 시절의 1,000명보다 늘어났지만 법조인들의 권력 독점 현상을 타파하기에는 턱없이 적은 수다.

사법연수원이라는 단일 기관으로 예비 법조인을 훈련시켰던 사법시험 제도보다 로스쿨은 대학교를 통해 예비 법조인을 훈련시키기 때문에 규모를 늘리는 것은 어렵지 않다. 더 많은 대학교에 로스쿨 인가를 내어주거나 로스쿨 정원을 늘리면 된다. 로스쿨의 인원을 늘리고 변호사 시험의 합격자 결정 방식을 능력제로 바꾸어 일정 자질을 갖춘 이는 모두 법조인이 될 수 있도록 해야 한다. 그래야만 국민의 평등권과 직업 선택의 자유 또한 회복될 수 있을 것이다. 그리고 우수한 인재가 권력형 비리로 구속되는 안타까운 일도 멈출 것이다.

주소가 없어도
집이라고 할 수 있을까?

━━━━━┫ 헌법 제16조 ┣━━━━━

모든 국민은 주거의 자유를 침해받지 아니한다.

서울시 서초구 매헌로 16길 40, 양재리본타워가 있는 일대에는 원래 잔디마을이라 불리던 판자촌이 있었다. 이곳에서 멀지 않은 강남구 양재대로 478 일대에는 아직도 구룡마을이라는 판자촌이 있다. 하지만 구룡마을 역시 2020년까지 대규모 아파트 단지로 재개발될 예정이다.

한국은 1980년대에 1986년 서울 아시안게임과 1988년 서울 올림픽이라는 거대 스포츠 행사를 연이어 개최했다. 1984년 5월 경 정부는 도시 미관에 해가 된다며 서울의 판자촌을 강제로 철거하기 시작했다. 판잣집이기는 해도 소중한 보금자리였던 집들은 불도저에 힘없이 밀려나갔고 몇몇 곳에서는 방화로 의심되는 화재가 일어나기도 했다. 화재 뒤에는 곧바로 철거가 뒤따랐다. 이주 대책도 없는 철거 작전에 하루아침에 집에서 쫓겨난 도시 빈민들은 변두리였던 강남 일대에 모여들어 버려진 농가를 개조하거나 비닐하우스를 만들어 생활하기 시작했다. 강남의 고층 빌딩 속 판자촌은 이렇게 형성되었다.

강남의 판자촌에도 1980년대 후반에는 전기가 들어왔고 2000년대 초반에는 수도가 들어왔다. 하지만 주소(지번)는 들어오지 않았다. 강남의 땅값이 오르면서 판자촌도 개발의 대상이 되었다. 그러나 개발은 지지부진했는데 판자촌 주민들의 이주와 보상이 가장 큰 문제였다. 정부는 토지주도 아니고 토지주와 임대차계약을 맺은 것도 아닌 판자촌 주민을 무단 점거자 정도로 생각했고, 그들에게 보상하기를 꺼렸다. 이들이 주소를 이전해 법률상 주민이 된다면 보상 절차에 더 큰 어려움이 발생할 것이라 우려했다.

주소가 없던 주민들은 다른 곳에 사는 친척들 주소에 서류상 더

부살이를 해야 했고, 아이들은 바로 옆에 학교를 두고도 먼 친척 집 인근 학교에 다녀야 했다. 주소 이전 신청이 계속 반려되자 주민들은 법원에 소송을 제기했다. 법원의 판단은 관계 당국과 달랐다. 전입신고를 받은 시장·군수·구청장이 심사하는 것은 실제로 거주할 목적이 있는지일 뿐 부동산 투기나 이주 대책 요구 등을 방지할 목적으로 전입신고를 거부할 수 없다는 것이었다(대법원 2009. 6. 18. 선고 2008두10997 전원합의체 판결). 십수 년 동안 주소가 없던 주민들은 대법원의 문까지 두드려서야 겨우 주소를 가질 수 있었다.

1992년 12월 11일 대한민국을 떠들썩하게 만든 사건이 발생했다. 부산의 내로라하는 인사들이 초원복집에 모이기 시작했다. 이들은 곧 있을 대통령 선거에서 김영삼 후보를 지지해야 한다며, 김영삼 후보에게 유리하도록 지역감정을 부추기자는 이야기를 꺼냈다. 이 자리에 참석한 인물들은 전 법무부 장관, 부산시장, 부산지방경찰청장, 국가안전기획부 부산지부장, 부산시 교육감, 부산지방검찰청 검사장, 부산상공회의소 소장 등 당시 부산을 쥐락펴락하던 인물들이었다. 그중 전 법무부 장관은 불과 두 달 전 퇴임한 당시 최고 실세였다. 이 사람이 25년 후 국정 농단 사건의 핵심 인물 중 하나로 거론되며 다시 한 번 대한민국을 떠들썩하게 만든 김기춘이다.

그런데 정주영이 창당하고 직접 대선 후보로 나섰던 통일국민당이 이 모임의 정보를 사전에 입수하게 되었다. 그들은 모임 하루전 초원복집에 도청 장치를 설치했고 모임에서 나눈 대화는 세상에 낱낱이 공개되었다. 부산의 거물급 인사들이 모였다는 것만으로도 대선 정국에 엄청난 일이었는데 불법 선거운동을 도모했다는 사실이 밝혀지며 대선 정국은 요동쳤다.

우여곡절 끝에 사건의 주인공이었던 김영삼 후보가 대통령에 당선되었다. 대통령 선거가 끝나자 검찰은 도청 장치를 설치한 통일국민당 인사를 주거침입죄로 기소했다. 그리고 법원은 유죄를 선고했다. 손님으로 식당에 들어갔지만, 주인이 도청 장치가 설치될 것을 알았다면 들여보내지 않았을 것이므로 주거침입에 해당한다는 것이었다(대법원 1997. 3. 28. 선고 95도2674 판결). 주거침입죄는 평온한 주거를 보호하기 위한 규범이다. 그런데 도청 장치의 설치는 초원복집의 평온은 깨뜨리지 않았다. 그런데도 식당 주인의 의사까지 가정해 유죄를 선고한 것이다. 이 판단은 25년이 지난 지금까지도 정치적 판결이라는 논란 속에 있다.

헌법 제16조는 "모든 국민은 주거의 자유를 침해받지 아니한다"며 주거의 자유를 선언한다. 여기서 주거는 그 형태나 적법 유무를 따지지 않는다. 비닐하우스든 판잣집이든, 심지어 텐트라 하더라도 주거를 위한 것이라면 주거로 인정된다. 벽과 지붕 등 건물의 구조적 완결성 또한 따지지 않는다. 단지 점유하고 있고, 그곳이 자기 공간이라는 의사를 표시하고 있다면 주거로 보호받을 수 있다.

아시안게임과 올림픽이라는 거대 스포츠 행사를 위해 도시의 미관을 해친다며 쓰레기 취급을 당하며 쫓겨난 빈민들은 무허가 건물을 짓고 산다는 이유로 십여 년 동안이나 법적으로 주민이 될 수 없었다. 주거의 자유를 침해했다고 인정한다면 응당 보상을 해야 하기에 보상 대상에서 제외시키기 위함이었다. 반면 초원복집 사건에서는 식당 주인의 주거의 자유가 전혀 침해되지 않았는데도 검찰은 기소했고 법원은 유죄를 선고했다.

인간의 기본권은 누구에게나 차별 없이 적용되어야 한다. 특히 생존의 필수 요건인 의식주와 연관된 기본권에 대해서는 더욱 그렇다. 하지만 강남의 판자촌과 초원복집 사건을 보면 사람에 따라 기본권 또한 달라진다는 인상을 쉬이 지우기 어렵다. 초원복집 사건에서는 어처구니없을 정도로 쉽게 인정된 주거의 자유가 판잣집 주민들에게는 십수 년 동안 배제되어왔기 때문이다.

전국에는 아직도 재개발과 그에 따른 철거 문제로 갈등을 빚고 있는 곳이 많다. 2017년 2월 3일 대법원은 구룡마을 개발에 관해 주민들이 강남구청을 상대로 제기한 소송에서 강남구청의 손을 들어주었다. 이제 구룡마을의 철거도 속도가 붙을 것이다. 주거는 단지 한 몸 누일 곳을 뜻하지 않는다. 어느 곳에 사는지도 주거의 문제이며 누구와 함께 사는지의 문제이기도 하다. 이제 몇 년 후면 구룡마을 일대에는 아파트 단지가 들어설 것이다. 판잣집이긴 해도 이웃을 만들고 살아왔던 구룡마을 주민 공동체는 사라질 것이다. 주거의 자유를 쉽게 침해하는 것도 문제지만 주거를 개인의 영역으로 한정하는 것 역시 문제다. 마을을 주거의 연장선상에서 보았다면 판잣집 주민들의 주소 이전을 거부하는 일은 없었을 테니 말이다.

범죄자의 기본권은
침해해도 될까?

┃ **헌법 제17조** ┃

모든 국민은 사생활의 비밀과 자유를 침해받지 아니한다.

2014년, '램프 리턴'과 '마카다미아'라는 단어가 국민적 상식이 되었다. 램프 리턴은 이륙을 위해 탑승구를 빠져나온 항공기가 다시 탑승구로 돌아가는 것을 뜻하는 항공 용어다. 마카다미아는 풍미가 훌륭한, 오스트레일리아가 원산지인 견과류다. 거의 모든 국민이 이 낯선 두 단어를 알게 된 것은 이른바 '땅콩 리턴'으로 알려진 대한항공 회항 사건 때문이었다.

2014년 12월 5일 대한항공 조현아 부사장은 뉴욕 존 F. 케네디 국제공항에서 이륙을 위해 이동하던 대한항공 KE086편을 탑승 게이트로 돌려보냈다. 이른바 램프 리턴인데, 램프 리턴은 항공기에 결함이 발견되었거나 기내에 응급 상황이 발생하는 등 긴급한 경우에만 이루어지는 것이 보통이다. 하지만 당시 램프 리턴은 조현아 부사장이 승무원의 서비스를 트집 잡아 발생한 어처구니없는 사건이었다.

당시 승무원은 1등석에 타고 있던 조현아에게 마카다미아 한 봉지를 주었다. 조현아는 접시에 담아주지 않고 봉지째 주었다며 언성을 높였다. 조현아는 매뉴얼을 가져오라고 다그쳤다. 하지만 매뉴얼에는 승객에게 마카다미아 등 견과류를 제공할 때는 봉지째 주도록 되어 있었다. 견과류 알레르기가 있는 승객이 있을지도 모르기 때문이다.

자신의 지적이 잘못되었다는 것을 알게 된 조현아는 이번에는 매뉴얼을 책자로 가져오지 않고 태블릿 PC로 가져왔다며 트집을 잡았다. 그러고는 애꿎은 사무장에게 비행기에서 내리라고 지시했다. 당시 비행기는 이미 탑승구를 빠져나와 활주로를 향하던 시점이었다. 하지만 대한항공 비행기에서 부사장의 횡포에 대항할 수 있는 사람은 아무도 없었다. 더욱이 조현아는 조양호 대한항공 회장의 딸이었다. 결국 탑승구를 빠져나온 항공기는 다시 탑승구로 돌아가 사무장을 내린 뒤 출발할 수밖에 없었다. 마카다미아로 시작된 조현아의 생트집에 항공기 출발이 지연되었고 존 F. 케네디 국제공항은 혼란을 겪어야 했다.

조현아의 램프 리턴이 언론에 보도되자 비난 여론이 들끓었다. 특히 당시는 본사 직원이 대리점 사장에게 물량을 강요하며 욕설한 이른바 '남양유업 물량 밀어내기 사건' 등으로 지위를 이용해 상대를 함부로 대하는 소위 '갑질'이 사회적 문제로 대두되던 시기였다. 조현아의 램프 리턴은 재벌 2, 3세의 대표적 갑질로 사회적 지탄을 받았다. 사태가 악화되자 조현아는 공개 사과를 하고 대한항공 부사장직을 포함한 한진그룹 내 모든 임원직에서 사퇴했다. 그러나 항공보안법상 항공기 항로 변경 혐의로 구속을 피할 수는 없었다. 조현아는 항소심에서 집행유예를 선고받아 풀려날 수 있었다.

그런데 조현아의 수사와 재판 과정에서 그녀의 동생인 조현민 대한항공 전무가 새로운 이슈로 떠올랐다. 조현아가 구속된 직후인 12월 31일 『한겨레』는 조현민이 조현아에게 땅콩 리턴 사건과 관련해 "반드시 복수"하겠다는 문자메시지를 보낸 사실을 보도했다. 조현민이 복수하겠다는 사람이 누구인지는 명확하지 않았지만 땅콩 리턴 사건으로 강제로 비행기에서 내려진 박창진 사무장을 가리킨 것으로 해석되었다. 『한겨레』는 정보의 출처에 대해 "조 전 부사장의 휴대전화를 압수한 검찰이 이 사건과 관련해 주고받은 메시지를 확인하는 과정에서 드러난 것으로, 이날 서울서부지법에서 열린 조 전 부사장의 영장실질심사 때 제출된 수사 자료에 포함된 것으로 전해졌다"고 밝혔다.

수사 자료는 법원, 검찰, 피의자만 볼 수 있다. 그렇다면 『한겨레』의 정보원은 법원 관계자나 검찰 중 하나일 것이다. 구속까지 된 상황에서 조현아가 자신에게 불리한 자료를 언론에 공개할 일은 없기 때문이다. 하지만 법원보다는 검찰에서 정보가 새나갔을 가능성이 크다. 이전에도 검찰은 종종 수사 중인 사항을 언론에 흘려 여론 조작을 해왔기 때문이다.

만약 검찰이 고의로 조현민의 문자메시지를 흘린 것이라면 의도는 적중했다. 이륙하려던 비행기를 회항시켜 사무장을 내리게 한 조현아의 갑질과, 언니가 내리게 한 사무장에게 복수하겠다는 조현민의 행동에 국민은 분노했다. 특히 앞에서는 잘못을 뉘우친다며 국민에게 사과하고 피해자를 찾아가더니 뒤에서는 동생과 복수를 운운한 조현아의 이중적 태도에 비난 여론이 쏟아졌다. 조금이나마 남아 있던 동정 여론도 자취를 감추고 말았다. 평소 재벌에 우호적이던 보수 언론까지 일제히 조현아, 조현민 자매를 비난하고 나섰다.

그런데 이 사건에는 국민적 분노와 언론의 비난에 가려진 심각한 문제점이 있다. 조현민의 문자메시지를 누가, 왜 공개했느냐는 것이다. 이에 대해서는 아무것도 알려진 것이 없어, 그저 검찰이 여론을 움직이기 위해 정보를 흘렸을 것이라 추측할 뿐이다. 하지만 땅콩 리턴 사건의 피의자는 조현아다. 조현민은 조현아의 동생일 뿐 사건과는 관계가 없다. 복수하겠다는 문자메시지가 도덕적으로 비난받을 수는 있겠지만 범죄행위는 아니다. 설사 문자메시지를 보낸 것이 범죄행위에 해당한다고 하더라도 언론에 공개되어야 하는 것은 아니다.

조현아와 조현민이 주고받은 문자메시지는 엄연히 그들의 사생활이다. 헌법 제17조는 "모든 국민은 사생활의 비밀과 자유를 침해받지 아니한다"고 선언한다. 헌법으로 규정된 국민의 기본권은 모든 국민이 평등하게 보장받는 보편적 권리다. 사생활의 비밀 역시 헌법이 보장한 기본권으로 모든 국민에게 보장되어야 한다. 하지만 조현민이 언니와 주고받은 문자메시지는 검찰로 추정되는 공권력에 의해 언론에 새어나가 전 국민에게 공개되었다. 최초 보도한 『한겨레』뿐만 아니라 다른 언론사들까지도 가세해 문자메시지를 퍼뜨렸다. 조현아, 조현민 자매의 사생활은 대중 앞에 낱낱이 벗겨졌다.

대중은 유명 인사의 사생활에 관심이 많다. 대중의 관심을 끌기 위해 언론은 유명 인사의 일거수일투족을 취재한다. 대중 앞에 모습을 잘 드러내지 않는 사람은 밥 한 끼 먹는 것까지 보도되기도 한다. 연예인과 같은 유명 인사는 대중의 관심을 받는 것이 목적이기 때문에, 일반 대중보다 사생활의 범위가 좁다. 정치인이나 기업가 같은 사회적 영향력이 강한 사람들은 대중의 감시와 견제를 받을 필요가 있다. 때문에 그들의 사생활도 연예인과 같이 범위가 줄어든다. 사생활의 비밀과 보호는 모든 국민에게 보장되어야 할 기본권이지만 그 범위는 개인마다 상이하다.

조현아, 조현민 자매는 재벌 2세로 국민의 관심을 피할 수 없는 위치에 있다. 그러나 아무리 재벌 2세라 해도 자매 사이에 주고받은 문자메시지는 보호받아야 하는 사생활이다. 특히나 범죄에 관한 수사 중이었고 수사에 영향을 미칠 수 있는 내용이라면 더욱 그렇다.

조현아와 주고받은 문자메시지가 공개되자 조현민은 즉시 "치기어린 제 잘못이었습니다"라며 사과했다. 하지만 문자메시지가 공개된 이유를 따지지 않았다. 분노한 국민 앞에서 정보의 출처를 따질 엄두가 나지 않았을 것이다. 정보원으로 추정되는 검찰, 정보를 받아 보도한 언론, 언론의 보도에 분노한 국민 앞에 조현아와 조현민의 사생활은 철저히 침해되었다.

기본권은 보장받을 주체가 따로 있는 것이 아니다. 모든 국민은 평등하게 기본권을 보장받을 권리가 있다. 설사 범죄인이라도 그렇다. 조현아, 조현민 자매의 갑질과 위선은 비난받아 마땅하다. 하지만 사생활의 비밀과 자유 같은 기본권을 향유할 권리는 별개의 문제다.

국가가 내 스마트폰을
들여다보고 있다

이탈리아에는 해킹팀Hacking Team이라는 회사가 있다. 회사 이름으로도 알 수 있듯 해킹을 하는 회사다. 주로 스마트폰의 보안을 무력화하는 기술을 개발한다. 해킹팀은 새로운 스마트폰이 출시되면 곧바로 개발에 착수해 얼마 지나지 않아 스마트폰의 보안을 깨는 스파이 프로그램을 내놓는다고 한다.

그런데 뛰는 놈 위에 나는 놈 있듯 2015년 해킹 전문 업체인 해킹팀이 해킹당하는 사건이 발생했다. 누군가가 해킹팀을 해킹해 고객 정보를 유출했다. 해킹팀 고객은 전 세계에 있었고, 그중에는 낯익은 이름도 있었는데, 북한 고객이었다. 하지만 그보다 낯익은 이름도 보였는데 바로 한국 고객이었다. 고객 명단 중에는 한국 5163부대가 2012년부터 2015년까지 68만 6,400유로(약 8억 6,200만 원)를 지급하고 프로그램을 구입했다는 내용이 있었다. 5163부대는 국가정보원이 대외활동 시 지칭하는 기관명으로 알려져 있다. 한국의 국가정보원이 이탈리아 해킹팀에 4년 동안 약 9억 원을 주고 프로그램을 구입해온 것이다.

미국에서는 수사기관이 스마트폰의 내용을 들여다보기 위해 제조사에 공식적으로 해킹을 요청하는 사건이 발생했다. 2015년 12월 2일, 미국 로스앤젤레스 동쪽에 있는 샌버너디노에서 발달장애인 복지·재활 시설인 인랜드 리저널 센터에서 총기 난사 사건이 발생해 14명이나 희생되었다. 미국 연방수사국FBI은 범인의 아이폰 잠금을 풀기 위해 애플에 비밀번호를 풀 수 있는 전용 OS를 개발해달라고 요청했다. 하지만 애플은 개인 정보 보호 등을 이유로 이를 거부했다. 구글, 마이크로소프트, 아마존, 페이스북, 트위터 등 다른 IT 기업도 애플을 지지했다.

FBI는 국가 안보가 목적이라며 법원에 소송을 제기했다. 연방지 방법원은 애플에 FBI의 수사에 협조하라는 명령을 내렸다. 애플은 즉시 항고했고 법원이 명령을 내려도 협조할 수 없다는 뜻을 비쳤다. 하지만 비슷한 시기에 FBI와 미국 마약단속국DEA이 뉴욕 법원에 제기한 소송에서는 애플이 아이폰의 잠금장치를 해제할 의무가 없다는 판결이 나왔다. 2심 재판이 시작되기 전 FBI는 돌연 소송을 취하했다. 애플의 도움을 받지 않고도 아이폰의 잠금장치를 해제할 방법을 찾았다는 것이 이유였다.

전문가들은 FBI가 아이폰의 잠금장치를 해제하기 위해 낸드 미러링NAND mirroring 기술을 사용했을 것으로 추측하고 있다. 낸드 미러링은 아이폰의 메인보드에 접합되어 있는 낸드 플래시 메모리를 떼어내서 수많은 복사본을 만든 뒤 복사본으로 잠금 해제를 시도하는 방법이다. 하지만 전문가들은 장기적으로 낸드 미러링이 아이폰을 비롯한 스마트폰의 보안을 위협할 수 없을 것으로 판단하고 있다. 애플과 구글 등이 낸드 미러링 기술을 무력화할 새로운 기술을 개발할 것이기 때문이다.

스마트폰은 과거의 휴대전화와는 전혀 다르다. 과거의 휴대전화는 전화번호, 문자메시지, 통화 기록 정도의 정보만 담고 있었다. 하지만 스마트폰은 인터넷 검색 기록, 스케줄, 메모, 사진 등 소유자의 거의 모든 정보를 담고 있다. 때문에 스마트폰을 해킹하는 것은 그 스마트폰 사용자의 거의 모든 정보를 들여다본다는 의미다.

국가정보원은 해킹팀의 해킹 기술을 어떻게 사용했는지 밝히지 않았지만, 무려 4년간이나 적지 않은 돈을 들여 프로그램을 구입한 것을 고려해보면 꽤나 활발히 사용했을 것이라는 생각이 든다. 하지만 국가정보원의 해킹팀 사건 이후 국내 스마트폰 제조사는 소비자를 보호하기 위한 어떠한 조치도 취하지 않았다. 애플이 법원의 명령에까지 저항하면서 소비자의 통신 비밀을 보호하기 위해 노력한 것과 대비된다.

국가정보원의 해킹팀 사건과 애플 대 FBI 사건은 통신의 비밀에 대한 한국과 미국의 시각 차이를 보여준다. 국가는 국민의 기본권을 보호할 의무가 있는데도 국가는 국민의 기본권(통신의 비밀)을 침해하려 했다. 사기업인 애플이 이에 저항하는 모습은 국가에만 의지해서 기본권을 지킬 수 없다는 것을 단적으로 보여준다. 애플이 FBI와 법원에 맞서 국민의 기본권을 지키려 한 것과, 국가정보원이 자사가 만든 스마트폰의 보안 시스템을 무력화하려 시도한 것을 알고도 아무런 대책을 내놓지 않는 한국 스마트폰 제조사를 비교해보면, 한국에서 기본권 보장의 수준이 어떠한지 가늠해볼 수 있다.

인권은 보편적 권리다. 하지만 시대에 따라 권리의 중요도는 달라지고 새로운 권리가 만들어지기도 한다. 통신의 비밀은 시대의 변화에 따라 더욱 중요해진 권리 중 하나다. 정보 통신 기술이 발달하기 전 통신의 자유는 남의 대화를 몰래 엿듣는 것이나 남의 편지를 열어보는 것을 막는 정도였다. 전화가 보편화되면서 전화의 도청과 감청이 통신의 비밀과 자유를 위협하는 요소로 대두되었다. 하지만 전화 도청·감청이라 해도 대화 내용을 엿듣는 수준에 지나지 않았다. 하지만 정보 통신 기술이 발전하고 스마트폰에 개인의 거의 모든 정보가 담기는 현대에 도청과 감청은 단순히 대화를 엿듣는 수준을 의미하지 않는다. 이제 통신의 자유와 비밀의 침해는 개인의 모든 정보가 새어나가는 것을 의미한다.

한국에서 도청·감청 영장의 기각률은 5퍼센트에도 미치지 못한다고 한다. 수사기관이 도청이나 감청을 하겠다고 영장을 신청하면 대부분 허락된다는 의미다. 지금 수사기관이 내 스마트폰을 들여다보고 있을 수도 있다. 내 모든 정보가 들어 있는 스마트폰이 인용률(합당하다고 여겨져 받아들여지는 비율, 여기서는 신청된 영장의 발부 비율) 95퍼센트가 넘는 영장 청구로 수사기관에 넘어간다는 것은 심각한 통신 비밀 침해다.

3장

권리를 지키기 위해
싸워온 사람들

병역거부라는
주홍글씨

━━━━━━━━━━━━━┫ 헌법 제19조 ┣━━━━━━━━━━━━━

모든 국민은 양심의 자유를 가진다.

　러일전쟁에서 승리한 일본은 1931년 만주를 점령하고 상하이와 난징을 침략하며 동아시아를 전쟁의 수렁으로 몰아넣었다. 그러나 중국과의 전쟁은 예상과 달리 장기전으로 흘렀다. 일본이 인도차이나를 점령하고 동남아시아에 통제력을 강화하면서 필리핀을 점령한 미국과 갈등이 고조되었다. 전쟁의 장기화와 미국과의 갈등으로 더 많은 군사가 필요해진 일본은 본토와 식민지에서 광범위한 병력 징집에 나섰다.

1939년 1월 일본에서 특정 단체의 청년 2명이 양심적 병역거부를 선언하고 투옥되는 사건이 발생했다. 한반도에서도 같은 단체 소속 청년들의 병역거부가 이어졌다. 일본은 대대적으로 이들을 체포했다. 병역거부로 체포된 단체 구성원은 모두 38명이었다. 규모가 작은 단체였기에 구성원의 거의 전부에 해당하는 수였다. 투옥된 38명 중 5명은 옥사했고 나머지도 해방이 되어서야 출소할 수 있었다. 이 단체는 양심을 지키기 위한 행동이었다고 주장한다. 일제 말기의 주요한 저항 중 하나인 등대사燈臺社 사건이다.

일제의 징집에 거부하고 옥살이를 해야 했던 이들은 여호와의증인이라는 종교 신도들이었다. 등대사는 여호와의증인을 뜻한다. 여호와의증인 신도들은 종교적 양심에 따라 병역을 거부했고, 오늘날도 마찬가지다. 병역거부로 옥살이해야 했던 여호와의증인 신도들은 해방 후 이승만 정권이 들어서고 나서야 국가와 큰 갈등 없이 지낼 수 있었다. 그러나 이러한 평화도 오래가지 못했다. 일본 육군사관학교 출신 군인인 박정희가 집권하자 여호와의증인은 다시 탄압받기 시작했다.

박정희 군사정부는 병역 기피자를 철저히 단속했다. 여호와의증인 신도들 일제 치하에서와 같이 옥살이해야 했다. 병역거부로 징역을 살고 나면 입영 영장이 발부되지 않는 지금과 달리 당시에는 징역을 살고 나와도 계속 영장이 발부되었다. 때문에 여호와의증인 신도들은 병역을 거부하는 한 반복해서 감옥에 가야 했다. 심지어 병무청 직원이 교도소 문 앞에서 기다렸다 출소하는 이에게 총을 쥐어주고 총을 드는 것을 거부하면 즉시 재판에 회부하기까지 했다.

입영 뒤 집총執銃을 거부하는 이들에게는 무차별 폭행이 가해지기도 했다. 경상남도 거제 출신의 이춘길이라는 청년은 1976년 3월 19일 39사단 헌병대에 입창入倉(법을 어긴 군인이 영창에 가는 것) 중 구타를 당해 비장 파열로 사망했다. 비슷한 시기 김종식이라는 청년도 집총을 거부하다가 논산훈련소에서 맞아 죽었다(한홍구, 「여호와의증인 앞에서 부끄럽다」, 『한겨레21』, 2004년 5월 27일 참조).

여호와의증인 신도들은 전쟁을 반대하기에 군 복무 역시 반대한다. 신도 대부분은 군대 대신 교도소에 가는 것을 선택한다. 할아버지, 아버지, 아들에 이르기까지 3대에 걸쳐 옥고獄苦를 치르기도 한다. 헌법 제39조는 군 복무를 신성한 의무로 규정하고 있다. 그렇기에 신성한 국방의 의무를 거부하는 병역거부자를 처벌하는 것은 당연하다는 주장도 있다. 그러나 헌법 제19조는 "모든 국민은 양심의 자유를 가진다"고 규정한다.

권리를 지키기 위해 싸워온 사람들

양심의 자유는 크게 내심內心의 자유인 '양심 형성의 자유'와 양심적 결정을 표현하고 실현하는 '양심 실현의 자유'로 구분한다. 양심 형성의 자유는 외부의 부당한 간섭이나 강제를 받지 않고 개인이 내심 영역에서 양심을 형성하고 이에 따라 결정을 내리는 자유를 뜻하고, 양심 실현의 자유는 형성된 양심을 외부로 표명하고 양심에 따라 살아가는 자유를 뜻한다. 구체적으로 양심을 표명하거나 양심을 표명하도록 강요받지 않을 자유(양심 표명의 자유), 양심에 반하는 행동을 강요받지 않을 자유(부작위에 의한 양심 실현의 자유), 양심에 따른 행동을 할 자유(작위에 의한 양심 실현의 자유)를 모두 포함한다(헌재 2004. 8. 26. 2002헌가1).

여호와의증인 신도에게 총을 잡도록 강요하는 것은 병역을 거부하는 그들의 양심을 외부에 표현하도록 강요하는 것이다. 자신의 양심을 표명하도록 강요받지 않을 권리, 즉 양심 표명의 자유 침해다. 동시에 양심에 반하는 행동을 강요받지 않을 자유 침해다. 문제는 여기서 그치지 않는다. 병무청은 2016년 병역법을 개정해 병역거부자의 인적 사항을 공개하고 있다. 2016년 말 237명의 병역거부자 명단을 공개했는데, 이 중 160명 이상이 여호와의증인 신도인 것으로 파악된다. 양심을 표명하도록 강요하고, 여기서 더 나아가 이를 강제로 공개하는 것은 심각한 양심의 자유 침해다.

일제가 대규모 징집을 실시한 것은 침략 전쟁에 병력을 동원하기 위해서였다. 박정희 정권이 병역 기피자에게 가혹한 형벌을 내린 것은 군사주의 정권의 국가 병영화라는 정치적 목적 때문이었다. 그렇다면 민주화가 이루어졌다는 오늘날, 아직도 수많은 국민이 병역을 거부한다는 이유로 감옥에 가야 하는 이유는 무엇일까?

2016년 10월 18일 광주지방법원 항소부는 양심적 병역거부자들에게 무죄를 선고했다. 그동안 지방법원에서 양심적 병역거부자에게 무죄가 선고된 사례는 있었지만 항소심으로는 최초였다. 재판부는 "헌법은 조화적으로 해석해야 한다. 두 가치가 있을 때 한 가지만 인정하고 다른 하나는 인정하지 않는다면 이는 헌법의 가치와 맞지 않는다", "2004년과 2007년에 시기상조를 이유로 대법원의 유죄 판결이 있었으나, 그 이후로 국제사회에 많은 변화가 있었다", "UN은 병역거부자 투옥을 자의적 구금으로 규정하고 즉각 석방을 요구했고, 외국은 병역거부자를 난민으로 받아들이고 있다"며 무죄 이유를 설명했다.

하지만 이보다 앞선 2011년 헌법재판소는 입영을 거부하다 구속당할 처지에 놓인 이 모 씨가 대체복무를 규정하지 않은 현행 병역법이 헌법에 어긋난다면 신청한 청구를 "대체복무를 도입할 경우 발생할 수 있는 병력 손실이 남북 대치라는 대한민국의 특수한 상황을 고려해볼 때 공익에 중대한 손실을 입힐 가능성을 배제할 수 없다"며 기각한 바 있다(헌재 2011. 8. 30. 2008헌가22). 헌법재판소의 결정 후 불과 5년 만에 항소심에서 양심적 병역거부자에게 무죄가 선고된 것이다.

그사이 병력 손실이라는 헌법재판소의 주장 또한 근거를 잃었다. 요새는 입대를 앞둔 청년들이 자격증을 따기 위해 학원을 다니는 모습을 쉽게 볼 수 있다. 입영 대상자가 많아 군대를 가는 데 길게는 1년 이상 대기해야 하는데, 특수병과로 입대하면 대기 기간이 줄어들기 때문에 이를 위해 자격증을 따는 것이다. 병력 자원이 부족하기는커녕 과잉된 것이다. 양심적 병역거부자들의 주장은 병역의무를 면제해달라는 것이 아니다. 양심적 이유로 군 복무를 할 수 없으니, 이를 대체할 제도를 마련해달라는 것이다. 군대에 가기 위해 1년 이상 대기해야 할 정도로 병력 자원이 넘쳐나는 상황에서 대체복무 제도를 도입하지 않을 근거는 없다.

헌법재판소는 "양심에는 세계관·인생관·주의·신조 등은 물론 이에 이르지 아니하여도 보다 널리 개인의 인격 형성에 관계되는 내심에 있어서의 가치적·윤리적 판단도 포함된다. 그러므로 양심의 자유에는 널리 사물의 시시비비나 선악과 같은 윤리적 판단에 국가가 개입해서는 아니 되는 내심적 자유는 물론, 이와 같은 윤리적 판단을 국가권력에 의하여 외부에 표명하도록 강제받지 아니할 자유까지 포괄한다"고 선고했다(헌재 1998. 7. 16. 96헌바35).

지금도 수많은 양심적 병역거부자가 국가가 개입해서는 안 되는 내심적 자유 때문에 재판을 받고 있다. 그들은 감옥에 가야 할 것이고, 신성한 국방의 의무를 거부했다는 주홍글씨를 달고 살아야 할 것이다. 이제 대체복무제를 도입하지 않을 이유도 정당성도 없다. 대체복무제의 도입을 더 늦추어서는 안 된다.

권리를 지키기 위해 싸워온 사람들

사법시험 날짜가
토요일로 바뀐 이유

헌법 제20조 제1항

모든 국민은 종교의 자유를 가진다.

2017년 시험을 마지막으로 폐지될 예정이지만 예전에는 법조인이 되기 위해서는 사법시험에 합격해야 했다. 사법시험은 1차부터 3차까지 총 3단계로 이루어져 있다. 2차와 3차 시험은 전 단계 시험에 합격해야만 응시가 가능하다. 객관식인 1차 시험과 면접인

3차 시험은 하루 동안 치러졌지만 서술형인 2차 시험은 4일 동안이나 치러졌다. 관례적으로 1차 시험은 일요일에 치러졌고 2차 시험 역시 일요일을 포함해 일정이 잡혔다.

2000년, 사법시험을 준비 중이던 위 모 씨는 일요일에 치르는 사법시험 일정이 몹시 부당하다고 느꼈다. 독실한 기독교 신자였던 그는 빡빡한 시험 준비 일정에도 일요일이면 어김없이 교회를 찾아 예배를 드렸다. 당장 내일 시험을 본다고 해도 예배에 빠지는 것은 상상할 수 없었다. 그런데 1차 사법시험을 치르는 날이 일요일이었다. 법조인을 꿈꾸며 오랫동안 준비해온 시험을 포기할 수는 없었다. 그렇다고 일요일 예배를 거를 수도 없는 노릇이었다. 사법시험과 예배, 포기할 수 없는 2가지를 두고 고민하던 그는 사법시험을 일요일에 치르는 것이 문제라는 생각에 도달했다. 종교의 자유가 보장된 국가에서 여러 종교의 주일인 일요일에 사법시험을 치르는 것은 종교의 자유를 침해한다는 생각이었다.

그는 사법시험 공고를 낸 행정자치부 장관을 상대로 종교의 자유를 침해했다며 헌법 소원을 제기했다. 하지만 헌법재판소는 그의 신청을 기각했다. 종교의 자유는 신앙의 자유, 종교적 행위의 자유, 종교적 집회·결사의 자유로 구성된다. 신앙은 어떠한 종교에 대한 확신이다. 종교적 확신은 인간의 내면에서 이루어진다. 그 누구도 타인의 내면에서 작용하는 신앙에 간섭할 수 없다. 그렇기에 신앙의 자유는 결코 제한할 수 없는 절대적 자유다. 반면 종교적 행위의 자유와 종교적 집회·결사의 자유는 사회 작용을 수반하는 것으로 필요한 범위 내에서 제한이 가능하다.

종교적 행위의 자유는 적극적으로는 종교적 확신에 따라 예배나 법회 같은 종교적 행위를 할 자유와, 소극적으로 종교적 확신에 반反하는 행위를 강요당하지 않을 자유로 구성된다. 종교적 집회·결사의 자유는 종교적 목적으로 같은 신자들이 집회를 하거나 종교 단체를 결성할 자유를 뜻한다. 이는 사회, 타인과의 관계 속에서 이루어진다. 그렇기에 절대적으로 보장하면 타인의 권리를 침해할 위험이 있다. 예를 들어 조용한 도서관에서 소리 내어 기도한다면, 다른 사람의 권리를 침해하게 된다. 따라서 질서유지나 공공복리 등을 위해 필요한 경우 법률로 제한이 가능하다. 단 제한하는 종교의 자유가 본질적인 부분이어서는 안 되고, 이를 제한해서 얻는 공공복리가 더 커야 한다는 비교 형량을 충족해야 한다(헌재 2011. 12. 29. 2009헌마527).

위 모 씨가 기독교적 신념을 갖는 것은 신앙의 자유다. 누구도 위 모 씨의 신앙에 간섭할 권한은 없다. 하지만 일요일에 예배에 참여하러 교회에 가는 것은 신앙의 자유가 아닌 종교적 행위의 자유로, 필요한 범위 내에서 제한이 가능하다. 일요일은 공식 휴일로 국민 대다수가 시간을 내기 편리한 날이다. 학교도 일요일에는 수업이 없기 때문에 고사장을 확보하기도 수월하다. 만약 사법시험을 평일에 치른다면 직장을 다니는 수험생들은 휴가를 내야 하고, 고사장으로 선정된 학교는 임시 휴교를 해야 한다. 그렇지만 기독교 신자들은 1년, 52주 중 하루 예배를 거르거나 새벽이나 저녁 예배에 참여할 수도 있다. 일요일에 사법시험을 보는 것은 본질적인 종교의 자유를 침해한 것이라 볼 수 없다. 기독교 신자에게 주일 예배에 빠지는 것은 매우 큰 종교적 의무 위반이지만, 국가가 교리상 의무까지 고려해야 하는 것은 아니다. 결국 헌법재판소는 사법시험을 일요일에 치르는 것은 사회 통념상 공공복리를 위한 부득이한 제한이며 이를 통해 국민 전체가 얻는 이득을 고려해 보아도 참을 만한 제한이라고 판단했다(헌재 2001. 9. 27. 2000헌마159).

청구가 기각되어 위 모 씨는 예배와 사법시험 중 하나를 선택해야 하는 상황에 놓였다. 하지만 그의 고민은 의외로 쉽게 풀렸다. 행정자치부가 그간의 관례를 깨고 사법시험을 토요일에 치르기 시작한 것이다. 헌법 소원 제기와 기독교계의 항의가 적지 않은 부담으로 작용했다는 것이 후문이다. 예배와 사법시험 일자가 겹치지 않게 되면서 위 모 씨의 문제는 쉽게 해결되는 듯 보였다. 하지만 새로운 문제가 발생했다.

개신교의 교파 중 제칠일안식일예수재림교라는 교단이 있다. 삼육식품이나 삼육대학교, 삼육어학원으로 더욱 유명한 교단이다. 그런데 제칠일안식일예수재림교의 안식일은 토요일이다. 사법시험 일정을 일요일을 피해 토요일로 잡다 보니 이번에는 제칠일안식일예수재림교의 안식일과 겹치게 된 것이다. 제칠일안식일예수재림교로서는 날벼락이나 다름없었다. 제칠일안식일예수재림교 신자 중 사법시험을 준비 중이었던 이들은 예배를 드려야 하는 토요일에 사법시험을 보아야 하는 고민에 빠지게 되었다. 제칠일안식일예수재림교 신자인 한 모 씨는 위 모 씨와 같은 이유로 헌법재판소의 문을 두드렸다. 위 모 씨의 사례가 있어 기각이 예상되지만, 헌법 소원으로 정부를 압박하면 사법시험 일정을 바꿀 수 있으리라 예상한 것으로 보인다. 헌법재판소는 위 모 씨 사건과 같은 이유로 한 모 씨의 청구를 기각했다. 하지만 이번에는 사법시험 일정이 변경되지 않았다.

주 5일제 근무가 보편화되었다고 해도 아직 토요일에 근무하는 일터가 다수 남아 있다. 토요일보다 일요일이 휴일의 성격이 강하다. 고사장을 준비하기에도 일요일이 편하다. 여러 상황을 고려했을 때, 토요일보다 일요일에 시험을 치르는 것이 유리하다. 그런데도 행정자치부는 토요일 시험을 고수했다. 제칠일안식일예수재림교가 소수 종파이기 때문에 거대 종파인 기성 기독교회와 다르게 판단했다는 인상을 지우기 어렵다.

기성 기독교회 중에는 제칠일안식일예수재림교를 이단이라 비난하는 이들이 있다. 안식일을 토요일로 여기는 것을 비롯해 기성 기독교회와 다른 교리가 있기 때문이다. 이단 시비가 있는 제칠일안식일예수재림교와 기성 기독교회를 다르게 대하는 것이 당연하다는 사람도 있다. 그러나 헌법은 종교의 자유를 선언할 뿐, 정통 orthodoxy과 이단heresy을 구분하지 않는다.

한국에는 많은 종교가 있다. 한국종교인평화회의에 소속된 종교만 해도 개신교·불교·유교·원불교·천도교·천주교·기타 민족종교 등 7개나 된다. 천주교나 원불교같이 하나의 종파로 구성된 종교도 있지만 개신교는 수백 개 이상의 종파로 구성되어 그 규모조차 정확히 가늠되지 않을 정도다. 그리고 이들 사이에서는 끊임없이 이단 시비가 일고 있다. 하지만 이단 시비는 종교 내에서 해결해야 하는 문제지, 국가가 개입할 문제는 아니다. 헌법은 종교를 구분하지 않고 포괄적으로 종교의 자유를 인정한다. 헌법이 자유를 보장할 종교와 그렇지 않은 종교를 구분한다면 이는 헌법 스스로 종교의 자유를 부인하는 것이 된다.

행정자치부가 사법시험 일정을 변경한 것이 정말 기독교계의 눈치를 본 것인지는 알 수 없다. 하지만 대규모 시험을 치르기에 토요일보다 일요일이 적합하고 어느 요일로 바꾸든 그에 따라 새로운 이해관계자가 나타날 수밖에 없다. 사법시험을 일요일에서 토요일로 옮길 때 또 다른 문제가 발생하리라는 것은 충분히 예측 가능했다. 차라리 계속 일요일을 고수하는 것이 종교에 대한 중립성 측면에서 바람직했을 것이다.

집시법이 집회를 금지하는 모순

┣━ 헌법 제21조 제1항 ━┫

모든 국민은 언론·출판의 자유와 집회·결사의 자유를 가진다.

민주주의民主主義는 국민民이 주인主이 되는 정치체제다. 영어의 데모크라시democracy를 옮긴 것인데 데모크라시는 그리스어 데모스demos와 크라티아kratia를 합쳐 만든 말이다. 데모스는 인민을 뜻하고 크라티아는 지배를 뜻한다. 데모크라시 역시 인민의 지배, 곧 국민이 주인이 되는 정치체제를 뜻한다.

민주주의의 기원이 된 고대 그리스 폴리스에는 아고라agora라는 극장이 있었다. 시민들은 아고라에 모여 도시의 주요 사안을 논의하고 결정했다. 민주주의는 구성원들이 직접 논의하고 토론해 국가를 운영하는 것을 핵심으로 한다.

하지만 국가가 도시의 수준을 벗어나고 인구가 늘어나면서 국민이 직접 정책을 결정하는 직접민주주의를 실행하기 힘들어졌다. 그래서 대의민주주의가 도입되었다. 대의민주주의에서 국민은 대표자를 통해 정책을 결정한다. 대표자는 국민 개개인의 의견을 수렴해 정책에 참여해야 하지만, 이 또한 쉽지 않다. 한 사람이 대표해야 할 국민의 수가 너무 많기 때문이다.

대표자와 국민 간 소통의 간극을 메워주는 것이 언론이다. 언론은 국민의 이야기와 의견을 모아 여론을 형성하는 방식으로 대표자와 국민 간 소통에 참여한다. 그러나 언론의 역할이 커질수록 국민은 직접 소통의 기회를 잃고 언론을 통한 간접 소통에 종속될 우려가 크다. 그렇기에 언론의 기능이 강화되어도 국민의 직접 소통은 유지될 필요가 있다.

2007년 3월 황유미라는 여성이 사망했다. 당시 그녀는 고작 23세였다. 황유미는 고등학교를 졸업하기도 전에 삼성전자 반도체 공장에서 일을 시작했다. 속초에서 나고 자란 그녀에게 세계 최고라는 삼성은 이름 자체만으로 가슴 뛰는 곳이었다. 하지만 행복은 길지 않았다. 일을 시작한 지 1년도 지나지 않아 몸이 아프기 시작했다. 급성 백혈병이었다. 힘겨운 암 투병을 이어가던 그녀는 병원을 찾아 헤매던 택시 뒷좌석에서 숨을 거두었다. 그 택시를 몰던 기사는 그녀의 아버지였다.

황유미의 죽음 이후에도 같은 공장에서 일하던 이들이 백혈병과 암으로 사망하는 사례가 이어졌다. 그런데도 근로복지공단은 그들의 죽음을 산업재해로 인정하지 않았다. 삼성 역시 반도체 공장의 근무 환경과 백혈병 발병 사이에 인과 관계가 없다는 주장만 되풀이했다. 황유미의 아버지는 딸이 억울하게 죽었다고 생각했다. 여기저기 찾아다니며 억울함을 호소했다. 하지만 노년의 택시기사가 하는 말에 귀 기울여주는 이는 없었다. 언론의 문도 두드려보았지만 쉽게 관심을 보이지 않았다.

다행히 2007년 11월 '삼성 반도체 집단 백혈병 진상 규명과 노동 기본권 확보를 위한 대책 위원회(반올림)'가 결성되었다. 그제야 반도체 공장의 억울한 죽음에 귀 기울이는 이들이 하나둘 나타났다. 언론도 관심을 갖기 시작했다. 하지만 거대 기업과 맞서기에는 아직도 힘에 부쳤다.

반올림은 서울시 서초구 서초동 삼성전자 사옥 본관 앞에서 집회를 하고자 했다. 하지만 번번이 실패했다. 누군가 반올림보다 먼저 집회 신고를 했기 때문이다. 헌법은 모든 국민에게 집회와 결사의 자유가 있다고 보장한다. 그런데도 반올림은 삼성전자 본관 앞에서 집회를 할 수 없었다. 관할 경찰서인 서초경찰서는 매번 먼저 신고된 집회가 있다는 이유로 반올림의 집회 신고를 반려했다. 사전 집회 신고는 집회의 필수 요건이 아니다. 경찰의 업무 편의를 위한 협력적 의무일 뿐이다. 그런데도 반올림이 집회를 할 수 없었던 이유는 무엇일까?

'집회 및 시위에 관한 법률(집시법)' 제6조 제1항은 집회를 주최하기 위해서는 30일 전부터 2일 전까지 관할 경찰서에 신고서를 제출하도록 되어 있다. 관할 경찰서장은 같은 법 제20조 제1항 제2호에 따라 사전 신고를 하지 않은 집회에 자진 해산을 요청할 수 있다. 그리고 제24조는 관할 경찰서장의 해산명령에 따르지 않는 사람을 처벌할 수 있도록 규정한다. 형량은 6개월 이하의 징역 또는 50만 원 이하의 벌금으로 결코 낮지 않다. 집시법 제6조, 제20조, 제24조로 복잡하게 얽힌 구조 속에서, 사전 신고되지 않은 집회에는 대부분 해산명령이 내려지고, 여기에 응하지 않으면 현행범이 된다. 그리고 경찰은 현행범을 연행할 권한이 있다. 사전 집회 신고는 협력 의무가 아닌 사실상 강행 규정으로 작동하고 있다.

헌법 제21조 제1항은 언론·출판의 자유와 집회·결사의 자유를 규정한다. 죽은 딸의 억울함을 풀기 위해 늙은 아버지는 어디든 찾아가 호소했다. 하지만 그의 목소리는 너무 작았다. 혼자 내는 목소리가 작다면 여럿이 함께 외쳐야 한다. 반올림이 결성되고 목소리를 높이자 그제야 사람들은 그들의 목소리에 귀 기울이기 시작했다. 생각이 같은 사람들이 모이는 것을 '결사結社'라 한다. 이들이 자신의 생각을 소리쳐 알리는 것이 '집회集會'다. 고故 황유미의 사망과 반올림의 활동은 집회와 결사의 자유가 보장되어야 하는 이유를 설명해준다.

삼성에서 일하다 죽은 노동자들의 억울함을 삼성에 전하고 따지는 것은 당연하다. 그러나 반올림의 삼성전자 본관 앞 집회는 번번이 실패했다. 서초경찰서 앞에는 늘 건장한 청년들이 줄지어 있었고 이들은 항상 반올림보다 먼저 집회를 신고했다. 고故 황유미가 삼성전자 본관 앞에 선 것은 그녀가 아버지의 택시 뒷자리에서 눈을 감은 지 5년이나 지난 뒤였다. 삼성전자 일반노조는 2012년 서울행정법원에 옥외 집회 금지 통고 처분에 대한 집행정지 신청(2012아2376)을 제기했다. 법원은 이를 승인했다. 집회를 차단하기 위한 허위 집회 신고에 법원이 제동을 건 것이다. 삼성전자 본관 앞에서는 고故 황유미의 추모식이 거행되었다. 반올림은 이제 삼성전자 본관 앞 집회가 가능해졌다고 생각했다.

하지만 삼성전자 본관 앞 집회는 더 이어지지 못했다. 말끔한 정장을 갖추어 입은 남성들이 집회 장소에 등장했기 때문이다. 그들은 삼성과 상관없는 현수막을 들고 서 있었다. 법원이 허위 집회에 제동을 걸자 실제 집회를 하기 시작한 것이다. 실제 집회가 이루어지니 집행정지 신청을 하기 어려웠다.

집회는 개인이나 특정 집단의 주장을 불특정 다수에게 전파하는 것이 목적이다. 때문에 밖으로 나와 가급적 많은 사람이 모이는 공공장소에서 진행해야 한다. 집회와 공공질서의 충돌은 불가피하다. 때문에 집회의 자유와 공공질서 유지 사이에 적절한 균형이 필요하다. 먼저 신고된 집회를 이유로 나중에 신고된 집회를 거부한 근거는 질서유지였다. 같은 장소에서 같은 시간에 둘 이상의 집회가 개최되면 질서유지가 어려워진다는 것이다.

하지만 집회의 자유는 민주주의 근간이 되는 요소로, 최대한 보장되어야 한다. 집시법 제8조 제2항 역시 중복 집회 신고 시 관할 경찰서장이 "집회 또는 시위 간에 시간을 나누거나 장소를 분할하여 개최하도록 권유하는 등 각 옥외 집회 또는 시위가 서로 방해되지 아니하고 평화적으로 개최·진행될 수 있도록 노력하여야 한다"고 규정한다. 복수 집회라도 모두 개최될 수 있도록 노력해야 한다는 것이다. 그런데 같은 조 제3항은 중복 집회 간 시간이나 장소의 분리 권유가 받아들여지지 않으면 뒤에 접수된 집회 또는 시위를 금지할 수 있도록 규정하고 있다. 먼저 신고된 집회가 있으면 나중에 신고된 집회 참가자들에게 다른 시간이나 장소를 권유하고 이를 거부하면 집회를 금지할 수 있는 것이다. 때문에 현실에서는 대부분 뒤에 신고된 집회가 금지되고 있다.

집시법은 집회와 시위를 최대한 보장하기 위해 존재한다(집시법 제1조). 삼성전자 본관 앞에 두 건의 집회가 신고되었다면 적절히 위치를 구분해 동시에 개최할 수 있도록 안내하면 된다. 두 집회 간 충돌이 우려된다면 경찰을 동원해 방지하면 그만이다. 집회로 교통 체증이 발생하면 우회 도로 안내로 해결할 수 있다. 도로를 우회하느라 지연된 시간은 집회의 자유 보장을 위해 감내할 수 있는 수준일 것이다. 그런데도 먼저 신고된 집회가 있다고 나중에 신고된 집회를 무조건 불허하는 것은 집회와 결사의 자유를 심각하게 훼손하는 행위다.

민주주의 사회에서 국민은 자신의 의견을 표명함으로써 존재한다. 거리에 나와 목소리를 높이는 이들은, 대부분 그것 말고는 방법이 없기 때문에 나오는 것이다. 그들에게 집회의 자유마저 빼앗는다면 그들의 사연을 이야기할 방법을 모조리 빼앗는 것이다. 집회를 금지하는 것은 집회의 자유를 침해하는 것을 넘어, 집회에 나서는 사람의 존재 자체를 부정하는 것이다.

이제는 사라져야 할
명예훼손죄

┃ 헌법 제21조 제4항 ┃

언론·출판은 타인의 명예나 권리 또는 공중도덕이나 사회윤리를 침해하여서는
아니된다. 언론·출판이 타인의 명예나 권리를 침해한 때에는 피해자는 이에 대
한 피해의 배상을 청구할 수 있다.

형법 제307조의 죄목은 명예훼손이다. 다른 이의 명예를 훼
손함으로써 성립하는 범죄인데, 형량은 2년 이하의 징역 또는
500만 원 이하의 벌금이다. 만약 거짓말로 다른 사람의 명예를 훼
손했다면 가중되어 5년 이하의 징역 또는 1,000만 원 이하의 벌

금에 처해진다. 폭행죄의 형량이 2년 이하의 징역 또는 500만 원 이하의 벌금이고, 부모나 조부모를 폭행하는 존속 폭행은 5년 이하의 징역 또는 700만 원 이하의 벌금인 것을 고려해보면, 형법이 명예훼손을 폭행에 버금가는 중대 범죄로 다루고 있다는 것을 알 수 있다.

형법 제311조는 모욕죄를 정의한다. 모욕죄는 명예훼손과 유사한 범죄다. 내 명예는 내가 만드는 것이 아니다. 명예는 타인이 나를 어떻게 평가하는지에 달려 있기 때문에 명예훼손은 내 명예에 대한 타인의 평가(사회적 평가)를 침해하는 행위다. 반면 모욕은 나에 대한 타인의 평가와는 상관이 없다. 사람은 자존감, 즉 인격적 가치가 훼손당했을 때 모욕감을 느낀다. 다른 사람이 보기에 내 인격적 가치가 훼손당했어도, 정작 내가 그렇게 생각하지 않는다면 모욕은 성립되지 않는다. 따라서 명예훼손은 나에 대한 타인의 평가를 침해하는 행위를 처벌하는 것이고, 모욕은 주관적인 인격적 가치를 침해하는 행위를 처벌하는 것이다. 즉, 명예훼손은 남이 내게 망신을 준 것이고, 모욕은 나를 기분 나쁘게 한 것이다. 모욕죄의 형량은 1년 이하의 징역 또는 200만 원 이하의 벌금이다. 두 죄는 법리적으로 엄격히 구분되지만 사회 · 제도적 논의에서는 굳이 구분할 필요가 없다.

남아메리카 오지로 선교 활동을 떠난 선교사 일행의 실화를 다룬 영화 〈미션〉(1986)에는 모욕죄의 기원이 등장한다. 〈미션〉 앞부분에는 악랄한 노예상 멘도사가 동생과 결투하는 장면이 등장한다. 멘도사는 자신이 사랑하는 여성이 동생과 사랑을 나누는 장면을 목격하고 동생과 결투를 벌인다. 동생은 그의 칼에 목숨을 잃는다. 영화의 배경이 된 1750년에 결투는 합법적 행위였다. 심지어 결투 중 상대를 살해해도 처벌받지 않았다.

멘도사는 사랑하는 여성을 두고 동생과 결투를 벌였다. 하지만 실제 중세 시대 결투는 주로 귀족 간 명예 때문에 발생했다. 귀족은 자신의 지위에 걸맞은 대우를 받지 못했다고 느꼈을 때, 자신에 대한 모욕으로 간주해 결투를 벌였다. 결투는 모욕을 당한 귀족이 상대를 응징하기 위한 방법이었다. 모욕한 자에게 결투를 신청하고 결투에서 승리함으로써 상대를 응징하고 자신의 명예를 되찾는 것이다.

하지만 귀족 간 결투 행위가 잦아지고 사망이 빈발하자 국가가 개입하기 시작했다. 독일은 결투를 금지하는 대신 국가가 모욕당한 자를 대리해 응징하는 방법을 택했다. 결투를 법정으로 끌어들인 것이다. 모욕죄의 탄생이다. 모욕을 당했으면 사적으로 응징하지 말고 국가에 신고해 처벌하라는 것이다. 반면 프랑스는 결투 제도를 아예 금지하고 폭행, 살인죄로 다루었다.

한국의 모욕죄(형법 제311조)는 일본 형법 제231조에 기초한 것이다. 일본 형법은 독일 형법(StGB § 185)을 이어받은 것으로 보인다. 현재 모욕죄는 독일과 독일법을 이어받은 일본과 일본의 식민지였던 한국과 대만(형법 제309조)의 형법에만 있다. 그나마 독일, 일본, 대만에서 모욕죄는 거의 사문화되었다. 심지어 미국의 연방대법원은 욕설에 대한 규제 자체를 금지하기까지 했다(박경신·김가연, 「모욕죄의 보호법익 및 법원의 현행 적용방식에 대한 헌법적 평가」, 『언론과 법』 제10권 제2호[2011년], 441~467쪽 참조). 다른 사람을 욕하거나 비방했다는 이유로 감옥에 가는 나라는 한국이 거의 유일하다.

모욕죄를 처음 도입한 독일이나 독일을 이어받은 일본과 대만에서 모욕죄가 사문화되어가는 이유는 무엇일까? 우선 명예와 모욕에 대한 인식 자체가 달라졌기 때문이다. 철저한 신분제 사회였던 중세 시대 귀족은 명예를 매우 소중하게 생각했다. 명예를 위해서는 목숨까지 버릴 수 있었다. 기사騎士라는 무사武士 집단이 사회의 중요한 구성 요소였던 봉건제 사회에서 무사 간 결투는 하나의 관습이었고, 무사가 결투 중 목숨을 잃을 수 있는 것은 당연했다. 그러나 현대에는 귀족이라는 계급 자체가 없다. 특별히 더 보호받아야 할 명예라는 것이 성립할 수 없게 된 것이다. 모든 무력은 경찰이나 군대의 형태로 국가에 독점되었고 개인이 무력을 행사하는 것은 철저히 금지되었다. 이제 과거 결투의 흔적은 펜싱 같은 스포츠에서만 볼 수 있게 되었다.

'표현의 자유'는 모욕죄를 소멸시키는 데 큰 역할을 했다. 신분제 사회에서 귀족은 품위를 지켜야 했고 예의에 벗어나는 언행은 크나큰 실례였다. 만약 자신보다 신분이 낮은 사람이 예의를 지키지 않으면 심한 모욕으로 받아들였다. 하지만 모두가 평등해진 현대 민주주의 사회에서 인간에 대한 예의는 존재하지만 신분에 대한 예의는 존재하지 않는다. 이제 사회 구성원은 자유롭게 자신의 의견을 표명할 수 있게 되었고, 자유롭게 의견을 내놓고 경쟁해 사회의 방향을 결정하는 시대가 되었다. 의사 표현을 제한할 수 있는 모욕이나 명예훼손은 존재 이유가 없어진 것이다.

그러나 국제법적·시대적 흐름과 상반되게 한국은 아직도 모욕과 명예훼손이 광범위하게 적용되고 있다. 2015년 강용석 전 국회의원은 인터넷 댓글을 통해 자신을 비방했다며 네티즌 1,000여 명을 모욕죄로 고소했다. 2011년에는 정봉주 전 국회의원이 이명박 전 대통령의 BBK 의혹을 폭로했다는 이유로 명예훼손의 일종인 허위사실공표죄(공직선거법)가 적용되어 징역 1년의 실형을 선고받고 수감되기도 했다.

헌법 제21조 제4항은 언론·출판에 의한 명예훼손을 규정한다. 언론·출판이 타인의 명예나 권리를 침해해서는 안 되고 만약 침해했다면 피해를 배상해야 한다는 것이다. 언론이나 출판의 파급력을 고려하면, 이를 이용해 상대에게 엄청난 피해를 줄 수 있다.

따라서 다른 명예훼손보다 민감하게 다룰 필요가 있다. 그러나 언론·출판에 대한 손해배상 청구가 표현의 자유를 위축시킨다면, 사회에 미치는 피해는 명예훼손 못지않게 클 수 있다. 기자는 기사를 쓸 때 손해배상 청구를 당하지 않을지 걱정하며 자기 검열을 하게 될 것이고, 언론사도 마찬가지로 회사에 해가 될 기사를 검열할 것이다. 이는 결국 언론의 위축으로 이어질 것이며 여론의 매개자라는 언론의 기능을 고려한다면, 민주주의의 퇴보로 이어질 수 있다.

언론이 잘못된 보도를 했을 경우를 대비해 언론중재위원회나 반론보도청구권 등 피해자의 권익을 되찾아줄 여러 제도가 있다. 물론 이런 제도만으로 피해자의 권익이 온전히 회복된다는 보장은 없다. 하지만 피해자의 권익이 회복되지 않았다면 정정 보도 등 제도적 보완 장치를 마련해야지, 손해배상을 청구해 금전적으로 보상하도록 하는 것은 바람직하지 않다. 기사에 댓글 한 줄 남긴 것으로 전과자가 되어야 하고, 대통령 후보의 의혹을 공개했다는 이유로 감옥에 가야 하는, 명예훼손과 모욕에 의한 고소가 남발하는 대한민국은 모욕당했다며 칼을 뽑고 결투를 신청했던 중세와 크게 다르지 않아 보인다.

〈모내기〉와
문화계 블랙리스트

┃ 헌법 제22조 제1항 ┃

모든 국민은 학문과 예술의 자유를 가진다.

　헌법 제22조 제1항은 학문과 예술의 자유를 규정하고 있다. 학문은 진리를 탐구하는 과정이다. 자연과학, 사회과학, 인문과학을 막론하고 모든 학문은 진리를 추구한다. 각각 자연, 사회, 문화라는 탐구 대상이 다르고 그에 따른 연구 방법이 상이할 뿐 진리를 추구

한다는 본질은 동일하다. 예술은 미적 경험을 일정한 형태로 표현하는 행위로, 인간의 창조적 정신의 표현이다. 독일연방법원은 히틀러 시대에 출세한 인물을 그린 소설의 출판 금지 명령에 대한 메피스토-클라우스 판결Mephisto-Klaus Beschluß에서 "예술적 활동의 본질은 예술가의 인상·견문·체험 등을 일정한 형태 언어를 매개로 해서 직접적인 표상으로 나타내는 자유로운 창조적 형성에 있다. 모든 예술적 활동은 논리적으로는 해명할 수 없는 의식적·무의식적 과정의 혼합이다"고 정의한 바 있다(BVerfGE 30, 173). 창조적 정신 역시 결국 인간이 추구하는 아름다움에 대한 표현이며 아름다움의 추구는 진리에 대한 미적 추구이기 때문에 예술 역시 진리의 탐구, 즉 학문의 한 부류로 보아야 한다는 주장도 있다.

다른 기본권도 그렇지만 학문과 예술의 자유는 유독 권력과 갈등을 겪고는 했다. "악법도 법이다"며 독배를 든 소크라테스나 "그래도 지구는 돈다"고 외친 갈릴레이가 대표적이다. 한국도 과거 군사독재 시절 진리의 상아탑이라는 대학이 민주화 운동의 핵심이었다. 예술과 권력의 갈등은 박근혜 정권이 1만여 명의 문화·예술계 인사를 반정부 인사로 분류해 불이익을 준 문화·예술계 블랙리스트 사건이 상징적으로 보여준다.

학문과 예술의 자유가 자주 권력과 갈등을 빚는 이유는 진리 탐구라는 본질적 속성과 문화가 사회에 미치는 영향력 때문일 것이다. 진리 탐구에는 대상의 제한이 없다. 국가의 통치 형태 역시 탐구의 대상이 될 수 있다. 그렇기에 학자와 예술인들은 이상적 통치 형태를 탐구하고 현실의 모습이 이상과 다르면 비판한다. 비판을 수용해 바람직한 통치 형태를 만들어갈 능력이 있는 권력에 학자와 예술인은 조력자가 될 수 있다. 그러나 그렇지 못한 권력은 학자와 예술인을 탄압하고는 했다. 동서양을 막론하고 많은 국가권력이 학문과 예술의 자유를 탄압해왔다.

2004년 UN 인권이사회는 대한민국과 관련된 진정 사건에 결정을 내렸다(2000제926호). 한국 정부는 신학철 화백이 그린 〈모내기〉를 돌려주라는 내용이었다. 이에 더해 90일 이내에 조치를 보고하도록 했다. 하지만 한국 정부는 아직도 그림을 돌려주거나 신학철 화백에게 적절한 보상을 하지 않고 있다.

〈모내기〉는 가로세로 130.3센티미터, 160.2센티미터 크기의 캔버스에 유화물감으로 그린 그림이다. 1986년 7월 20일경 그리기 시작해 잠시 중단했다가 1987년 6월경 다시 그려 8월 10일 완성했다. 신학철 화백은 〈모내기〉를 민족미술협의회 주최의 제2회 통일전에 출품했고, 민족미술협의회가 발행한 1989년도 달력에 실렸다. 인천의 한 재야 청년 단체가 이 그림으로 부채로 만든 것이 해당 단체를 수사하던 서울시경 대공과에 압수되면서 문제가 되었다. 검찰은 〈모내기〉가 북한을 찬양했다며 그림을 압수하고 신학철 화백을 국가보안법 위반으로 구속했다.

그림은 하단의 써레질하는 모습과 상단의 추수하는 모습으로 구성되어 있다. 그 위에는 산이 그려져 있다. 검찰은 하단의 철조망, 미사일, 탱크, 코카콜라, 람보 등을 써레로 밀어내는 모습은 외세에 의해 힘겨워하는 남한을, 상단의 여럿이 둘러앉아 음식을 나누는 모습은 북한의 풍요로움을 상징한다고 주장했다. 그림의 가장 위에 그려진 산은 북한에서 '혁명의 성산聖山'으로 일컫는 백두산이라 주장했다.

1심 재판부는 그림을 직접 법정에 펼쳐놓고 신학철 화백을 신문했다. 그런데 증거물로 제출된 그림은 큰 천을 개듯 여러 겹으로 포개진 채 보관되어 있었다. 이를 본 민족미술협의회 회원들은 "어떻게 예술 작품을 저렇게 보관할 수 있느냐"며 항의했다. 판사는 〈모내기〉를 한 부분씩 가리키며 신학철 화백에게 질문했다.

"이 작품이 피고가 그린 〈모내기〉 그림 맞습니까?"

"예, 맞습니다."

"그림에 있는 것을 하나씩 묻겠습니다. 맨 아래쪽에 그려진 것은 무엇입니까?"

"모내기를 하기 위해 써레질하는 것입니다."

"그러니까 통일에 방해되는 것을 제거하는 거지요. 무엇을 그렸습니까?"

"철조망, 미사일, 탱크, 코카콜라, 람보……그런 겁니다."

"람보가 왜 통일에 방해가 됩니까?"

"외세는 통일에 방해가 된다고 생각했습니다."

"좋습니다. 그러면 그 위에 있는 장면이 모내기하는 겁니까?"

"아닙니다. 모를 찌는 겁니다."

"모를 찌다니요?"

"모를 쩌내야(떠내야) 모를 내지요."

방청석에서는 한바탕 웃음이 터져나왔다.

"그 위는 무슨 장면입니까?"

"추수하면서 참을 먹는 겁니다."

"그 위에 그린 초가집은 김일성 생가를 그린 겁니까?"

"나는 그런 생각한 적 없습니다. 무릉도원 같은 복사꽃 핀 시골 마
을을 그렸습니다."

"그러면 화면 아래쪽, 소 뒤에 서 있는 사람은 누굽니까?"

"아, 그분요. 그분은 우리 6촌 형님입니다."

답변이 끝나자 방청객들은 법정이 떠나갈 듯 웃음을 터뜨렸다(유홍
준, 「신학철의 〈모내기〉는 잘 있는가」, 『한겨레』, 2016년 1월 28일 참조).

신학철 화백과 재판부의 신문은 신학철 화백의 순박함과 검찰

의 억지 주장만을 남기고 끝났다. 신학철 화백은 구속 3개월이 지나서야 보석으로 풀려날 수 있었다. 1심 재판부는 신학철 화백에게 무죄를 선고했다. 항소심 역시 마찬가지였다. 그런데 2심 판결이 선고된 지 4년 만에 대법원은 유죄 취지로 원심을 파기했다. 결국 신학철 화백은 징역 10개월, 선고유예 2년을 선고받았고 〈모내기〉 그림은 몰수되었다.

대법원은 그림이 그려진 1986~1987년을, 남한을 미제국주의 식민지로 보고 노동자, 농민, 학생, 지식인 등이 연합해 미국을 축출하고 북한과 연방제 통일을 해야 한다고 주장하는 민족해방민중민주주의혁명론NLPDR이 득세하던 시기로 규정했다. 〈모내기〉의 상반부는 북한을 그린 것으로, 평화로운 광경으로 북한을 찬양한 것이고, 하반부는 남한을 그린 것으로 미·일 제국주의와 독재권력, 매판자본 등 통일에 저해되는 세력이 가득하며 농민으로 상징되는 민중 등 피지배계급이 이를 강제로 써레질하듯 몰아내면 38선을 삽으로 걷듯이 자연스럽게 통일된다는 내용을 그린 것이라고 해석했다(대법원 1998. 3. 13. 선고 95도117 판결). 그림과 민족해방민중민주주의혁명론을 매우 작위적으로 해석한 후 둘을 결부시켜 이적 표현물을 만들어낸 것이다.

판결 이후 신학철 화백뿐만 아니라 시민단체까지 신학철 화백에 대한 적절한 피해 보상과 〈모내기〉의 반환을 요구했다. 그러나 정

권리를 지키기 위해 싸워온 사람들

부는 대법원의 판결을 뒤집을 수는 없다며 그림의 반환을 거부했다. 심지어 UN이 '시민적 정치적 권리에 관한 국제 규약' 제19조 위반이라며 그림을 반환할 것을 결정했는데도 한국 정부는 요지부동이었다.

"그러면 화면 아래쪽, 소 뒤에 서 있는 사람은 누굽니까?"라는 판사의 질문에 "아, 그분요. 그분은 우리 6촌 형님입니다"라고 답변한 데서 볼 수 있듯이 신학철 화백은 순박한 사람이었다. 그런 그를 검찰은 국가보안법 위반 혐의로 구속했고 법원은 실형을 선고했다. 〈모내기〉는 몰수되어 창고에 갇혔다. 정부는 UN 인권이사회의 결정까지 무시하고 〈모내기〉 반환을 거부하고 있다. 물론 신학철 화백에게 사과나 보상도 하지 않고 있다. 신학철 화백 사건은 현재 진행 중이다.

신학철 화백 사건은 다른 의미로도 현재 진행 중이다. 그와 유사한 사건이 계속되었기 때문이다. 2011년 대법원은 G20 정상회담 포스터에 일명 '쥐박이' 그림을 그린 작가에게 공용 물건 손괴죄로 벌금 200만 원을 선고했다. 2015년에는 정치인 풍자를 주요 주제로 활동해온 팝 아티스트 이병하에게 벌금 10만 원의 선고유예가 내려지기도 했다. 2016년에는 정부가 문화·예술인 1만여 명을 담은 블랙리스트가 논란이 되었다. 예술의 자유는 어떠한 소재든 자유롭게 표현할 수 있을 때 보장된다. 벽에 붙은 포스터에 그림을 그렸다는 이유로 벌금을 물어야 하고 정치인을 풍자한 그림을 그렸다는 이유로 법정에 서야 한다면 학문과 예술의 자유는 요원하다.

잘못 보장된 권리가 불러온 용산 참사

헌법 제23조 제1항

모든 국민의 재산권은 보장된다. 그 내용과 한계는 법률로 정한다.

헌법 제23조 제2항

재산권의 행사는 공공복리에 적합하도록 하여야 한다.

헌법 제23조 제3항

공공필요에 의한 재산권의 수용·사용 또는 제한 및 그에 대한 보상은 법률로써
하되, 정당한 보상을 지급하여야 한다.

한국에는 유독 '신도시'라고 불리는 도시가 많다. 일산 신도시, 분당 신도시, 중동 신도시 등이 그렇다. 신도시라 불리는 지역은 1990년대 건설된 1기 계획도시들이다. 2000년대에 들어서서는 신도시 대신 '뉴타운'이라는 계획도시가 건설되기 시작했다. 시티

(신'도시')에서 타운(뉴'타운')으로 바뀐 이름에서 알 수 있듯 뉴타운은 소규모 계획도시다. 수도권에 더는 신도시처럼 거대한 아파트 단지를 건설할 부지가 없어지자 구 도심지에 재개발사업으로 소규모 아파트 단지를 건설한 것이 뉴타운이다. 신도시는 인구밀도가 적은 농촌 지역에 들어선 반면 뉴타운은 인구밀도가 높은 도심지에 들어섰다. 때문에 뉴타운은 신도시에 비해 원주민의 이전 문제로 갈등이 발생하는 경우가 많았다.

도시 재개발 절차는 법률에 규정되어 있다. 지방자치단체는 '도시·주거환경정비 기본 계획'에 따라 주거 환경이나 기반 시설이 낙후된 지역을 정비 구역으로 지정한다. 정비 구역이 지정되면 재개발 조합 설립을 위한 추진 위원회(추진위)를 구성하고 추진위는 토지 등 소유자의 4분의 3 이상과 토지 면적의 2분의 1 이상 토지 소유자의 동의를 얻어 조합을 설립한다. 조합이 설립되면 재개발 사업은 본격적으로 시작된다(도시 및 주거환경정비법 제16조 등). 주민으로 구성된 조합은 재건축에 대한 전문성이 부족하기 때문에 시공사 선정과 사업 시행 계획에 전문 업체의 도움을 받고는 한다. 이렇게 사업 시행 계획과 관리 처분 계획이 인가되면 본격적으로 철거와 착공이 시작된다.

그러나 실제 현장에서 재개발은 법률에 따라서가 아니라, 자본과 힘의 논리에 따라 이루어지고는 한다. 재개발의 주체는 주민이

권리를 지키기 위해 싸워온 사람들

아닌 건설 회사가 된다. 건설 회사는 재개발사업으로 이익을 얻고 자 마을에 들어간다. 주민을 선동해 장밋빛으로 포장된 재개발의 환상을 심어준다. 건설 회사는 부동산 소유주 몇 명을 포섭한 후 이들을 앞세워 재개발 조합 설립 추진위를 만든다. 추진위는 건설 회사의 영향력 아래 있는 정비 전문 업체의 도움을 받아 부동산 소유주들에게 재건축 동의서를 받아낸다. 부동산 소유주의 4분의 3 이상에게 동의서를 받으면 재개발 조합이 설립되고 재건축이 진행된다.

재개발 조합이 설립되면 본격적인 이주와 철거가 진행된다. 용역 업체의 폭력 행위는 대부분 이 과정에서 발생한다. 부동산 소유주들은 재개발만 하면 부동산 가격이 크게 오를 것이라는 희망에 부풀어 있다. 재개발 조합까지 설립된 마당에 더는 재개발에 반대할 이유도 없다. 하지만 세입자들은 상황이 다르다. 세입자들은 약간의 이주 보상비 정도만 받는데, 그 돈으로 새로운 터전을 마련하기는 쉽지 않다. 특히 상가 세입자는 오랫동안 마을에서 작은 가게를 운영해온 경우가 대부분이다. 이들에게 다른 지역으로 가는 것은 영업 기반을 송두리째 버리라는 것과 같다. 그렇기에 세입자들은 순순히 삶의 터전을 내어주려 하지 않는다. 이주를 거부하는 세입자들은 곧 용역의 폭력과 마주하게 된다. 만약 세입자들이 용역의 폭력에 대항해 물리적으로 저항한다면 그들 앞에는 용역이 아닌 공권력이 나타난다. 2009년 1월 20일 철거민 5명과 경찰 1명이 사망하고 24명이 부상당한 용산 참사는 이러한 과정 속에서 발생했다.

2009년 1월 19일 오전 5시 33분 용산 4구역 철거민과 전국철거민연합회 회원 등 약 30여 명은 서울특별시 용산구 한강로 2가에 있는 4층짜리 남일당 상가 건물 옥상에 올라갔다. 경찰은 3개 중대 300여 명을 투입했다. 철거민들은 옥상 건물 위에 망루를 짓고 시너를 준비했다. 용역과 경찰에게 화염병과 돌을 던지며 저항했다.

1월 20일 오전 6시 12분, 경찰은 망루의 철거민들에게 물 대포를 쏘기 시작했다. 6시 45분, 경찰은 컨테이너에 경찰특공대를 태워 옥상으로 올려보냈다. 7시, 컨테이너가 옥상으로 올라가자 본격적인 진압이 시작되었다. 7시 20분, 특공대를 실은 두 번째 크레인이 옥상으로 올라갔다. 이때 3층과 4층에서 불이 났다. 옥상에 있던 망루에도 불길이 번졌다. 7시 45분, 불이 붙은 망루가 무너졌다. 옥상에는 인화성 물질인 시너가 가득했지만 경찰은 유류 화재에 아무런 대비를 하지 않았다. 경찰은 불을 끄겠다며 불길에 물 대포를 쏘아댔다. 하지만 시너에 붙은 불은 물로 끌 수 없었다. 불은 오히려 물을 타고 더욱 크게 번졌다. 불은 망루를 모두 태우고 나서야 꺼졌다. 경찰은 그곳에서 시신 6구를 수습했다.

권리를 지키기 위해 싸워온 사람들

헌법 제23조에 따르면 모든 국민의 재산권은 보장되지만, 공공복리에 적합하게 행사되어야 한다. 공공의 필요가 있을 경우 재산권은 제한될 수 있다. 재산권을 제한할 때에는 법률에 따라 정당한 보상이 이루어져야 한다. 자본주의 사회에서 재산의 형태는 현금이나 동산動産 등 다양하다. 그러나 현금이나 동산은 희소성이 없고 충분한 대체재가 있기 때문에 재산권 제한의 대상이 되는 경우는 거의 없다. 재산권이 제한되는 경우는 대부분 부동산不動産이다. 부동산은 수량이 제한되어 있고 대체재가 없기 때문이다.

사적 소유는 근대국가의 핵심 요소 중 하나다. 특히 자본주의 사회의 경제체제는 사적 소유에 기반을 두고 유지된다. 그런데 헌법이 사적 소유인 재산권을 제한할 수 있다고 선언한 이유는 무엇일까? 헌법재판소는 재산권 제한의 정당성을 자본주의의 역사에서 찾고 있다.

"봉건사회가 붕괴되고 난 후 성립한 근대 시민사회는 계몽사상 및 자연법사상과 로마법의 영향으로 모든 사람을 평등한 인격자로 관념하고 그의 이윤 추구 욕구를 바탕으로 한 자유스러운 사회활동(계약 자유)과 여러 가지 제약이나 부담이 따르지 않는 절대적인 소유권의 보장을 요구했다. 이를 배경으로 개인주의·자유주의 및 자본주의가 급속히 발달할 수 있었고 더불어 생산과 부의 비약적인 증대와 경제 번영이 이룩되었다. 그래서 근대 초기자본주의하에서의 토지소유권의 개념은 개인적 재산권으로서 타의 제약을 받지 않는 절대적 권리로서 인정되었다. 토지소유권의 불가침성, 자유성, 우월성을 의미하는 토지소유권의 절대성은 1789년 8월 27일 프랑스 인권선언 제17조의 '소유권은 신성불가침'이라는 규정으로 극명하게 표현되었다. 그러나 모든 사람을 평등한 인격자로 보고 자유로운 계약 활동과 소유권의 절대성만 보장해주면 개인적으로나 사회적으로 무궁한 발전을 기약할 수 있다는 자본주의의 이상理想은 노동을 상품으로 팔 수밖에 없는 도시 노동자나 소작민에게는 아무런 의미가 없었다. 이는 계약 자유의 미명 아래 '있는 자, 가진 자'에게 착취당해 결국에는 빈부의 격차가 현격해지고, 사회계층 간의 분화와 대립 갈등이 첨예화하는 사태에 이르게 됨에 따라 대폭 수정되기에 이르렀다. 모든 사람에게 인간으로서의 생존권을 보장해주기 위해서는 토지소유권은 이제 절대적인 것일 수가 없었고 공공의 이익 내지 공공복리의 증진을 위하여 의무를 부담하거나 제약을 수반하는 것으로 변화되었다. 토지소유권은 신성불가침의 것이 아니고 실정법상의 여러 의무와 제약을 감내하지 않으면 안 되는 것으로 되었다. 이른바, 토지공개념 이론이다. 그리하여 대부분의 현대 국가에서는 재산권의 내용과 한계를 법률로 정할 수 있도록 하고 있고, 의무를 수반하는 상대적 권리로 규정하고 있다(헌재 1989. 12. 22. 88헌가13)."

권리를 지키기 위해 싸워온 사람들

헌법재판소는 재산권을 절대적으로 보장하면 부의 편중에 따른 빈부 격차로 사회 갈등이 심해지고 노동자의 삶이 황폐해질 위험이 있다고 판단했다. 재산권의 제한은 빈부 격차 완화와 노동자의 삶의 질 개선과 같이 평등한 사회를 위해 작동되어야 한다. 이것이 헌법 제23조가 말하는 공공복리다. 하지만 현실에서 재산권 제한은 정반대의 모습으로 나타난다.

재개발사업에는 시공사, 부동산 소유자, 지역에서 살아온 주민 등 다양한 이해 당사자가 참여한다. 이들 중 건설사인 시공사와 부동산 소유자는 상대적으로 많은 재산을 가진 이들이다. 반면 세입자들은 가진 재산이 적은 경우가 대부분이다. 재산권을 직접적으로 제한하는 재개발은 헌법 제23조가 규정하듯 공공복리에 적합하게 이루어져야 한다. 하지만 오래된 건물을 부수고 고층 아파트를 짓는다고 이를 공공복리라 할 수 없다. 재개발이 공공복리가 되려면 이를 통해 주민들의 삶의 질이 나아져야 한다. 손해를 입는 이가 되도록 적어야 하며 손해는 적정하게 보상되어야 한다.

어느 지역에서 짧게는 몇 년, 길게는 수십 년 동안 삶의 터전을 이루어왔지만 부동산을 소유하지 않았다는 이유로 세입자들이 정당한 보상 없이 폭력적으로 내쫓긴다면, 그 재개발은 공공복리라 할 수 없다. 부동산을 수익의 대상으로 여기는 이들에게 재개발은 수익 사업이겠지만 지역 공동체에서 삶의 터전을 다지고 살아온 이들에게 재개발은 삶 자체를 박탈하는 재앙이다. 그렇기에 용산 철거민들은 목숨을 걸고 망루에 오를 수밖에 없었던 것이다. 하지만 재벌 시공사, 토지 소유주, 공권력은 그들을 폭력적으로 쫓아내려 했다. 하지만 세입자들은 목숨과도 같은 삶의 터전을 지키기 위해 저항했고 결국 망루의 화염 속에서 목숨을 잃었다.

용산 4구역에는 초고층 아파트가 들어섰다. 남일당 건물이 있던 예전의 모습은 흔적도 찾을 수 없다. 용산 참사 당시 경찰 최고 책임자였던 김석기는 이후 주오사카 총영사와 한국공항공사 사장을 거쳐 2016년에는 경주에서 제20대 국회의원에 당선되었다. 하지만 용산 참사 문제로 구속된 철거민들은 만기 복역을 하고야 출소할 수 있었다. 평등한 사회를 위해 작동해야 할 재산권의 제한이 한국에서 거꾸로 작동하고 있다.

권리를 지키기 위해 싸워온 사람들

청소년은 정치적 판단 능력이 없다는 꼰대에게

━━┃ 헌법 제24조 ┃━━

모든 국민은 법률이 정하는 바에 의하여 선거권을 가진다.

1980년 군사 쿠데타로 집권한 전두환은 같은 해 11월 정치풍토쇄신특별조치법을 발표했다. 사회의 부패와 혼란에 책임 있는 자들의 정치 참여를 금지하겠다는 것이 목적이었는데, 사실상 신군부 세력에 저항하는 이들의 정치 참여를 금지하는 조치였다. 정치 활동이 금지된 사람은 행정소송과 기타 불복신청이 인정되지 않았고 이 법을 어기고 정치 활동을 할 경우 5년 이하의 징역과 1,000만 원 이하의 벌금에 처해졌다. 당시 야당이던 신민당 인사들의 정치 활동은 전면 금지되었다.

정치풍토쇄신특별조치법으로 정치 활동이 금지되었던 신민당 인사들은 5년이 지난 1985년 1월 18일에야 해금될 수 있었다. 이들은 정치 활동 금지가 풀리자 신한민주당을 창당했다. 신한민주당은 창당하자마자 치러진 1985년 2월 12일 총선에서 돌풍을 일으켜 지역구와 전국구를 합쳐 84석을 얻어 제1야당으로 부상했다. 신한민주당과 재야인사들은 군사 쿠데타 이후 간선제로 선출된 전두환 대통령의 정통성 결여와 비민주성을 비판하면서 직선제 개헌을 주장했다. 개헌 논의는 1985년 7월 30일 여야 만장일치로 헌법개정특별위원회가 발족하면서 급물살을 탔다. 신한민주당이 1,000만 명 개헌 서명운동에 돌입하면서 개헌에 대한 국민의 요구는 더욱 거세졌다. 그러나 집권 여당인 민주정의당은 의원내각제를, 야당은 대통령 직선제를 주장하면서 개헌 논의는 시작부터 난관에 부딪혔다.

그러던 중 1987년 1월 14일 대학생 박종철이 치안본부 남영동 대공분실에서 조사받다 고문을 당해 사망한 사건이 발생했다. 박종철 사망 사건으로 국민의 민주화 요구가 더욱 거세지자 정권 유지에 위험을 느낀 전두환은 4월 13일 모든 개헌 논의를 금지한다는 일명 4·13 호헌 조치를 단행했다. 모든 개헌 논의를 중단하고 1988년 2월 현행 헌법(대통령 간선제)에 따라 정부를 이양하겠다는 것이었다.

전두환의 4·13 호헌 조치에 국민의 불만이 폭발했다. 한 달여 후인 5월 18일, 천주교정의구현전국사제단은 정부가 박종철 고문치사 사건을 조직적으로 은폐하려 한다며 이를 폭로했다. 이를 계기로 전국에서 호헌 철폐, 독재 타도를 외치는 민주 시위가 일어났다. 1987년 6월 항쟁이다. 결국 전두환 정권은 직선제 개헌과 민주화 조치 시행을 약속하는 6·29 선언을 발표할 수밖에 없었다. 1972년 유신헌법으로 대통령 선출이 간선제가 된 이후 15년 만에 국민이 직접 대통령을 선출할 수 있게 된 것이다.

1987년 10월 29일 개정된 현행 헌법은 1987년 6월 항쟁의 결과물이다. 헌법 부칙 제1조는 헌법의 시행일을 1988년 2월 25일로 규정하고 있고, 제2조 제2항은 헌법 시행과 동시에 대통령의 임기가 개시되도록 하고 있다. 6월 항쟁 이후 선출된 대통령인 노태우, 김영삼, 김대중, 노무현, 이명박 그리고 박근혜까지 모두 2월 25일 임기를 시작한 것은 현행 헌법 부칙에 따라 헌법의 시행일인 2월 25일에 대통령의 임기가 시작되었기 때문이다.

헌법 제68조 제1항은 후임 대통령을 선출하는 선거를 대통령 임기 만료 70일 내지 40일 전에 실시하도록 하고 있다. 이에 따라 공직선거법 제34조는 대통령 선거일을 임기 만료일 전 70일 이후 첫 번째 수요일로 규정하고 있다. 지금까지 대통령 선거를 12월에 치른 이유다. 그런데 2017년 제19대 대통령 선거는 12월이 아닌 5월에 치러졌다. 제18대 대통령인 박근혜가 임기를 채우지 못하고 탄핵되었기 때문이다. 제19대 대통령은 대통령의 자리가 비면서 선출되었기 때문에 선출과 동시에 임기가 시작되었다. 하지만 앞으로 대통령 선거는 임기 시작 두 달여 전인 3월에 치러질 것이다.

1987년 국민은 대통령 간선제를 유지하겠다는 전두환을 끌어내렸다. 30년 후 국민은 다시 민주적 정당성을 상실한 대통령을 끌어내리고 새로운 대통령을 선출했다. 모든 선거는 민심을 반영해야 하지만 특히 1987년과 2017년 대선은 국민의 손으로 만들어낸 것이기에 더욱 민심이 반영되어야 했다. 대통령 선거에서 민심은 투표로 나타난다. 박근혜를 탄핵시킨 민심은 제19대 대통령으로 문재인을 선택했다. 문재인은 당선이 확정된 직후 광화문을 찾아 시민들을 만났다. 박근혜를 끌어내린 광화문의 민심을 이어받겠다는 의미였다.

그런데 전두환의 호헌 조치를 무너뜨려 직선제를 만들고, 박근혜를 탄핵시켰는데도 이어진 대통령 선거에 참여하지 못한 이들이 있다. 청소년들이다. 헌법 제24조는 "모든 국민은 법률이 정하

는 바에 의하여 선거권을 가진다"고 규정한다. '법률이 정하는 바'
는 구체적 기준은 하위 법률에 따른다는 것이다. 이에 따라 공직선
거법 제15조는 만 19세 이상의 국민에게만 선거권을 부여하고 있
다. 만 19세 미만 청소년은 선거할 권리가 없다. 국민의 대표자를
선출하는 선거에 국민이라면 누구나 참여할 수 있는 것이 바람직
하지만, 모든 국민에게 선거권을 부여할 수는 없다. 선거는 국민을
대신해 국가를 운영할 대표자를 선택하는 것이기에 최소한의 판
단 능력이 필요하기 때문이다.

선거에 필요한 판단 능력은 어떻게 결정할 수 있을까? 지능지수
와 같은 정신 능력을 기준으로 고려해볼 수 있다. 그러나 지능지수
가 개인의 판단 능력을 정확히 나타내준다는 보장이 없고, 설령 정
확한 분석이 가능하다고 해도 어느 수준부터 선거에 참여할 수 있
는지 객관적 기준을 설정하는 것은 불가능하다. 게다가 자칫 지적
수준으로 국민을 분류하고 정치 참여를 제한함으로써 차별하게
될 위험성도 있다.

다음으로 현행과 같은 연령을 고려해볼 수 있다. 같은 나이라 하
더라도 모두 판단 능력이 동일한 것은 아니다. 선거 능력을 부여할
객관적인 연령 기준을 설정할 수 없다는 점에서는 지능지수와 같
은 문제가 있다. 다만 연령은 1년 단위 시간의 흐름에 따라 정확히
측정할 수 있기 때문에 객관적인 기준이 될 수 있다. 연령에 따른

선거권 부여도 완전한 정당성을 확보할 수는 없으나, 고려할 수 있는 방법 중 가장 객관적인 기준이 될 수 있기 때문에 대부분의 국가에서 연령을 선거권 부여의 기준으로 삼고 있다.

그런데 과연 몇 세부터 선거권을 부여하는 것이 올바를까? 연령이 시간의 흐름에 따른 객관적 기준은 될 수 있지만, 개인의 능력에 대한 객관적 기준은 될 수 없기에 선거권을 인정받을 수 있는 객관적 기준으로서 연령은 존재할 수 없다. 따라서 선거 연령은 온전히 사회적 합의에 의지할 수밖에 없다. 그것이 한국에서는 만 19세인 것이다.

대한민국 선거인 연령은 1948년 건국 당시 만 21세였으며 1960년 당시 민법상 성인이었던 만 20세로 낮추어졌다. 이는 다시 2005년 6월 공직선거법 개정으로 만 19세로 하향 조정되어 현재까지 유지되고 있다. 하지만 만 19세인 선거 연령이 지나치게 높다는 문제는 꾸준히 제기되고 있다. 다른 나라의 사례를 살펴보면 민주주의의 역사가 긴, 소위 선진국의 선거인 연령은 모두 만 18세 이하다. 심지어 오스트리아, 브라질 등은 만 16세까지 선거권을 인정하고 있다.

제19대 대통령 선거를 계기로 청소년 선거권 논의가 활발해졌다. 그러나 정작 법을 개정해 선거 연령을 낮출 권한이 있는 국회의원들은 선거 연령을 낮추는 것이 자신의 득표에 도움이 될지 여

권리를 지키기 위해 싸워온 사람들

부만 계산하고 있는 것 같다. 박근혜 탄핵을 요구한 2016년 11월 19일, 제4차 범국민 행동 시민 발언대에 오른 여고생은 "오늘은 알바비 7만 원을 포기하고 왕복 버스비를 내고 이곳에 왔다"며 자신을 소개하고, "어른들이 항상 말하잖아요. 너희들이 정치적 책임이 있냐고. 자신들이 뽑은 대통령이 나라의 주인을 농락하는 것을 주머니에 손 꽂고 구경하는 것이 어른들의 정치적 책임이라면 저는 어른이 되는 걸 포기하겠습니다"며 청소년들을 어린이 취급하는 어른들의 정치적 무능을 비판하기도 했다. 아르바이트비를 포기하면서까지 잘못된 나라를 바로잡고자 차비를 들여 광장에 나온 청소년에게 과연 선거에 참여하기 어리다고 할 수 있을까?

10월 20일은 학생의 날이다. 학생의 날은 일제강점기에 고등학생이 중심이 되어 일제에 항거한 광주학생항일운동이 기원이다. 3·1 운동의 상징인 유관순 열사는 당시 16세였다. 4·19 민주혁명은 대학생들의 소극적 저항에 반발한 고등학생들의 민주화 운동이 계기가 되었고, 1980년 광주민주화운동과 1986년 6월 항쟁 때도 수많은 고등학생이 거리에서 독재 정권에 항거했다. 과연 정치적 판단 능력이 부족하다며 청소년의 선거권을 부정하는 것이 정당한지 진지하게 고민해보아야 할 것이다.

'똑똑한' 공무원이 많아지면
우리 삶이 나아질까?

헌법은 "법률이 정하는 바에 의하여"라는 문구를 자주 사용한다. 이 문구가 들어간 조항은 제2조 국가의 재외국민 보호 의무, 제24조 선거권, 제26조 청원권, 제28조 국가보상청구권, 제29조 국가배상청구권, 제31조 의무교육의 범위, 제39조 국방의 의무 등

10여 개가 넘는다. 제25조 역시 공무담임권을 규정하면서 같은 문구를 사용한다.

헌법이 "법률이 정하는 바에 의하여"를 즐겨 사용하는 이유는, 몇몇 권리는 국민 모두에게 보편적으로 보장해줄 수 없기 때문이다. 공무담임권이 대표적인데, 공무담임권은 공무원이 될 수 있는 권리 정도로 해석할 수 있다. 하지만 "모든 국민은 공무담임권을 가진다"고 규정하면 공무원이 되고 싶어하는 모든 국민을 공무원으로 채용해야 하는 상황이 발생할 수도 있다. 하지만 공무원 수는 국가 재정과 민간 기업의 인력 수급 등 여러 요인을 고려해 결정해야 하기 때문에 헌법은 공무담임권을 "법률이 정하는 바에 의하여"라는 문구로 제한하는 것이다.

공무원은 다양한 방식으로 분류할 수 있다. 채용 방식으로 구분해보면 선출직과 임명직으로 나눌 수 있다. 대부분의 공무원은 임명직이다. 선출직은 극소수에 불과한데 대통령, 국회의원, 지방자치단체 의원 등이 해당한다. 국민의 직접선거제도를 도입한 한국에서 선출직은 국민이 선거를 통해 선출한다. 임명직은 임명권자인 대통령이나 지방자치단체장, 대법원장 등이 임명한다. 정부 부처의 장관이나 각 위원회의 위원장 등 몇몇 예외적 사례는 있지만 임명직 공무원을 대부분 시험을 통해 선발된다. 공무원 시험 준비생을 뜻하는 '공시생'은 여기서 비롯된 용어다.

공시생이라는 용어가 만들어질 정도로 많은 이가 공무원 시험을 준비하고 있다. 대기업에는 미치지 못하지만 공무원의 임금수준이 낮은 편은 아니고 특히 정년까지 보장된다는 것이 장점이다. 특히 10년만 근무해도 보장받는 공무원 연금은 노후를 걱정하는 이들에게 큰 매력이다. 반면 사기업은 몇몇 대기업을 제외하면 임금수준은 공무원보다 낮고 40대만 되어도 명예퇴직을 걱정해야 할 정도로 고용이 불안정하다. 이에 더해 퇴직하면 국민연금 외에는 노후를 보장할 마땅한 방법이 없다. 이러한 공무원의 특성이 수많은 젊은이가 몇 년씩 공무원 시험에 매진하도록 만들고 있다.

하지만 오늘날 공무원 시험 풍경은 헌법이 공무담임권을 규정한 취지와 크게 어긋난다. 헌법이 국민에게 공무담임권을 부여한 이유는 국가의 사무事務는 자신이 속한 공동체의 사무로 국민은 이에 참여할 권리가 있기 때문이다. 국가의 사무 중에는 국방과 같이 모든 국민이 의무적으로 참여해야 하는 사무도 있지만, 행정 업무와 같이 의무적으로 참여할 필요가 없는 것도 있다. 하지만 의무적으로 참여할 필요가 없다고 하더라도 자신이 속한 공동체의 사무에 참여할 권리까지 없는 것은 아니다. 그래서 모든 국민에게 공무담임권이 부여된 것이다. 다만 공무원의 수가 한정되어 있기에 법률로 참여의 범위를 제한할 뿐이다.

오늘날 공무원은 몇 년씩 시험공부에 매진해야만 합격할 수 있다. 5급 이상 고위직 공무원은 소위 명문대 출신이 장악하고 있고, 3급 이상 고위직 공무원은 해외 학위 소지자도 많다. 공무원이 점차 엘리트 집단으로 변해가고 있는 것이다. 국민은 누구나 공무公務에 참여할 권리가 있다. 물론 고도의 정책적 결정 능력이 필요한 몇몇 직책은 그에 맞는 특별한 능력이 있어야 한다. 하지만 그 외의 직책은 업무를 수행할 수 있는 최소한의 능력만 있다면 누구나 참여할 수 있어야 한다. 그러나 지금처럼 공무원이 엘리트 집단화되어가는 현상은 소수의 국민만 공무에 참여할 수 있고 대다수 국민은 공무에 배제되는 현상을 만들고 있다.

공무원 집단이 엘리트화되는 이유 중 첫 번째는 공무원 수가 적기 때문이다. 한국의 전체 취업자 중 공공 영역의 비율은 약 9퍼센트 정도다. OECD 평균인 21퍼센트의 절반에도 미치지 못한다. 실업률 대책이 논의될 때면 공공 영역의 일자리 창출이 빠지지 않고 등장하는 이유도 여기에 있다. 공무원이 되고자 하는 사람은 많은 반면, 채용 규모는 작으니 당연히 경쟁이 치열해질 수밖에 없다. 그리고 치열한 경쟁에서 승리한 사람만 공무원이 될 수 있다 보니 공무원 조직이 점차 엘리트로 채워지는 것이다.

하지만 공무원 조직 엘리트화의 더 큰 이유는 사적 영역의 고용 불안정이다. '사오정', '오륙도'라는 말이 있다. 45세 정년, 56세까지 직장에 다니면 도둑놈이라는 뜻이다. 민간 기업에서는 40세만

되어도 명예퇴직을 걱정해야 하고, 50대 중반까지 직장에서 살아남는 것은 거의 불가능한 현실을 반영한 용어다. 하지만 이제는 사오정, 오륙도도 선택받은 이들이라는 말이 나온다. 청년들 사이에서는 '이생망'이라는 말이 널리 사용되고 있다. 이생망은 '이번 생은 망했다'는 뜻이다.

요즘 학생들은 태어나기도 전에 영어 유치원에 등록하고 초등학교와 중학교에서는 특목고 입시를 준비하고, 고등학교에서는 명문대 입시를 준비한다고 한다. 태어나는 것과 동시에 시작된 20년의 노력 끝에 명문대에 입학한다고 해도 끝이 아니다. 학점 관리에 매진하면서도 각종 경진 대회 실적을 만들어야 하고, 졸업하기 전에 외국으로 어학연수나 교환학생도 다녀와야 한다. 만약 부모가 부유하지 않다면 이 모든 일을 학비를 마련하기 위한 아르바이트와 병행해야 한다. 이렇게 정신없이 대학 생활을 보내고 나도 형편없이 낮은 취업률에 좌절해야 한다. 운이 좋게 취업한다고 해도 대부분의 일자리는 비정규직이다. 이러한 현실 속에서 이제 갓 20세를 넘긴 청년들의 입에서 "이번 생은 망했어"라는 말이 나오고 있다. 그러니 그들에게 적정한 급여에 정년이 보장되고 퇴직 후에는 연금까지 받을 수 있는 공무원은 '신의 직장'이나 다름없는 것이다. 공무원 시험의 경쟁률이 높은 것은 당연하다.

공무원 시험의 경쟁률이 시간이 지날수록 높아지는 것은 한국

권리를 지키기 위해 싸워온 사람들

사회의 왜곡된 현실이 반영된 결과다. 그리고 치열한 공무원 시험은 절대다수의 국민을 공무담임권에서 배제하고 있다. 국가란 평범한 국민으로 구성된 집단이다. 그렇다면 공무 역시 평범한 국민에 의해 이루어져야 한다. 엘리트가 공무를 독점한다면 국민과의 괴리가 발생할 수밖에 없다.

헌법은 법률로 제한하기는 했지만 모든 국민에게 공무담임권을 부여했다. 공무원 조직의 엘리트화를 해소하고 공무를 다시 평범한 국민의 손에 돌려주어야 한다. 그러기 위해서는 사오정, 오륙도, 이생망 등으로 표현되는 사회의 근본적인 문제를 먼저 해결해야 할 것이다.

전봇대를 뽑아놓고
호들갑 떤 정부

정치인들은 선거기간 동안 자신의 정치적 신념과 비전을 제시
해 표를 얻는다. 그들이 제시하는 비전은 주로 어떠한 정책이나 사
업을 실행하겠다는 약속이다. 정치인들이 선거기간 비전을 제시하
는 행위를 공적인 약속이라는 의미에서 공변될 공公 자를 사용해

공약公約이라고 한다. 그런데 막상 당선되고 나면 선거기간 제시한 공약은 좀처럼 지키지 않는다. 때문에 정치인들의 공약을 지키지 않는 헛된 약속이라는 의미에서 빌 공空 자를 사용해 공약空約이라고 칭하기도 한다. 얼마나 헛된 약속이었는지는 역대 대통령들의 공약을 살펴보면 쉽게 알 수 있다.

김영삼 전 대통령의 핵심 공약은 물가 상승률 3퍼센트와 한 자릿수 금리였다. 그러나 재임 기간 평균 물가 상승률은 5퍼센트였고 금리는 12.9퍼센트에 달했다. 이에 더해 김영삼 전 대통령은 IMF 외환 위기 사태라는 책임까지 떠안아야 했다. 김대중 전 대통령의 핵심 공약은 물가 상승률 3퍼센트, 금리 7퍼센트였다. 그러나 김대중 전 대통령의 재임 기간 평균 물가 상승률은 3.5퍼센트였고 금리는 9.4퍼센트에 달했다. 노무현 전 대통령은 연 7퍼센트의 경제 성장률과 일자리 250만 개 등의 공약을 제시했다. 하지만 노무현 전 대통령 역시 4.2퍼센트의 경제성장률과 100만 개가 조금 넘는 일자리 창출에 그치고 말았다.

이명박 전 대통령은 공약空約이 될 공약公約을 남발했다. 747 성장은 이명박 전 대통령의 상징과도 같은 공약이었다. 747은 7퍼센트의 경제 성장, 국민소득 4만 달러, 세계 7위 경제 대국 건설을 뜻했다. 그러나 대다수 전문가는 747 성장을 실현 가능성이 전혀 없는 공약으로 평가했다. 때문에 7퍼센트 실업률, 4퍼센트 경제 성장, 그리고 세계 70위 경제 소국을 말하는 것 아니냐고 비아냥거리기까지 했다. 747 공약은 결과를 굳이 언급할 필요도 없을 정도로 처참히 실패했다. 박근혜 전 대통령의 핵심 공약은 기초 연금이었다. 하지만 박근혜 전 대통령은 당선 후 "대통령 후보 당시 내세웠던 기초 연금 공약이 정부 예산 차질로 입장을 고수할 수 없게되었다"며 스스로 공약을 파기해버렸다.

한국 매니페스토실천본부는 정치인의 공약을 분석하고 임기가 끝나면 공약 완료율을 조사한다. 2015년에는 제19대 국회의원 공약 이행 결과를 발표했는데 공약 이행 수치는 매우 낮았다. 국정 공약의 완료율은 38.93퍼센트였고 지역 공약 완료율은 40.55퍼센트로 국정 공약보다 약간 높았다. 특히 재·보선 의원의 공약 완료율은 24.66퍼센트에 불과해 공약 4건 중 1건만 완료한 꼴이었다. 그나마 지역 공약 완료율이 40퍼센트를 넘긴 것은 지역 사업이 지역구 유권자의 표심에 직접적 영향을 미치기 때문이었을 것이다.

공약空約은 한국 정치를 오래 경험해온 국민의 정치적 냉소를 반영하는 용어다. 그런데 이러한 현상은 비단 한국만의 문제는 아닌 것 같다. 18세기 프랑스 사상가 장자크 루소Jean-Jacques Rousseau는 현대 대의민주주의를 "투표를 할 때만 주인이 되고 선거만 끝나면 노예로 돌아가는 제도"라고 혹평했다. 선거기간에는 국민을 섬길 듯 행동하지만 막상 선거가 끝나면 국민 위에 군림하려는 정치인의 행태를 비판한 것이다.

공약空約은 민주주의를 심각하게 위협하는 행위다. 대의민주주의에서는 국민의 대표자를 선출해 입법부를 구성한다. 국민이 직접 국정에 참여하는 것이 아니기 때문에 대표자는 자신을 선출해준 국민의 의견을 충실히 대변해야 하고, 국민은 대표자가 자신의 의견을 반영해 행동할 것이라 신뢰해야 한다. 대의민주주의의 핵심은 대표자와 국민 간 신뢰다. 하지만 정치인의 약속을 공약空約이라 칭하는 순간 대표자와 국민 간 신뢰는 존재할 수 없다. 대의민주주의의 근간이 부정되기 때문이다.

따라서 민주주의가 바르게 작동하기 위해서는 대표자를 견제하는 장치가 필요하다. 매니페스토실천본부처럼 정치인의 공약 완료율을 조사해서 유권자들이 선거에 참조할 수 있도록 하는 것은 정치인을 견제하는 좋은 방법 중 하나다. 좀더 적극적인 방법으로는 유권자의 신뢰를 잃은 정치인에게 국민의 대표자 권리를 박탈하는 국민소환제 도입을 고려할 수 있다.

하지만 대표자를 통한 간접적 정치 참여만으로는 국민의 권익을 보호하는 데는 한계가 있다. 국민이 직접 의사를 표시하고, 원하는 바를 직접 국가에 요구하는 통로가 필요하다. 청원 제도는 국민이 국가에 직접 요구를 전달하는 것으로, 대의민주주의에서 국민이 모든 권한을 대표자에게 위임한 채 나약한 존재로 전락할 위험을 방지해주는 중요한 제도다.

헌법 제26조 제1항은 국민이 국가에 청원할 권리를 규정하고 있다. 그렇지만 모든 청원을 들어줄 수는 없다. 국민 간 이익이 상충하는 청원은 한쪽의 요구를 들어주기 위해 다른 이들의 권리를 침해할 수도 있기 때문이다. 청원 중에는 사익만 추구하는 청원도 있다. 때문에 헌법 제26조 제2항은 국가에 청원 심사 의무만 부여한다. 국민의 청원이 있으면 실현 불가능한 것이라도 심사는 해야 한다는 것이다. 이에 더해 청원을 수리하지 않을 때는 그 사유를 명시해 청원인에게 통지하도록 규정하고 있다(청원법 제5조 제2항).

그러나 청원 제도 또한 국민이 적극적으로 이용하고 행동하지 않으면, 국민의 권익을 보장해주지 못한다. 매번 선거를 통해 새로운 대통령을 선출하고 새로운 정권이 출범하면 정부는 대대적으로 국민의 의견을 수렴하는 행사를 연다. 이명박 전 대통령이 당선인 시절 전봇대 때문에 물류 운송에 어려움이 있다는 대불산업단지의 민원을 듣고 즉각 조치를 지시한 것이 대표적이다. 당선인이 지시하자 비 오는 날인데도 이틀 만에 전봇대 공사가 이루어졌다. 이명박 정부는 전 정권 5년 동안 하지 못한 일은 이틀 만에 해냈다며 대대적으로 홍보했다. 하지만 실상은 600여 개의 전봇대 중 하나만 철거하고 다른 하나는 3미터가량 옮긴 것에 불과했다. 게다가 이미 공단 내 전봇대가 문제 되어 모든 전봇대를 철거하고 전선을 지중화地中化하는 계획이 진행 중이었다고 한다. 땅속에 묻을 전봇대를 뽑아놓고 민원을 해결했다며 호들갑을 떨었던 것이다.

공약公約이 공약空約으로 전락하듯, 청원 역시 원래 의미를 잃고 국민의 눈과 귀를 가리는 정치적 행사로 전락할 위험이 있다. 결국 청원이든 공약이든 국민의 적극적인 정치 참여가 바탕이 되어야만 국민의 권익을 보호하는 장치로 기능할 수 있다. 전봇대를 뽑아야 하는지 땅에 묻어야 하는지 정확히 파악한 후 청원을 해야 하고 뽑아야 한다면 제대로 뽑았는지 결과를 감시해야 청원 제도가 올바르게 작동할 수 있다.

사법부를
믿지 못하는 이유

┨ 헌법 제27조 제1항 ┠

모든 국민은 헌법과 법률이 정한 법관에 의하여 법률에 의한 재판을 받을 권리
를 가진다.

제14대 대법원장을 지낸 이용훈은 대법원장으로 있으면서 재판
절차에 다양한 변화를 모색했다. 모든 심증心證은 공판 절차 과정에
서 형성되어야 한다는 공판중심주의 확립과 국민참여재판 도입은
이용훈 대법원장의 대표적인 업적이다.

국민참여재판은 국민이 형사재판의 배심원으로 참여하는 재판을 뜻한다. 형사재판은 법관 1명으로 구성된 단독 사건과 법관 3명으로 구성된 합의부 사건으로 구분된다. 원칙적으로 모든 형사재판은 단독 사건으로 처리하지만 사형, 무기징역 또는 단기 1년 이상의 징역 또는 금고에 해당하는 중한 사건은 합의부에서 처리한다(법원조직법 제32조 제1항). 국민참여재판은 합의부 사건에만 적용된다. 다만 합의부 사건이라도 피고인이 원하지 않거나, 피해자가 원하지 않는 성폭력 범죄는 법원이 국민참여재판 배제 결정을 할 수 있다(국민의 형사재판 참여에 관한 법률 제9조). 국민참여재판은 형사사건 중에서도 일부에만 적용된다.

헌법 제27조 제1항은 국민의 재판받을 권리를 규정한다. 그런데 "헌법과 법률이 정한 법관에 의하여"라는 수식이 붙는다. 법관의 역할은 판사가 담당한다(법원조직법 제5조 제1항). 판사는 검사나 변호사 등으로 10년 이상 경력을 갖춘 사람 중에서 임용한다(법원조직법 제42조 제2항). 결국 검사나 변호사 등 법조인만 판사에 임용될 수 있는 것이다. 그런데 여기서 한 가지 의문을 제기할 수 있다. 판사는 재판을 주관하고 결론을 내리는 역할을 하는데, 이러한 역할을 법조인에게만 맡겨야 하는지에 대한 의문이다.

사법시험이 폐지되면서 사법연수원 수료와 동시에 판사에 임용하던 신규법관제도가 없어지고 경력 법조인 중 판사를 임용하는 경력법관제도가 도입되었다. 경력 법관은 대부분 로스쿨을 매우 우수한 성적으로 졸업한 후 검사나 로클러크law clerk(재판 연구원) 또는 대형 로펌에서 일한 소위 엘리트 법조인 중에서 선발한다. 물론 로스쿨에 입학하기 위해서는 우수한 학부 성적과 영어 시험 점수, 법학 적성 시험 성적 등이 요구된다. 결국 판사는 우수한 성적으로 로스쿨에 입학하고, 우수한 성적으로 졸업한 이후, 엘리트 법조인으로 경력을 쌓은 이들로 구성된다.

그런데 늘 공부를 잘해온 엘리트들로 구성된 사법부가 과연 국민 정서와 일치한 판결을 내릴 수 있느냐는 의문이 생긴다. 재판은 법리에 따라 진행되지만 법리가 국민의 정서와 동떨어져서도 안 되기 때문이다. 간혹 법리에 매몰된 나머지 생계형 범죄인데도 상습절도로 규정해 과도한 형량을 선고하거나, 죄질이 나쁜데도 낮은 형량을 선고하는 경우가 있다. 권력형 비리 사건에 무죄가 선고되거나 영장 청구가 기각되는 경우도 있다. 기업에 헐값으로 주식을 양도받아 100억 원이 넘는 차액을 얻었는데도 무죄가 선고된 진경준 검사장 사건이나 최순실 국정 농단 사건에서 우병우 전 청와대 민정수석과 최순실의 딸 정유라에 대한 영장이 연이어 기각된 경우 등이 그렇다. 이러한 판결이 있을 때마다 국민은 사법부를 비난하고, 권력과 유착되지 않았나 의심한다. 실제로 OECD의 2014년 조사에 따르면 한국의 사법부 신뢰도는 겨우 27퍼센트로

42개국 중 39위였다. 1위인 덴마크의 83퍼센트에 비하면 3분의
1 수준이다.

법관이 엘리트들로 구성된 것은 한국 사법부의 신뢰도가 낮은
이유 중 하나다. 법관을 법조인만이 아닌 다양한 직군에서 선발한
다면 국민의 정서와 사법부의 판결 간 괴리를 줄일 수 있을 것이
다. 다양한 사람이 법관이 될 수 없다면 국민이 재판에 직접 참여
하는 국민참여재판으로 국민 정서를 재판에 반영하는 방법도 고
려할 수 있다. 하지만 한국의 국민참여재판이 이와 같은 기능을 하
기에는 근본적인 한계가 있다.

미국은 국민참여재판이 매우 발달한 나라다. 미국의 사법부 신
뢰도는 59퍼센트로 OECD 평균(54퍼센트) 정도지만 한국보다 2배
이상 높다. 미국은 한국과 달리 민사소송과 형사소송에 모두 국민
참여재판이 적용된다. 이에 더해 국민참여재판으로 참여한 배심원
에게는 피고인의 유·무죄를 직접 판단할 권한이 있다. 판사는 배
심원이 피고를 유죄로 판단하면 형량을 결정하는 역할을 한다. 미
국의 국민참여재판에서 배심원들은 재판의 결과에 실질적인 영향
을 미친다.

반면 한국은 앞서 살펴보았듯 형사소송 중에서도 일부에만 국
민참여재판이 적용된다. 배심원에게는 사건에 관해 사실의 인정,
법령의 적용과 형의 양정에 관한 의견을 제시할 권한 밖에 주어지

지 않는다(국민의 형사재판 참여에 관한 법률 제12조 제1항). 재판부는 얼마든지 배심원의 평결 결과와 다른 판결을 선고할 수 있다. 법관이 배심원의 평결과 다른 판결을 선고할 때에는 판결서에 그 이유를 기재하기만 하면 된다(국민의 형사재판 참여에 관한 법률 제49조 제2항). 결국 한국의 국민참여재판에서 배심원은 재판 결과에 실질적인 영향을 미칠 수 없다.

헌법에 따라 재판은 법관이 담당하며 법률에 따라 법관은 판사만 될 수 있다. 하지만 재판을 판사가 독점할 이유는 없다. 재판이 국민의 감정에 휘둘려서는 안 되지만, 국민 정서와 동떨어져도 안 되기 때문이다. 물론 재판은 국가의 근본 규율을 판단·적용하는 절차이며 때로는 한 사람의 운명을 좌지우지하기도 한다. 그렇기에 고도로 훈련된 사람이 진행할 필요가 있다. 하지만 그렇다면 국민참여재판의 범위를 넓히고 배심원의 권한을 강화시켜 재판에 국민이 더 참여할 수 있게 해야 하지 않을까? 국민 4명 중 1명만 신뢰하는 사법부의 판단을 국민에게 따르라고 강요한다면 이는 국가에 의한 또 다른 폭력이 될 수도 있다.

권리를 지키기 위해 싸워온 사람들

룸살롱 고발이
죄가 되다니

━━━━━━━━━━┃ 헌법 제27조 제2항 ┃━━━━━━━━━━

군인 또는 군무원이 아닌 국민은 대한민국의 영역안에서는 중대한 군사상 기밀·초병·초소·유독음식물공급·포로·군용물에 관한 죄중 법률이 정한 경우와 비상계엄이 선포된 경우를 제외하고는 군사법원의 재판을 받지 아니한다.

충청남도 계룡시 신도안면에는 계룡대라는 군사시설이 있다. 육군·해군·공군의 본부가 모여 있는 통합 기지다. 1989년 7월 육군본부와 공군본부가 이전한 후 1993년 6월 해군본부가 이전하면서 3군 통합 기지가 되었다. 육·해·공군 참모총장이 모여 있는 곳으로 고위 군인이 대거 근무하고 있다. 그러한 만큼 규모와 시설도 상당한데, 30제곱킬로미터에 달하는 면적에 군사시설 외에 백화점, 은행, 병원, 골프장 등 각종 복지·편의 시설이 입주해 있다. 이외에도 군 간부를 위한 특수 시설이 운영되고 있었는데 여성 접대부를 고용해 운영한 주점, 룸살롱이 그것이다.

계룡대는 설립 초기인 1990년부터 2007년까지 무려 17년 동안이나 룸살롱을 운영해왔다. 여느 룸살롱과 마찬가지로 여성 접대부가 남성 고객을 응대해왔다. 군인이 아닌 민간인이 계룡대에 거주할 수 없기 때문에 여성 접대부는 매일 저녁 주점 사장의 차를 타고 대전 등 인근에서 계룡대에 들어와 영업하고 다음 날 계룡대를 빠져나가는 식으로 출퇴근했다. 룸살롱은 많을 때는 3개까지 운영되었고, 2007년에는 2개가 운영되고 있었다.

계룡대가 룸살롱을 운영한다는 사실은 MBC 김세의 기자의 단독 보도로 알려졌다. 2007년, 김세의 기자는 계룡대가 룸살롱을 운영한다는 제보를 입수했다. 김세의 기자는 계룡대 룸살롱을 확인하고자 했지만, 국방부는 군 시설에 대한 취재를 강하게 통제하고 있었다. 민간인 신분인 김세의 기자가 계룡대에 들어가는 것은 쉬운 일이 아니었다. 게다가 룸살롱은 군 간부만 출입할 수 있었다.

김세의 기자는 공군 중위로 계룡대에 근무 중인 후배에게 출입증을 구했다. 출입증을 구한 김세의 기자는 계룡대에 들어가 룸살

룡을 취재했다. 카메라에는 군 장성들이 룸살롱에 들어가는 모습과 술에 취해 비틀거리며 걸어 나오는 모습, 그들을 접대한 여성들의 증언이 고스란히 담겼다. 보도가 나가자 국방부는 발칵 뒤집혔다. 계룡대는 즉각 룸살롱을 폐쇄했다. 계룡대 룸살롱 문제는 국방부와 계룡대의 즉각적인 조치로 마무리되는 것 같았다. 그런데 문제는 의외의 방향으로 흘러갔다. 군 검찰이 김세의 기자를 초소침범죄와 군사기밀유출죄 혐의로 입건한 것이다.

군 검찰은 김 기자를 1년가량 수사한 후 기소했다. 헌법 제27조 제2항은 "군인 또는 군무원이 아닌 국민은 대한민국의 영역 안에서는 중대한 군사상 기밀·초병·초소·유독음식물공급·포로·군용물에 관한 죄 중 법률이 정한 경우와 비상계엄이 선포된 경우를 제외하고는 군사법원의 재판을 받지 아니한다"고 규정해 민간인도 군사재판을 받을 가능성을 열어두었다. 이에 따라 군형법은 민간인이 군형법을 적용받는 경우를 규정하고 있는데, 초소침범죄는 그중 하나다(군형법 제1조 제4항). 초소침범죄라는 군형법이 적용된 김세의 기자는 군사법원에서 재판을 받아야 했다.

수사는 1년이 넘도록 지지부진했지만 재판은 일사천리로 진행되었다. 오후 2시에 시작된 공판은 중간 휴정 시간을 갖고 오후 3시가 조금 넘어 선고까지 이루어졌다. 모든 재판 과정이 1시간 남짓 만에 끝난 것이다. 법원은 김세의 기자에게 징역 1년에 집행유예 2년의 실형을 선고했다. 김세의 기자는 항소했지만 고등군사 법원 역시 유죄를 선고했다. 김세의 기자는 상고했다.

군사법원은 지방법원(1심)에 해당하는 보통군사법원과 고등법 원(2심)에 해당하는 고등군사법원으로 구성된다. 상고심(3심) 법원 은 군에 설치되어 있지 않아 대법원에서 심리한다. 때문에 김세의 기자의 상고심은 대법원에서 진행되었다. 그러나 대법원 역시 김 세의 기자에게 유죄를 선고해 실형이 확정되었다.

군사법원은 일반 법원과 전혀 다른 곳이다. 가장 큰 차이는 판사 와 검사가 모두 군법무관 중에서 선발된다는 것이다. 판사는 사법 부에 소속되고 검사는 법무부에 소속되어 상호 견제할 수 있는 일 반 재판과 달리, 군사법원은 판사와 검사의 소속이 동일하다. 군사 법원에서 검사와 판사 간 상호 견제가 어려운 데다, 군법무관은 군 인 신분으로 군의 지휘를 받는다. 그리고 군사법원에는 군사령관 이나 국방부 장관이 담당하는 관할관 제도가 있다. 관할관은 선고 된 형량을 직권으로 감형할 수 있는 권한이 있다. 법원의 판결을 사령관이나 국방부 장관이 변경할 수 있다. 군사법원의 특이성은 전시라는 특수한 상황, 군대라는 특수성에 기인한 것이다.

이러한 군사법원에 대한 비판은 끊임없이 제기되어왔다. 그나마 군사법원이 군인을 대상으로 할 때는 정당성이 유지될 수 있다. 그 러나 일반인이 군사법원에서 재판을 받는다면 큰 문제가 있다. 김세의 기자는 자신이 비리를 폭로한 군이 지배하는 법원에서 재판을 받아야 했다. 재판의 공정성에 의문을 제기할 소지가 충분히 있는 것이다.

일반 법원인 대법원에서 최종 판단을 받을 수 있기 때문에 1심과 2심을 군사법원에서 심판받아도 권리침해가 발생하지는 않는다고 주장할 수도 있다. 그러나 대법원은 1심과 2심에서 판단한 사실관계에 기반을 두고 법률문제만 심판하는 법률심法律審이다. 사건의 사실관계는 1심과 2심에서 판단한다. 형사재판에서는 사실관계에 대한 다툼이 가장 중요하다. 김세의 기자는 사실관계를 군사법원에서 다투어야 했다.

김세의 기자에 대한 군사법원의 사실관계 파악에는 많은 문제가 있었다. 군 검찰이 1년이나 수사했던 사건을 군사법원은 1시간 남짓의 공판으로 끝내버렸다. 1시간의 공판은 1년이나 수사한 사실관계를 따지기에 충분한 시간이 아니다. 그만큼 사실관계가 제대로 분석되지 않았을 가능성이 크고, 이를 바탕으로 심리한 대법원의 판단도 공정하지 않았을 가능성이 크다.

군 시설에 타인의 출입증으로 무단으로 출입한 김세의 기자의 행동이 명백한 초소 침범 행위이기 때문에 군사법원에서 재판받는 것이 당연하다고 생각할 수도 있다. 그러나 군은 군 시설에 대한 취재를 거의 보장해주지 않는다. 계룡대처럼 고위 군인이 근무하는 곳은 더 그렇다. 물론 국가 안보와 밀접하게 관련된 시설은 언론에 공개하지 않을 수 있다. 그러나 룸살롱은 안보 시설도 기밀 시설도 아닌, 그저 여성 접대부를 고용한 주점일 뿐이다.

군이라는 거대 권력이 17년 동안 영내營內에서 룸살롱을 운영해 왔다. 민간인 접대부까지 동원했다. 하지만 군사시설이라는 이유로 이를 취재할 수 없었다. 언론은 권력이 저지르는 비리를 밝혀 국민에게 알릴 의무가 있다. 언론의 취재권은 국민의 알 권리를 위해 반드시 보장되어야 한다. 김세의 기자의 계룡대 취재는 국민의 알 권리를 위한 정당한 취재권 행사였다.

헌법 제27조 제2항이 군사법원이 일반인을 심판할 수 있는 가능성을 열어둔 것은 일반인이 군에 관한 중대한 범죄를 저질러, 군대라는 특수성에 기반한 재판이 필요한 예외적인 경우를 염두에 둔 것이다. 안보 시설도 군사시설도 아닌 룸살롱에 잠입해 취재했다는 이유로 현직 기자를 군형법인 초소침범죄를 적용해 기소하고 실형을 선고한 군 검찰과 법원의 행위는 군대의 언론 길들이기로밖에 보이지 않는다.

4장

국가가 국민을
외면한다면

자고 일어나니
간첩이 된 사람들

헌법 제28조

형사피의자 또는 형사피고인으로서 구금되었던 자가 법률이 정하는 불기소처분을 받거나 무죄판결을 받은 때에는 법률이 정하는 바에 의하여 국가에 정당한 보상을 청구할 수 있다.

범죄가 발생하면 경찰이나 검찰 등 수사기관이 수사에 나선다. 수사 결과 범죄 혐의자가 처벌을 받을 필요성이 있다면 검사는 범죄 혐의자를 재판에 부친다. 이를 '소를 제기한다'는 의미로 기소起訴라 한다. 수사 단계에서는 범죄 혐의자를 '범죄 혐의가 의심되는 자'라는 의미에서 '피의자被疑者, suspect'라고 부르는데, 피의자는 기소를 통해 '공소 제기를 당한 자'라는 의미의 피고인被告人, accused이 된다. 피의자에서 피고인으로 전환되면서 절차도 수사에서 재판으로 넘어간다.

수사와 재판에서 범죄 혐의자는 끊임없이 자신을 방어해야 한다. 방어는 수사기관이나 법원에서 이루어질 수도 있다. 하지만 자신에게 유리한 증거를 수집하고 전문가의 도움을 받는 등 수사기관이나 법정 밖에서 준비해야 하는 것이 더 많다. 그렇기에 수사와 재판은 불구속 상태에서 이루어지는 것이 원칙이다. 범죄 혐의자가 구속되어 신체의 자유가 제한되면 자신을 방어하기 위한 준비를 제대로 할 수 없기 때문이다. 도주나 증거인멸의 우려가 있을 경우는 부득이 구속 상태에서 수사나 재판을 진행할 수 있다.

범죄 혐의자의 구속은 경찰 조사에서 10일, 검찰 조사에서 20일까지 가능하다(형사소송법 제202~205조). 이후 기소되어 재판을 받게 되면 심급審級마다 6개월까지 구속할 수 있다. 재판이 대법원까지 이어진다면 최장 18개월(6개월×3) 동안 구속이 가능한 것이다. 여기서 끝이 아니다. 대법원에서 사건이 종결되지 않고 고등법원으로 환송되면 구속 기간을 다시 6개월 연장할 수 있다. 수사 시점부터 판결 선고까지 피의자는 최장 25개월 동안 구금될 수 있다. 만약 국가보안법 사안이라면 여기에 경찰과 검찰 수사 단계에서 각 10일씩, 20일이 추가된다.

　재판의 결과 피고인에게 징역형이 선고된다면 선고 전 구금 일수는 본형에 산입算入된다. 선고된 형량이 구속 일수보다 짧으면 바로 석방되고 길면 구속 기간만큼 줄어든다. 그런데 만약 최장 25개월 20일 동안 구속될 수 있는 피고인에게 무죄가 선고된다면 억울하게 옥살이를 한 것이 된다. 그렇다면 국가는 그에 합당한 보상을 해야 한다. 헌법 제28조가 범죄 피의자에 대한 보상을 규정한 이유다.

　이에 따라 '형사보상 및 명예회복에 관한 법률' 제5조와 동법 시행령 제2조는 최저임금에 따른 일급 5배 이내에서 구금된 일수에 따라 보상금을 책정하도록 규정하고 있다. 이에 따라 계산해보면 구속 상태에서 수사와 재판을 받았을 경우 최대 1억 원이 넘는 보상금이 책정될 수 있다. 그런데 2015년 형사보상금(변호사 비용 포함)으로 이를 훌쩍 뛰어넘는, 무려 8억 3,600만 원이 책정된 사건이 발생했다(서울고등법원 2009. 11. 13. 선고 2009나50751 판결). 간첩방조혐의로 10년 동안 옥살이를 해야 했던 사건의 재심에서 법원이 무죄를 선고했기 때문이다. 수사와 재판 과정에서 구금뿐만 아니라 10년간의 본형에 대해서도 보상이 이루어진 것이다.

　분단국가인 한국은 한반도를 남과 북으로 나누는 휴전선을 사이에 두고 북한과 대치하고 있다. 육지는 높다란 철책, 삼엄한 경비, 지뢰 매설로 군사분계선을 넘기가 쉽지 않다. 하지만 동과 서, 양쪽의 바다는 철책도 휴전선도 없어 자칫 남북을 넘나들 위험이 크다. 지금은 GPS(위성항법시스템)가 발달해 어선이 자신의 정확한 위치를 확인할 수 있지만 GPS가 없던 시절에는 어부들이 월북하는 일이 종종 발생했다.

물고기 떼를 쫓아 자신도 모르게 월북하게 된 어부들은 무사히 남한으로 돌아오기도 했지만 많은 경우 북한군에 나포되었다. 그리고 나포된 어부 중 일부만이 다시 남한으로 돌아올 수 있었다. 하지만 목숨을 걸고 고향으로 돌아온 어부들은 북한에 매수되었을지도 모른다는 의심 속에 강도 높은 조사를 받아야 했고, 오랫동안 국가의 감시를 받으며 살아야 했다. 이에 그치지 않고 국가는 무고한 어촌 사람들을 조작해 간첩으로 둔갑시키기도 했다.

1974년 3월 15일 신직수 중앙정보부장은 대규모 간첩단 사건을 발표했다. 신문들은 중앙정보부의 발표를 그대로 옮겨 "울릉도 거점 간첩단 47명 검거"라는 제목으로 대서특필했다. "정부 전복 획책……10여 년간 암약", "위장 업체·서클 등 구성", "지식층·군부 침투 기도"라는 부제도 붙었다. 심지어 재판이 시작되지도 않은 피의자들의 얼굴과 인적 사항이 신문 1면에 공개되기도 했다. 중앙정보부에 따르면 이들은 울릉도에 거점을 두고 북한을 왕래하며 간첩 활동을 하고 지하망을 구축한 30명과 전라북도에 거점을 두고 일본에 유학하면서 간첩 활동을 한 17명으로 구성된 47명의 대규모 간첩단이었다.

하지만 울릉도 간첩단은 중앙정보부의 고문으로 조작된 사건이 었다. 사건이 발생한 1974년은 유신 정권에 국민의 저항이 점차 거세지던 때였다. 국면의 전환이 필요했던 중앙정보부는 대규모 간첩단 사건을 만들어 공안 정국을 조성하고자 했다. 당시 이러한 의도로 조작된 대표적인 사건이 울릉도 간첩단 사건과 민청학련 사건(2차 인혁당 사건)이었다. 두 사건 모두 중앙정보부의 고문과 가혹 행위로 조작된 것이지만, 유신 정권의 대법원은 피고인들에게 예외 없이 사형 등 중형을 선고했다.

이 사건으로 많은 이가 억울하게 죽임을 당했다. 살아남은 이도 오랜 기간 옥살이와 국가의 감시에 시달렸다. 하지만 진실은 쉽게 밝혀지지 않았다. 그만큼 고통스러운 시간도 길었다. 이성희 교수는 당시 피해자 중 하나였다. 그는 전북대학교 수의학과 부교수로 재직하며 박사 학위를 위해 일본에 유학 중이던 1967년 북한을 방문해 3박 4일간 체류한 바 있었다. 당시 김일 북한 제1부수상과 면담하기도 했다. 박정희 정권은 이성희 교수가 북한의 지령을 받고 간첩 활동을 했다며 사형을 선고했다. 이성희 교수는 국가의 미래를 위해 학자 자격으로 북한을 찾았다고 항변했지만 받아들여지지 않았다. 이성희 교수와 함께 울릉도 간첩단으로 몰렸던 전영관 등 3명은 사형이 집행되었다. 이성희 교수는 다행히 2심에서 무기징역으로 감형되었고 1991년, 17년을 복역하고 나서야 출소할 수 있었다.

이성희 교수는 2006년 진실·화해를위한과거사정리위원회(진실화해위원회)에 진실 규명을 신청했다. 진실화해위원회는 2년여의 조사 끝에 2008년 3월 11일 "재심 대상 사건에서 원고 1(이성희 교수)에 대해 불법 구금 및 가혹 행위가 이루어진 개연성이 인정되므로 피고(대한민국)는 원고 1의 피해와 명예 회복에 필요한 조치를 취하여야 한다"는 결정을 내렸다. 그리고 서울고등법원은 2009년 국가의 잘못을 인정했다.

8억 3,600만 원의 형사보상금을 받은 이는 울릉도 간첩단 사건으로 사형당한 전영관의 부인이었다. 그녀의 죄목은 간첩방조죄였다. 억울하게 남편을 잃고 자신도 오래 옥살이해야 했던 억울함이 보상금으로 풀릴 수는 없을 것이다. 하지만 재심으로 진실을 찾고 보상을 받은 경우는 극히 일부분이다.

형사보상은 국가가 행사한 폭력에 대한 최소한의 양심적 보상이다. 하지만 이 결과를 얻기는 너무나 어렵다. 울릉도 간첩단 사건 재심도 진실화해위원회가 없었다면 불가능했을 것이다. 우여곡절 끝에 재심이 진행된다고 해도 수십 년 전 사건의 무죄를 끌어내기는 상당히 어렵다. 국가가 조작해 만들어진 간첩 피해자들이 직접 뛰어 진실을 찾아야 하는 현실은 옳지 않다. 더는 국가가 덮은 진실을 피해자가 파헤치게 놔두어서는 안 된다. 이제 국가가 나서 스스로 피해자들의 명예를 회복하고 합당한 보상을 해야 한다.

일을 하지 않아도
책임지지 않는 사람들

헌법 제29조 제1항

공무원의 직무상 불법행위로 손해를 받은 국민은 법률이 정하는 바에 의하여 국가 또는 공공단체에 정당한 배상을 청구할 수 있다. 이 경우 공무원 자신의 책임은 면제되지 아니한다.

우리는 대한민국이라는 상상의 공동체에서 살아가고 있다. 대한민국을 상상의 공동체라 표현한 이유는 실체가 없기 때문이다. 한 나라를 운영하려면 수많은 손길이 필요하다. 그러나 실체가 없는 국가는 직접 일할 손이 없다. 그래서 국가는 공무원의 손을 빌려 나라를 운영한다. 공무원이 국가를 대신해서 국가의 사무를 처리하는 것이다. 때문에 공무원이 공무수행 중 저지른 잘못은 누가 책임져야 하는지 문제가 발생한다. 공무원 입장에서는 국가 사무를 대신 처리하다 발생한 것이니 국가가 책임지는 것이 맞을 것이다. 그리고 공무 중 발생한 사고의 책임을 공무원에게 지운다면 손해배상이 두려워 공무를 원활히 수행하기 어려워질 수 있다. 반면 국가의 입장에서는 공무원이 한 일을 지휘·감독할 책임은 있지만, 그 이상의 책임을 묻는다면 다소 억울할 수 있다.

지금까지 판례를 보면 공무원의 과실 정도를 구분해 이 문제를 합리적으로 해결하고 있다. 공무원의 과실 여부를 판단해 그 정도가 낮은 경우(경과실)는 국가기관의 행위로 판단해 국가가 손해를 배상하도록 하고, 공무원이 고의로 손해를 입혔거나 과실의 정도가 높다면(중과실) 공무원이 손해를 배상하도록 한 것이다(대법원 1996. 2. 15. 선고 95다38677 전원합의체 판결). 이에 더해 경과실이든 고의·중과실이든 우선 국가가 배상하고 고의·중과실일 경우 국가가 지불한 배상금을 공무원에게 청구하도록 해서 국민을 보호하고 있다. 일단 국가가 보상하고 필요하다면 해당 금액을 공무원에게 돌려받는 것이다. 그런데 이러한 공무원의 손해배상 책임에서 항상 비켜나 있는 이들이 있다. 바로 국회의원이다.

1951년 2월, 한국전쟁에서 승기를 잡아가던 국군은 중공군의 개입으로 1·4 후퇴를 해야 했다. 후방에서는 빨치산의 공세가 강해지고 있었다. 국군은 인민군과 중공군의 춘계 대공세에 대비한다며 빨치산 소탕 작전에 돌입했다. 한국 정부는 서울 수복 직전 후방 지역 빨치산 토벌 작전을 전담하기 위해 11사단을 창설해 제9연대, 제13연대, 제20연대를 배속시켰다. 국군 11사단 제9연대는 함양의 제1대대, 하동의 제2대대 그리고 거창의 제3대대가 빨치산을 토벌하면서 산청으로 집결하는 작전을 펼쳤다. 11사단 사단장이었던 최덕신은 이를 견벽청야堅壁淸野 작전이라 명했다. 견벽청야라는 작전명은 비극을 암시하고 있었다.

견벽청야는 『삼국지』에 등장하는 전술로, 여포가 서주에서 조조에게 사용한 전술이다. 여포는 조조가 쳐들어오자 들판의 곡식을 모두 수확한 후 성안으로 들어가 성벽을 철저히 지켰다. 성안에서 적군의 군량이 떨어지기를 기다린 것이다. 보급로를 차단해 적군을 물리치는 전술이다. 최덕신은 지리산 일대 주민들을 빨치산의 보급로라 여겼다.

거창 양민 학살 사건 재판 과정에서 제9연대 대장 오익경은 예하 부대장에게 하달한 작전명령(작명) 부록에서 "적의 손에 있는 사람은 전원 총살하라"고 명령해 비전투원의 살해를 용인했으며, 재판 석상에서도 "이적 행위자를 발견 시 즉결하라는 지시를 했다"고 시인했다. 그는 이적 행위자란 "적에 가담되어 아군 작전에 직접, 간접으로 (거슬리는) 행동하는 자"를 지칭한다고 설명했으며, 미수복 지대에도 양민이 있었지만 대대장에게 즉결 처분 권한을 부여한 것은 "조속한 시간 내에 공비를 완전 소탕하기 위한 것"이라고 설명했다(진실화해위원회, 함평 11사단 사건).

1951년 2월 9일 제3대대가 신원면에서 빨치산과 교전을 벌이다 양측 모두 큰 피해를 입는 사건이 발생했다. 다음 날 날이 밝자 대대장 한동석 소령은 통비분자를 색출한다며 대현리·중유리·과정리·와룡리에 있던 주민을 남김없이 과정리의 신원국민학교로 집결시켰다. 이미 빨치산 관련자는 모두 도망간 후였다. 집결된 주민은 모두 노약자나 부녀자, 어린아이였다. 군인들은 이들 가운데 군인, 경찰, 공무원 가족 일부를 가려내고 나머지는 모두 박산골로 끌고 갔다. 그리고는 사람들을 골짜기에 밀어넣고 무차별 총격을 가해 학살했다. 군인들은 산더미를 이룬 시체 위에 휘발유를 뿌려 불을 지른 뒤 돌아갔다. 1951년 2월 10일과 11일 이틀 동안 학살된 사람만 693명이었다. 이른바 거창 양민 학살 사건이다.

양민 학살이 있은 지 한 달여 후 거창 출신 국회의원이던 신중목은 신원면에서 학살당한 이들은 빨치산이 아니라 양민이었다며 국군의 양민 학살을 폭로했다. 곧 국회에서 조사단이 꾸려졌다. 그러나 당시 경남지구 계엄사령부 민사부장이던 김종원 대령은 국군 1개 소대를 공비로 위장시켜 조사단에 총격을 가하는 등 조사를 방해했다. 국군의 조직적인 조사 방해에도 국회는 재조사까지 진행해 거창 양민 학살의 진상을 밝혀냈다. 내무부·법무부·국방부 장관이 사임해야 했고 제9연대 대장 오익균 대령, 제3대대 대장 한동석 소령에게는 무기징역이, 경남지구 계엄사령관 김종원 대령에게는 3년형이 선고되었다. 그러나 이승만 정권은 얼마 지나지 않아 이들을 특별사면으로 풀어주었다. 심지어 국회 조사단에 총격을 가한 김종원은 경찰 간부로 특채되기까지 했다.

4·19 혁명으로 이승만 정권이 무너진 직후인 1960년 5월 11일 거창 양민 학살 사건 유가족 70여 명이 사건 당시 주민 성분 검사에 참관해 학살을 방관했던 면장 박영보를 생화장하는 일이 발생했다. 이를 계기로 국회는 다시 진상 조사에 나섰다. 그리고 학살이 거창뿐만 아니라 인근 지역인 함양·산청·문경·함평 등에서도 광범위하게 이루어졌다는 사실이 밝혀졌다.

국군의 양민 학살이 밝혀졌지만 그에 따른 보상이나 사과 등 후속 조치는 이루어지지 않았다. 30여 년이 지나서야 1995년 12월 '거창사건 등 관련자의 명예회복에 관한 특별조치법'이 제정되었다. 그러나 희생자와 유족에 대한 손해배상 관련 규정은 없었다. 다시 10여 년이 지난 2004년 3월 희생자와 유족에 대한 보상금, 의료 지원금, 생활 지원금 지급을 내용으로 하는 개정안이 국회에서 의결되었다. 이제야 피해에 보상이 이루어지는 듯했다. 그러나 당시 노무현 대통령의 탄핵으로 대통령 권한대행이던 고건 국무총리는 개정안에 거부권을 행사했다. 피해 보상은 다시 좌절되었다.

그러자 유가족들은 국회의원에게는 양민 학살 피해자와 유족에 대한 보상을 규정한 법률을 제정할 의무가 있는데도 이를 방기해 피해가 발생했다며 국가에 손해배상을 청구했다. 그러나 법원은 국회의원에게 양민 학살 피해자와 유족에 대한 보상을 규정한 법률을 제정할 구체적인 입법 의무가 인정되지 않는다며 유족들의 청구를 기각했다(대법원 2008. 5. 29. 선고 2004다33469 판결).

한국전쟁 전후 시기에 국군의 양민 학살이 상당히 많이 자행되었다. 국민을 보호해야 할 국가가 수많은 사람을 살해했지만 보상은 없었다. 피해자들은 이승만 정권과 이후 수십 년 이어진 군사정권에서 감히 국군의 불법행위에 손해배상을 청구할 엄두조차 낼 수 없었다. 피해자들은 숨죽이며 수십 년을 살아야 했고, 손해배상 청구권의 시효는 끝나버렸다. 국가의 잘못이 명백하고 피해자들의 손해도 명백했다. 하지만 시효가 지나 손해배상을 청구할 방도는 없었다.

남은 것은 손해배상을 규정한 특별법을 제정하는 것이 유일했다. 국회의원에게 국민의 권익을 보호할 의무가 있다면 '거창사건 등 관련자의 명예회복에 관한 특별조치법'을 개정할 입법 의무도 있어야 하는 것이 당연하다. 그리고 이 의무를 지키지 않아 국민

국가가 국민을 외면한다면

이 피해를 입었다면 응당 그에 대한 책임을 물어야 한다. 국회의원 역시 공무원이므로 피해자들은 국가를 상대로 공무상 불법행위에 대한 손해배상을 청구할 수 있는 것이다. 그러나 법원은 국회의원에게 구체적인 입법 의무가 있지 않다며 그들의 책임을 묻지 않았다.

비단 거창 양민 학살 사건뿐만이 아니다. 국회의원들이 정쟁에 빠져 입법이라는 국회 본연의 의무를 방기하는 일이 자주 일어난다. 국민과 언론은 이를 '식물 국회'라며 비난한다. 그때마다 언급되는 것이 '시급한 민생 법안'이다. 국민의 생활 안정을 위해 시급히 처리해야 하는 법안들이 국회의원 간 정쟁으로 처리되지 못해 국민이 피해를 본다는 것이다. 그러나 국회의원들은 이마저 상대당의 잘못이라며 다시 정쟁으로 끌어들이고는 한다. 이렇듯 국회의원들이 본연의 임무인 입법 활동을 하지 않아 국민이 피해를 입었다면 그에 대한 책임을 지는 것이 옳을 것이다. 헌법 제29조 제1항은 분명히 공무원의 불법행위에 대한 책임을 명기하고 있다. 국회의원의 구체적인 입법 의무를 인정하지 않은 법원의 태도는 비판받아야 한다.

2015년 '거창사건 등 관련자의 명예회복에 관한 특별조치법'의 개정안이 다시 제출되었으나 국회 법제사법위원회(법사위)에서 통과되지 못했다. 당시 법사위에서 법률안 통과를 저지한 이는

2017년 5월 19일 1심에서 의원직 상실형을 선고받은 자유한국당 김진태 의원이었다. 김진태 의원은 아직도 해당 법률안 저지를 자신의 업적 중 하나로 꼽고 있다.

군대에서 죽으면
개죽음인 이유

┃ 헌법 제29조 제2항 ┃

군인·군무원·경찰공무원 기타 법률이 정하는 자가 전투·훈련 등 직무집행과
관련하여 받은 손해에 대하여는 법률이 정하는 보상 외에 국가 또는 공공단체
에 공무원의 직무상 불법행위로 인한 배상은 청구할 수 없다.

다소 거북스러운 표현이지만 "군대에서 죽으면 개죽음"이라는
말이 있다. 군에서 발생한 사망 사건 중 진상이 밝혀지지 않은 의
문사가 많기 때문이기도 하지만 사망 사고가 일어나도 적정한 보
상을 받을 수 없다는 이유가 크다. 군대에서 죽었을 때 적정한 보

상을 받을 수 없는 것은 헌법 규정 때문이다. 헌법 제29조 제2항은 군인 등이 전투나 훈련 중 사망해도 국가를 상대로 배상을 청구할 수 없도록 규정하고 있다. 이는 매우 특이한 조항이다. 같은 조 제1항이 국가에 대한 배상청구권을 인정하고 있는데, 바로 다음 항에서 군인은 배제하기 때문이다. 포괄적이고 추상적인 사항을 규정하고 구체적이고 개별적인 사항은 하위 법률에 위임하는 헌법의 특징을 고려해보아도 군인의 배상청구권 같은 개별적 사항을 직접 헌법이 제한하는 것은 매우 이례적이다.

헌법 제29조 제2항에 따라 적정한 보상을 받지 못하는 경우는 현실에서 빈번히 발생하고 있다. 2015년 5월 13일 서울 강남의 예비군 훈련장에서는 훈련 중이던 예비군이 총기를 난사해 아수라장이 된 사건이 발생했다. 1사로(사격 구역)에서 사격을 준비 중이던 최 모 예비군은 표적을 향해 1발을 쏜 후 갑자기 일어서 1사로 부사수(다음 사격을 준비하는 사격수)와 2사로, 3사로, 5사로 예비군에게 총탄 7발을 난사했다. 그는 총기 난사 직후 9번째 총탄을 자신의 머리에 쏴 자살했다. 부상자들은 병원으로 이송되었으나 그중 박 모 예비군은 머리에 관통상을 입어 이미 현장에서 사망한 상태였다. 윤 모 예비군도 폐 등에 총상을 입어 응급수술을 받았지만 과다 출혈과 허혈성 뇌 손상으로 사망했다. 다른 2명도 폐와 얼굴에 총상을 입었다.

사건 조사 결과는 더욱 충격적이었다. 해당 예비군 훈련장에는 총 20개의 사로가 있었는데, 사고 당시 20개 사로를 모두 사용하고 있었다. 매뉴얼대로 한다면 사격 통제 요원이 각 사로마다 1명씩 배치되어야 했지만, 실제로 배치된 사격 통제 요원은 6명뿐이었다. 사격 통제 요원 6명 중 3명은 입대한 지 얼마 되지 않은 이등병이었다. 때문에 사격 통제 요원이 총기를 들고 일어나는 최 모 예비군을 즉시 제압할 수 없었던 것이다. 이에 더해 총구를 어느 정도 이상 돌릴 수 없도록 거치대에 연결해야 하는데도 담당 조교는 결합 여부를 확인하지 않았던 것으로 드러났다. 안전 고리가 연결되어 있었거나, 사로당 1명씩 사격 통제 요원이 배치되어 있었다면 총기 난사는 막을 수 있었을 것이다.

군 당국의 명확한 잘못이 있었고 2명이 숨지고 2명이 중상을 입은 명확한 피해도 있었다. 국가가 손해배상 청구를 피하기 어려운 사안이었다. 그러나 피해자들의 국가배상은 원활히 진행되지 못했다. 헌법 제29조 제2항 때문이었다. 향토예비군 설치법 제9조 제1항은 "예비군 대원으로 동원되어 임무수행 또는 훈련 중에 부상을 입은 사람과 그 가족 및 사망한 사람의 유족은 대통령령으로 정하는 바에 따라 '국가유공자 등 예우 및 지원에 관한 법률' 또는 '보훈보상대상자 지원에 관한 법률'에 따른 보상 대상자로 한다"고 규정되어 있다.

앞서 살펴보았듯, 헌법 제29조 제2항은 군인이 다른 법률로 보상을 받으면 국가배상을 받지 못하도록 제한하고 있다. 때문에 피해를 입은 예비군은 '국가유공자 등 예우 및 지원에 관한 법률'이나 '보훈보상대상자 지원에 관한 법률'에 따라 보상을 받을 수 있으므로 국가를 상대로 한 배상은 청구할 수 없었던 것이었다.

유독 군인만 국가배상청구권에서 배제되는 이유는 무엇일까? 헌법이 형식에 어긋나면서까지 군인의 국가배상을 직접 제한하는 이유는 무엇일까? 이런 의문은 헌법 제29조 제2항의 연혁을 살펴보면 쉽게 풀린다. 헌법 제29조 제2항은 1972년, 제8호 헌법에 처음 도입되었다. 제8호 헌법은 소위 유신헌법이라 불린다. 유신헌법은 박정희 정권이 영구 집권을 노리고 통일주체국민회의를 도입해 대통령을 토론 없이 선출하도록 규정한, 목적이 분명한 헌법이었다. 그리고 1972년이라는 시대적 배경도 중요하다. 당시는 1965년부터 시작된 한국군의 베트남전쟁 참전 막바지였다. 이듬해인 1973년 한국군은 베트남에서 철수했다.

한국은 베트남전쟁 파병으로 미국의 상당한 경제원조를 받는 등 경제 특수를 톡톡히 누리고 있었다(한국의 베트남 파병의 결정적 계기가 된 「브라운 각서」의 주요 내용은 미국의 경제원조였다). 그런데 예상하지 못한 일이 발생했다. 베트남전쟁 상이군인이나 전사자의 유가족이 국가를 상대로 배상을 청구하기 시작한 것이었다. 한국은 베트남에 32만 명에 달하는 군인을 파병했다. 이 중 5,000여 명이 전사했고 1만여 명이 부상을 당했다. 이들이 모두 국가배상을 청구한다면 적지 않은 금액을 지출해야 했을 것이다.

박정희 정권은 한국이 베트남전쟁에 본격적으로 참전한 직후인 1967년, 국가배상법을 개정해 군인 등의 국가배상을 제한했다. 그러나 대법원은 해당 조항이 헌법에 위배된다고 판단했다(대법원 1971. 6. 22. 선고 70다1010 전원합의체 판결). 헌법재판소가 1988년 개소開所했기 때문에 당시에는 대법원이 위헌 법률 심판을 맡고 있었다. 대법원의 결정까지 무시할 수 없었던 박정희 정권은 고민에 빠졌지만 곧 묘수를 찾아냈다. 법률이 헌법에 위반된다면 법률 자체를 헌법에 넣어버리면 되는 것이었다. 헌법이 헌법을 심판할 수 없기 때문이다. 그렇게 헌법 제29조 제2항(당시는 제26조 제2항)은 1972년, 유신헌법과 함께 헌법에 들어오게 되었다.

헌법 제29조 제2항에는 헌법의 형식 외에도 근본적인 문제가 있다. 최고 사법기관인 대법원에서 기존 헌법 체계에 어긋난다고 판단한 조항이기 때문이다. 헌법은 모든 법률을 규율하고 국가의 정체성을 규정하는 최상위 규범으로, 통일된 체계를 갖추어야 한다. 다른 헌법 조항과 충돌해 헌법에 어긋난다고 판명된 조항을 그대로 헌법에 넣는 것은 헌법 스스로 헌법의 체계성을 파괴하는 것이었다.

실제로 헌법 제29조 제2항의 위헌성이 문제 되기도 했다. 1993년 6월 10일 훈련 중 포탄의 폭발해 예비군 12명이 사망하는 사건이 있었다. 이 사건 때도 피해자와 유가족들은 적정한 배상을 받을 수 없었다. 국가배상 청구 소송에서 패소한 유가족들은 헌법 제29조 제2항이 국가배상청구권을 제한한다며 위헌 심판을 제청했다. 그러나 이에 대해 헌법재판소는 "위헌 심사의 대상이 되는 규범은 '법률'이며, 여기서 '법률'이라고 함은 국회의 의결을 거쳐 제정된 이른바 형식적 의미의 법률을 의미하므로, 헌법의 개별 규정 자체는 헌법 소원에 의한 위헌 심사의 대상이 아니"라며 각하했다(헌재 1996. 6. 13. 94헌마118 등).

헌법 제5조 제2항은 "국군은 국가의 안전보장과 국토방위의 신성한 의무를 수행함을 사명으로" 한다고 규정한다. 헌법에 따르면 군인은 국가를 지키는 신성한 의무를 수행하는 사람이다. 국가를 위한 의무를 수행하다 피해를 입은 사람에게 정당하게 보상하는 것은 국가의 의무다. 국가가 국가를 위해 희생한 사람을 돌보지 않는다면 아무도 국가를 위해 희생하려 하지 않을 것이다. 그런데 국가가 헌법까지 고쳐가며 국가를 위해 희생한 사람에게 보상하는 것을 막고 있는 것이다. 1972년 유신헌법이 헌법으로서 정당성을 상실한 헌법이라고 하더라도, 1987년 6월 항쟁의 결과물인 현행 헌법까지 해당 조항을 그대로 두고 있는 것은 정상 국가라면 있을

수 없는 일이다. 1987년 개헌 이후 30년이 넘도록 개헌이 이루어
지지 않은 현행 헌법이 개헌된다면, 헌법 제29조 제2항은 가장 먼
저 삭제되어야 할 것이다.

범죄 피해자의 죽음만
보상받는 이유

┣ 헌법 제30조 ┫

타인의 범죄행위로 인하여 생명·신체에 대한 피해를 받은 국민은 법률이 정하는 바에 의하여 국가로부터 구조를 받을 수 있다.

고층 건물 외벽에 페인트칠하는 노동자들은 지상 수십 미터 높이에서 밧줄 하나에 몸의 의지한 채 작업을 한다. 경력이 오래된 베테랑도 높이에서 오는 공포감을 쉽게 이겨내기 어렵다. 그래서 이들은 음악을 틀어 공포심을 줄이고는 한다. 하지만 밧줄에 매달

국가가 국민을 외면한다면

린 조그마한 널빤지에 앉아 페인트칠을 해야 하는 이들에게는 짧은 이어폰 줄도 걸리적거리기 마련이다. 그래서 그들은 어쩔 수 없이 스마트폰 스피커로 노래를 들으며 일한다.

2017년 6월 8일, 고층 아파트 외벽 페인트칠을 하던 김 모 씨는 동료 3명과 함께 여느 때와 같이 음악을 들으며 작업을 하고 있었다. 작업 중 아파트 15층에 사는 주민이 동료에게 시끄럽다며 음악을 끌 것을 요구했다. 그는 바로 음악을 껐지만 옆에서 일하던 동료들은 주민의 항의를 듣지 못해 계속 음악을 들으며 작업했다. 잠시 후 김 씨 오른쪽 밧줄이 흔들리는가 싶더니 이내 김 씨의 밧줄이 끊어졌다. 12층 높이에서 일하던 김 씨는 그대로 바닥에 떨어졌다. 함께 일하던 동료들이 급히 내려갔지만 김 씨는 이미 숨진 상태였다.

범인은 시끄럽다며 음악을 끄라고 요구했던 15층 주민이었다. 그는 새벽 인력시장에 나가 일감을 구하려 했으나 일자리가 없어 다시 집으로 돌아와 술을 마시고 잠을 자려던 참이었다. 그때 창밖에서 음악 소리가 들리자 외벽에서 작업하던 인부들과 말다툼을 벌였다. 그리고는 화가 나 커터 칼을 들고 옥상으로 올라갔다. 처음에는 눈앞에 보이는 밧줄을 끊으려 했으나 음악 소리가 자신이 끊으려던 밧줄 옆에서 들리자 자리를 옮겨 김 씨의 밧줄을 끊어버렸다. 김 씨는 음악 소리에 화가 난 아파트 주민의 화풀이에 12층 높이에서 떨어졌다.

경찰 조사 결과 현장에는 관리자가 있었지만 모두 아파트 1층에 있어 옥상에는 아무도 없었던 것으로 드러났다. 밧줄을 타고 작업할 때는 보조 밧줄을 준비해 만약의 사태에 대비해야 했지만 이러한 안전장치는 무시된 채 작업이 이루어졌다. 옥상에 관리자가 1명만 있었어도, 보조 밧줄만 준비되어 있었어도 김 씨는 목숨을 구할 수 있었을 것이다. 하지만 현장 관리자의 안일함과 아파트 주민의 어이없는 분노가 겹쳐져 김 씨는 생명을 잃어야 했다.

김 씨는 가족을 부양하기 위해 2~3년 전부터 고층아파트 외벽 페인트칠을 해온 것으로 알려졌다. 부산 지역의 임대 아파트에서 생활하던 그에게는 아내와 고등학교 2학년, 중학교 2학년, 초등학교 5학년, 유치원생 그리고 27개월 된 유아까지 5명의 자녀가 있었다. 고공에서 밧줄에 의지해 페인트칠하는 일이 고되고 위험해도 다른 일에 비해 일당이 높았다. 5명이나 되는 자녀를 부양해야 하는 그는 아무리 열심히 일해도 가계가 항상 빠듯했기에 위험한 고공 작업을 포기할 수 없었다. 하지만 결국 혼자된 아내는 남편 없이 아이 5명을 키워야 한다는 막막함에 배우자를 잃은 슬픔을 느낄 엄두조차 내지 못했다. 부산에서는 유가족을 돕기 위한 모금 활동이 이어졌고 짧은 시간 동안 상당한 금액이 모였다.

시민들이 김 씨의 유가족을 위해 모금 활동을 벌인 것은 그의 죽음 자체가 안타까워서기도 하지만 가정의 생계를 책임지던 가장을 잃고 남겨진 아내와 5명의 아이에 대한 안타까움도 컸을 것이다. 자녀 중에는 유치원생과 27개월 된 유아도 있어 김 씨의 아내는 경제활동을 하기도 힘들 것이다. 가족의 생계를 부양하던 김 씨의 죽음은 남겨진 가족에게는 재앙으로 다가왔을 것이다.

범죄 피해자는 대부분 정신적 고통과 함께 경제적 고통을 겪는다. 피해자가 가족을 부양하는 경우는 더 그렇다. 그래서 범죄 피해자나 그 가족에게 경제적 지원이 필요하다. 헌법 제30조가 범죄 피해자에 대한 국가의 지원을 규정하는 이유다. 범죄 피해자 보호법은 헌법 제30조에 따라 특정한 요건을 충족하면 피해자의 2~4년치 수입을 유족 구조금으로 지급하도록 규정하고 있다(범죄피해자보호법 제22조 제1항).

그런데 범죄에 희생된 피해자 유가족의 처지가 아무리 안타까워도 그것만으로 구조금을 지급할 충분한 이유는 되지 못한다. 범죄 외에 질병이나 사고로 사망하는 사람도 수없이 많다. 이들 중에는 김 씨와 같이 많은 가족을 부양하던 사람도 있을 것이고 김 씨의 유가족보다 사정이 딱한 이도 있을 것이다. 질병이나 사고로 사망한 사람의 유가족들도 마찬가지로 슬픔을 느끼고 경제적 어려움을 겪는다. 그런데 국가는 그들에게는 구조금을 지급하지 않는다. 범죄로 사망하는 것과 사고나 질병으로 사망하는 것 사이에 어떤 차이가 있기에 한쪽은 국가가 책임을 지는 반면 다른 한쪽은 그렇지 못하는 것일까?

국가가 범죄 피해자를 지원할 의무가 있는 것은, 범죄에 국가의 책임이 있기 때문이다. 국가는 경찰과 군대 등 모든 폭력을 독점하고 국민은 물리력을 사용하지 못하게 한다. 국민에게는 정당방위라는 매우 예외적인 최소한의 물리력만 허락한다. 국가가 폭력을 독점하려면 국민이 물리력을 확보하지 않아도 안전이 보장되어야 한다. 국민이 안전하다고 느끼지 못한다면 총이나 칼처럼 자신을 방어할 수단을 확보하려 할 것이기 때문이다. 하지만 대한민국은 국민이 흉기를 소지하는 것조차 금지하고 엄격히 관리하고 있다. 그만큼 국가는 국민의 안전을 확실히 보장해주어야 할 의무가 있다. 범죄가 발생하고 국민이 피해를 보았다면 여기에는 치안을 유지하지 못한 국가의 책임이 있다. 국가가 범죄 피해자를 책임져야 하는 이유다.

특목고 폐지가
강남 집값을 올린다

2017년 6월 강남의 부동산 시장이 술렁거리기 시작했다. 이미 강남의 부동산값은 서민은 엄두도 낼 수 없을 정도로 솟구쳐 있었는데 더 오르려는 모습을 보인 것이다. 문재인 정부가 출범한 후 부동산 시장을 안정시키고자 내놓은 다양한 정책이 무안해질 정도였다. 강남 부동산이 술렁인 것은 대형 재개발사업에 따른 영향도 있었지만 정작 중요한 요인은 의외의 곳에 있었다. 제19대 대통령에 당선된 문재인은 후보자 시절부터 과거 정부와 구별되는 신선한 정책을 다수 제시해 주목을 받았다. 그가 제시한 정책 중 교육 분야에서 가장 획기적으로 평가되는 것은 특수목적고등학교(특목고)와 자립형사립학교(자사고) 폐지였다. 그런데 특목고 폐지가 강남의 부동산 시장을 자극한 것이다.

지금은 대부분 지역에서 고등학교 평준화가 이루어졌지만 시험을 봐서 고등학교에 입학하던 시절이 있었다. 당시에 KS라는 말이 있었다. 한국공업규격Korean Industrial Standards이나 프로야구 한국 시리즈Korean Series가 아니라 경기고등학교K와 서울대학교S를 합쳐서 가리키는 말이었다. 경기고등학교 출신 서울대학교 졸업생이 사회적·경제적 권력을 장악한 것을 빗대어 만들어진 은어였다. 당시 경기고등학교는 서울대학교 등 소위 명문대 진학률로 고등학교를 평가하는 분위기 속에서 전국 최고의 명문고로 유명했다. 경기고등학교 외에도 서울고등학교, 경남고등학교, 부산고등학교, 광주제일고등학교 등이 전통적 명문고로 불렸다.

하지만 고교 평준화가 도입되면서 이러한 전통적 명문고 개념은 사라졌다. 시험으로 공부 잘하는 학생만 골라 받아, 집중적으로 공부시켜서 서울대학교에 보내는 게 불가능해졌기 때문이다. 고교 평준화 제도로 명문고들도 다른 학교와 마찬가지로 '뺑뺑이'라 불리는 무작위 추첨 방식으로 학생을 받아야 했다. 과거 명문고들도 '뺑뺑이'로 학생이 배정되자 특별히 많은 서울대학교 입학생을 내지 못하게 되었다.

고등학교 입학시험으로 학생이 배정되는 체제에서 다양한 부작용이 발생했다. 중학교 교육은 고입 시험 대비에 치중되어 왜곡되었다. 공부를 잘하는 학생들이 명문고라 불리는 몇몇 학교에 몰리면서 교육 자원도 그런 학교들에 쏠리는 현상이 나타났다. 학교별로 교육 수준이 비슷한 학생들을 모아놓아, 성적이 높은 학생들이 가는 학교에서는 과도한 성적 경쟁이 벌어지는 반면 성적이 낮은 학생들이 가는 학교에서는 학습 자체를 포기해버리는 현상이 나타났다. 여기에 더해 KS라는 말에서 알 수 있듯 특정 고등학교와 특정 대학교 출신이 사회 지도층을 형성하면서 학맥에 따라 사회적 자원이 편중되고 비리가 발생하는 부작용도 나타났다. 고교 평준화는 이와 같은 고등학교 서열화 폐해를 극복하기 위해 도입된 것이다.

고교 평준화가 도입되었지만 고등학교 서열화에 따른 부작용은 해소되지 않았다. 오히려 더욱 악화되기까지 했다. 특목고와 자사고 때문이다. 원래 특목고는 과학이나 외국어 등 특정 분야에 재능 있는 학생에게 특화된 교육을 제공하기 위해 설립되었다. 자사고는 일률적인 교육 체제에서 벗어나 학교에 자율성을 부여해 교육의 다양성을 확보하는 것이 목적이었다. 그러나 특목고와 자사고는 모두 소위 명문대라 불리는 특정 대학교의 입학을 위해 학생을 가르치는 입시 학원으로 변질되었다. 게다가 소수에 불과했던 특목고와 자사고가 점차 불어나 나중에는 그 수가 너무 많아졌다. 이제 과거 명문고가 담당했던 역할을 특목고와 자사고가 담당하게 된 것이다.

중학교에서는 특목고나 자사고에 입학할 정도의 학생들만 입학 시험에 치중된 공부에 열을 올리고, 나머지 학생들은 공부에서 소외되는 현상이 발생했다. 특히 과거 명문고 시절에는 명문고도 하나의 고등학교에 불과했지만 특목고와 자사고는 학교의 유형 자체가 일반 학교와 다르기 때문에 교사나 시설, 재정 등에서 일반 학교와 차이가 벌어지기도 한다. 특목고와 자사고에서는 학생들에게 별도로 돈을 걷어 과외수업을 하기도 한다.

예전의 명문고는 주로 서울 강남에 있었던 반면 특목고나 자사고는 서울에 많기는 하지만 과거에 비하면 전국에 고르게 분포해 있다. 과거에는 교육열이 과도한 학부모가 무리해서라도 강남으로 이사를 갔다. 그러나 고교 평준화 이후에는 굳이 명문고를 찾아 강남으로 이사 갈 필요가 없어졌다. 그런데 문재인 정부가 특목고와 자사고를 폐지하겠다고 발표하자 자녀를 명문대에 진학시키고자 하는 학부모들이 다시 과거 명문고에 눈을 돌리면서 강남의 부동산값이 들썩이기 시작한 것이다.

헌법 제31조 제1항은 "모든 국민은 능력에 따라 균등하게 교육을 받을 권리를 가진다"고 선언한다. 능력에 따른 균등한 교육을 받을 권리는 일정 능력이 있는 사람에게는 모두 균등한 교육이 제공되어야 한다는 뜻이다. 고등학교 교육을 예로 들면 고등학교에 입학할 능력이 된다면, 어느 고등학교에 들어가든 같은 수준의 교육을 받을 수 있어야 한다는 뜻이다. 고등학교에 입학할 성적이 되지 않는 학생에게 고등학교 입학의 기회가 주어지지 않는 것은 능력에 따른 차등이기 때문에 균등한 교육을 받을 권리에 위배되지 않는다. 하지만 현재 고등학교 입학 정원이 충분해 원하는 학생은 모두 입학할 수 있기 때문에 고등학교 교육을 받을 기회 자체가 박탈되는 경우는 거의 없다.

그런데 과거 명문고 시절이나 오늘날 특목고·자사고 체제에서는 균등한 교육이 불가능하다. 성적이 좋은 학생들을 특정 학교에 모아놓고 그들에게만 더 우수한 교육 자원을 지원하기 때문이다. 동일한 유형의 학교였기 때문에 적어도 표면상으로 동일한 지원을 해야 했던 과거 명문고와 달리 특목고·자사고는 학교의 유형 자체가 달라 노골적으로 편중된 지원이 이루어지고는 한다.

2017년 입시에서 서울대학교 합격자를 많이 배출한 상위 10개

고등학교 중 일반 고등학교는 단 한 곳도 없었다. 상위 20개 학교까지 살펴보아야 단대부고(단국대학교사범대학부속고등학교) 단 한 곳이 있을 뿐이었다. 하지만 단대부고는 강남 대치동이라는 소위 '명문 학군'에 있는 학교다. 비非강남권 일반 학교 중 서울대학교 합격자를 많이 배출한 학교는 한 곳도 없는 것이다. 물론 서울대학교라는 소위 명문대 입학생을 중심으로 고등학교를 평가하는 것은 바람직하지 않다. 하지만 특목고와 자사고를 둘러싼 논란들은 명문대에 보내기 위한 입시 과열에서 시작된 것으로, 명문대 입학생을 거론하지 않고는 이야기할 수 없다.

서울대학교 입학생 기준 상위 20개 학교 중 특목고와 자사고가 아닌 학교가 단 한 곳밖에 없고, 이마저 강남 명문 학군에 있는 학교라는 것은, 그만큼 교육 자원이 불평등하게 배분되고 있다는 증거다. 특목고와 자사고를 폐지한다는 정책이 발표되자 강남의 부동산 시장이 들썩인 것은 고등학교가 평준화되었는데도 여전히 강남에서 고등학교를 다니는 것이 대학 입시에 유리하다는 것을 보여준다. 여전히 강남과 타 지역 간 교육 수준에 차이가 존재하는 것이다.

특목고가 되었든 지역 명문고가 되었든 특정 학교의 학생에게만 더 많은 교육 자원이 배분된다면, 균등한 교육을 받을 권리는 침해될 수밖에 없다. 모든 국민에게 균등한 교육이 이루어진다면

국가가 국민을 외면한다면

전국 모든 고등학교의 평균 성적은 비슷해야 한다. 문재인 정부의 특목고·자사고 폐지는 국민의 균등한 교육이라는 측면에서 바람직한 정책이다. 그러나 특목고·자사고 폐지가 다시 강남 학군의 부활로 이어진다면 균등한 교육을 받을 권리는 다시 요원해질 것이다. 특목고·자사고 폐지에서 그치는 것이 아니라 지역별로 교육 자원이 균등하게 배분될 수 있도록 추가 정책이 도입되어야 한다.

똑같은 교육과
개성을 잃은 청소년

2016년은 대한민국에서 살아가는 이들에게 유독 가혹한 한 해
였다. 부모에게 살해당한 아이들의 이야기가 연이어 터져나왔기
때문이다. 인천에서는 뼈만 앙상하게 남은 여자아이가 부모의 학
대와 굶주림을 버티다 못해 빌라 외벽의 도시가스 배관을 타고 탈

출해 슈퍼마켓에 들어가 먹을 것을 구걸하는 사건이 발생했다. 경기도 부천에서는 성직자인 아버지에게 살해당한 여중생의 시신이 집 안에서 백골 상태로 발견되기도 했다. 부모의 학대에 못 이겨 가출한 남동생은 오히려 집을 떠났기에 목숨을 부지할 수 있었다. 그들에게 집은 안식처가 아닌 지옥이었다. 국민은 부모의 방임과 학대에 죽어가는 아이들을 무기력하게 바라볼 수밖에 없었다.

곧 중앙정부와 지방자치단체는 특별 대책을 세웠다. 장기 미취학 아이들에 대한 전수조사가 시작되었다. 전수조사 과정에서 또 다른 아동 학대와 유기가 발견되기도 했다. 하지만 문제의 근본적 해결이 아닌 근시안적 탁상행정은 또 다른 갈등을 만들어냈다. 대안 교육과 행정기관 사이에 예기치 못한 갈등이 벌어진 것이다.

헌법 제31조 제2항은 초등학교를 최소한의 의무교육으로 규정하고 있다. 다만 "법률이 정하는 교육"이라는 여지를 두어 의무교육의 범위가 초등교육 이상으로 확대될 여지를 남겨두었다. 이에 따라 법률은 의무교육을 중학교 과정까지로 확대하고 있다(교육기본법 제8조 제1항). 그리고 헌법 제31조 제3항은 무상으로 의무교육이 이루어질 것을 규정한다. 의무교육이 유상이라면 돈이 없는 사람은 교육이라는 국민의 의무를 이행하지 못하게 된다. 의무교육이 무상인 것은 당연하다.

헌법이 최소한의 의무교육만 규정하고 그 이상은 법률에 맡긴 것은 다분히 국가 재정을 고려한 것이다. 의무교육은 전 국민을 대상으로 하기에 막대한 재정이 투입되는데, 헌법에서 의무교육의 범위를 넓게 규정하면 그만큼 국가 재정에 부담이 되기 때문이다. 따라서 헌법은 최저 수준의 의무교육만 규정하고 법률이 국가재정 수준을 고려해 의무교육의 범위를 탄력적으로 규정하도록 한 것이다.

의무교육의 범위는 교육과정뿐만이 아니다. 교육 방식도 고려해야 한다. 그런데 정부는 의무교육을 수행하는 교육기관으로 법률로 인가된 공교육만을 인정하고 비인가 대안 학교는 인정하지 않는다. 미인가 대안 학교에 진학한 청소년들이 장기 미취학 아동으로 분류된 이유다.

장기 미취학 아동에 대한 전수조사에 나선 행정기관은 초·중등 대안 학교에 자녀를 진학시킨 가정에 사실 확인을 하기 시작했다. 부모들은 자녀가 대안 학교에 다니고 있다며 재학 증명서를 제출했지만 행정기관은 자녀와 함께 출석해 확인받을 것을 요구했다. 자녀와 함께 행정기관에 출석하는 것이 어려운 일은 아니었지만, 자녀를 대안 학교에 보낸 부모들은 그런 요구를 납득하기 어려웠다. 아동의 안전이 걱정된다면 행정기관 직원이 학교에 찾아와 확인하는 것이 옳다. 행정기관에 출석해 자신의 안전을 증명해야 하는 상황 자체가 아이들에게 혼란을 줄 우려도 있다. 때문에 곳곳에서 행정기관과 부모 간 실랑이가 벌어졌다.

　대안 학교 학부모와 행정기관 간의 실랑이는 공교육만이 학생을 교육시킬 수 있다는 국가의 교육관과 교육의 다양성을 추구하는 국민의 가치관 사이의 대립이기도 했다. 인간은 원래 저마다 개성이 있는 다양한 존재다. 하지만 일률적인 교육 체제는 청소년의 다양성을 모두 회색빛으로 변색시켰다. 노스페이스표 교복이라는 유행어가 있었다. 한때 청소년들 사이에서 노스페이스라는 아웃도어 브랜드가 인기를 끈 것을 빗대어 만들어진 말이다. 당시 중·고등학교 학생 중 많은 수가 교복 위에 검은색 노스페이스 패딩을 입고 다녔다. 모든 학생이 검은색 노스페이스 패딩을 입고 엎드려 자는 모습을 교실 뒤에서 찍은 사진은 해외에서 한국의 특이한 문화로 이야기되기도 했다.

　노스페이스 패딩이 교복으로 통용될 정도로 유행한 것은 그만큼 학생들이 개성을 상실했기에 가능했을 것이다. 노스페이스 패딩은 가격도 상당히 비쌌다. 노스페이스 패딩을 사달라고 조르는 아이 때문에 부모의 등골이 부러진다는 의미에서 노스페이스 패딩은 '등골 브레이커'라고 불리기까지 했다. 또래 집단의 유행에 맹목적으로 따르고 자존심을 세우는 방법이 비싼 옷을 입는 것밖에 없을 정도로 자존감이 낮지 않았다면 모든 학생이 동일한 옷을 입는 현상은 없었을 것이다. 노스페이스의 교복화化는 개성을 상실한 한국 청소년의 씁쓸한 단상이다.

이처럼 일률적 교육체계에서 청소년들이 개성을 잃어갔기에 몇몇 학부모와 청소년은 다른 교육을 희망하고, 대안 학교를 선택했다. 하지만 대안 학교를 선택하는 것은 쉽지 않은 길이었다. 장기 미취학 아동 사건에서 알 수 있듯 행정기관은 공교육이 전부라 생각했고, 대안 교육에 대한 이해는 한참 부족했다. 대안 학교에 다니는 학생들은 학력을 인정받을 수 없어 상급 학교에 진학하기 위해서는 검정고시에 응시해야 했다. 그러나 무엇보다도 큰 부담은 비용이다. 공교육 체제의 초·중등학교에 진학하면 모든 과정이 무상이지만 대안 교육은 국가의 지원이 없다. 학교의 운영은 오롯이 학부모가 책임져야 했고 그 부담은 상당했다.

하지만 국가의 입장은 단호했다. 무상교육을 포기하고 대안 교육을 선택한 것은 본인의 결정이라는 입장이었다. 헌법은 의무교육은 무상이어야 한다고 규정할 뿐 공교육만이 의무교육이 될 수 있다고 규정하지는 않았다. 중등 과정까지가 의무교육이라면 초·중등 과정 대안 교육도 의무교육이어야 한다.

교육은 사람의 지식과 인성을 결정짓는 매우 중요한 과정이다. 그리고 사람은 저마다 개성을 표출할 권리가 있다. 그렇다면 누구든지 자신에게 적합한 교육을 선택할 권리가 보장되어야 한다. 하지만 국가는 공교육이라는 이름으로 전국의 모든 학교를 일률적으로 만들어놓고 모든 국민에게 그것만 선택하도록 강요한다. 공교육이 싫거든 모든 비용을 스스로 부담하라는 것은 또 다른 폭력이다.

공교육 강요는 국민의 교육받을 권리도 침해할 우려가 있다. 매년 수많은 청소년이 공교육 현장을 떠나고 있다. 학교 밖 청소년이라 불리는 이들은 공교육 체제의 학교에 적응하지 못했고, 자신에게 맞는 다른 교육을 원했다. 하지만 이들 중에는 대안 교육을 선택할 경제적 여유가 없어 학업을 중단하는 경우도 적지 않다. 교육의 형태는 동일해야 하고 국가의 통제를 받아야 한다는 생각에 공교육을 거부한 청소년은 학습권을 박탈당하고 있다.

권위주의적인 권력일수록 구성원의 다양성을 억압한다. 과거 독일의 히틀러 정권은 위대한 아리안 민족을 주장하며 순혈주의를 강조했다. 히틀러 청소년단을 육성해 나치 이데올로기에 충실한 학생을 길러냈다. 과거 한국의 군사 권위주의는 국민교육헌장으로 모든 학생을 "민족중흥의 역사적 사명을 띠고 태어난" 존재로 만들어버렸다.

박근혜 정권은 역사 교과서를 국정화해서 모든 학생에게 동일한 사관을 심어주려 했고 문화계 블랙리스트를 만들어 자신들의 생각과 다른 문화를 말살하고자 했다. 하지만 국민의 다양성을 말살시키려 했던 박근혜 정권은 오히려 국민의 손에 끌려 내려오고 말았다. 모든 국민에게 동일한 공교육을 강요하는 것 역시 국민의 다양성을 무시하는 권위적인 발상은 아닌지 고민해볼 필요가 있을 것이다.

근로는 어쩌다
의무가 되었을까?

헌법 제32조 제1항

모든 국민은 근로의 권리를 가진다. 국가는 사회적·경제적 방법으로 근로자의 고용의 증진과 적정임금의 보장에 노력하여야 하며, 법률이 정하는 바에 의하여 최저임금제를 시행하여야 한다.

헌법 제32조 제2항

모든 국민은 근로의 의무를 진다. 국가는 근로의 의무의 내용과 조건을 민주주의원칙에 따라 법률로 정한다.

근로는 노동력을 제공하고 임금(돈)을 받는 행위다. 근로와 동의어로 노동이라는 단어가 있다. 하지만 두 단어의 한자를 살펴보면 뜻이 다르다. 근로勤勞는 부지런히勤 일한다勞는 뜻인 반면 노동勞動은 움직여動 일한다勞는 뜻이다. 노동에 비해 근로는 '부지런히 일

한다'는 의무의 성격이 강하다.

헌법은 사람이 돈을 벌기 위해 일하는 행위를 노동이 아닌 근로라는 용어로 부른다. 이는 헌법이 근로를 권리로 규정(제32조 제1항)함과 동시 의무로 규정(제32조 제2항)하고 있는 태도와도 일치한다. 그런데 돈을 벌기 위해 일하는 것이 의무라는 것은 쉽게 납득하기 어렵다. 의무보다 덜하지만 권리라는 것 역시 납득하기 어려운 것은 마찬가지다. 이는 근로의 권리와 의무라는 이중적 지위가 역사적 맥락 속에서만 이해할 수 있기 때문이다.

"양이 사람을 잡아먹는 사회"는 영국의 정치가이자 인문주의 사상가 토머스 모어Thomas More가 1516년 발표한 『유토피아Utopia』에서 영국을 가리켜 한 말이다. 농업 기술이 발달하지 못했던 당시 영국은 삼포제三圃制 농법이 일반적이었다. 삼포제는 마을의 공동 경지를 동일한 크기의 3개의 경포耕圃로 나누어 한 곳에는 보리·귀리 같은 여름 곡물을, 다른 한 곳에는 밀·호밀 등 겨울 곡물을 심고, 나머지 한 곳은 휴작하는 방식이다. 이렇게 세 경포를 1년 단위로 돌아가며 경작하면 3년에 한 번씩 휴작하게 되는데 이를 통해 지력地力을 되살려 농업 생산성을 높이는 것이다. 당시 경지는 춘경春耕, 추경秋耕, 휴작용 경포와 마을 공동 목장인 방목지와 연료 채취용 산림으로 구성되는 것이 일반적이었다.

그런데 16세기에 들어 영국에서 모직물 공업이 발달하면서 원

료인 양모의 가격이 급등하기 시작했다. 그러자 지주들은 마을의 공유지에 울타리를 치고 양을 기르기 시작했다. 농사를 짓는 것보다 양을 기르는 것이 훨씬 큰 이익을 얻을 수 있었기 때문이다. 농민은 울타리 밖으로 쫓겨나야 했고 그 자리는 양이 차지했다. 양에게 자리를 내어준 농민은 도시로 떠나 노동자로 살아야 했다. 토머스 모어가 "양이 사람을 잡아먹는다"고 한 것은 공유 농지가 목장으로 변해 농민들이 쫓겨나는 현상을 표현한 것이었다. 이를 울타리를 친다는 뜻에서 인클로저enclosure 운동이라 하는데 산업혁명기에 다시 나타난 인클로저 운동과 구분해 1차 인클로저 운동이라 한다.

농촌을 떠나 도시 노동자가 된 이들의 삶은 순탄하지 않았다. 농지는 언제나 농민을 필요로 한다. 지주에게 농지와 농민은 다르지 않은 존재였다. 그러나 공장과 노동자는 달랐다. 노동자는 공장의 한 부속품 정도로 여겨졌다. 더욱이 농촌에서 쫓겨나 도시로 몰려든 농민이 넘쳐흘렀다. 당시는 산업혁명 이전, 소규모 수공업이 주를 이루었던 시기로 일자리를 찾는 사람에 비해 공장은 턱없이 적었다.

농촌을 떠나 도시로 유입된 농민 중 일자리를 찾지 못해 도시 빈민으로 전락하는 이들이 속출했다. 도시의 골목은 부랑인으로 가득했다. 그러자 당시 영국의 왕이었던 엘리자베스 1세는

1601년 빈민법을 제정했다. 빈민법은 세계 최초로 빈민 관리를 정부의 책임으로 규정해, 사회복지의 시초로 평가되는 법이다. 하지만 빈민법의 내용은 오늘날 사회복지와는 거리가 멀었다. 빈민법은 부랑인을 세 종류로 분류했다. 우선 노동력이 있는 자와 없는 자로 구분해 노동력이 없는 자는 구빈원으로 보냈다. 반면 노동력이 있는데도 부랑인으로 사는 자는 교정원으로 보내졌다. 그리고 교정원에서 강제 노역을 시켰다. 부랑인이 아동이면 도제로 삼아 노동자로 길렀다.

엘리자베스 1세의 빈민법은 인간에게 근로의 의무가 있다는 것을 전제로 한다. 그렇기에 부랑인으로, 일하지 않고 살기 위해서는 국가의 확인을 받아야 했다. 일종의 부랑인 면허인 셈이다. 그리고 부랑인으로 확인된 자는 도시에서 살아갈 수 없고 구빈원에 들어가 살아야 했다. 구빈원에 수용되지 않고 도시에서 걸인으로 살아가고자 해도 강제로 수용될 수밖에 없었다. 일하지 않고 구걸해 살아가는 것 자체가 죄였기 때문이다.

200여 년 후 인클로저 운동이 다시 나타난다. 이번에는 양이 아닌 농업 생산성 향상과 산업혁명 때문이었다. 산업혁명이 일어나면서 도시에서는 많은 노동력이 필요했다. 하지만 폭발적인 공업화에 필요한 노동력을 확보하기는 쉽지 않았다. 이에 더해 농민이 도시로 이동해 노동자가 되면서 식량난도 심각해졌다. 값싼 대량의 도시 노동자를 확보하기 위해 농업 생산성의 향상이 절실했다. 이에 맞추어 지주들은 농지를 근대적 대규모 농지로 전환하기 시작했다. 이 과정에서 다시 수많은 농민이 농촌에서 도시로 쫓겨나야 했다. 양을 키우지 않았기에 울타리는 없었지만 농민이 농지에서 쫓겨나 도시로 가야 하는 상황이 1차 인클로저 운동과 같아 이를 2차 인클로저 운동이라 한다.

산업혁명기 도시 노동자의 삶은 매우 비참했다. 고강도 저임금 노동에 시달려야 했고 아동 노동도 만연했다. 인구밀도가 높은 도시의 위생 상태는 엉망이었다. 때문에 많은 노동자의 건강이 쉽게 악화되었다. 건강이 나빠지거나 공장 노동에 적응하지 못한 이들은 도시 빈민으로 전락했다. 하지만 정부는 증가하는 부랑인을 그냥 두지 않았다. 산업 발달에 따라 많은 노동자가 필요한 상황에서 일하지 않고 구걸해 살아가는 부랑인을 눈엣가시로 여겼다.

영국 정부는 1834년 다시 빈민법을 제정한다. 이를 엘리자베스 1세의 빈민법과 구분해 신新빈민법이라 한다. 그러나 신빈민법 역시 엘리자베스 1세의 빈민법과 마찬가지로 노동력이 있는 부랑인을 강제 노동시키는 것이 주요 내용이었다. 영국 정부는 부랑인을 분류해 노동력이 있는데도 부랑인으로 살아가는 이들에게 강제 노동을 시켰다.

빈민이 발생하는 것, 국민이 밥을 굶는 것은 국가의 문제다. 하지만 모든 빈민을 국가가 책임지려면 상당한 재정이 필요하다. 이에 더해 부랑인은 공장을 돌려 국가 산업을 발전시킬 노동자를 확보하는 데 방해가 되었다. 그래서 영국 정부는 부랑인을 강제로 수용하고 노동력이 있는 자들에게는 강제로 노동을 시켰다. 근로가 의무가 된 지점이다.

근로가 권리가 된 것 역시 빈민의 발생 과정을 살펴보면 알 수 있다. 농촌에서 농지와 하나가 되어 살아가던 농민들은 국가의 산업 발전에 따라 농촌에서 도시로 쫓겨나야 했다. 농촌은 농민에게 부富를 주지는 않았지만 안정적 삶은 보장해주었다. 그러나 도시 노동자에게는 공장에서 일하지 못하는 것이 곧 삶 자체에 위협이 되었다. 일을 해야 삶을 유지할 수 있는 노동자에게 일자리는 생존의 조건이 되었다. 노동자가 살아갈 권리는 곧 일자리에 달려 있다. 근로가 권리가 된 지점이다.

한국 역시 영국의 산업화 과정과 유사한 과정을 거쳤다. 박정희 정권은 산업 발전을 위해 값싼 노동자가 많이 필요했다. 시골에서 상경한 수많은 젊은이가 산업화에 필요한 노동력을 채워주었다. 정부는 농지를 정리하고 농기계를 도입해 적은 수로도 농사를 지을 수 있게 만들어 농촌 인구의 유출을 메꾸었다. 그리고 정부는 쌀을 수매해 낮은 쌀값을 유지해 도시 노동자의 임금 상승을 억제했다. 한국식 인클로저 운동이라 할 수 있다.

빈민의 통제 역시 영국과 유사했다. 정부는 도시의 부랑인을 강제로 수용해 노동력이 있는 자들은 노역을 시키고 그렇지 않은 이들은 집단 수용소에 보냈다. 12년 동안 500명이 넘는 사람이 사망한 것으로 알려진 형제복지원은 한국 정부의 부랑인 수용에 관한 대표적 사건이다.

국민의 생존권 보장은 국가의 의무다. 산업화된 국가에서 노동자의 생존 조건인 일자리, 근로가 권리인 것은 당연하다. 하지만 국가의 산업화에 따라 노동력을 확보하는 과정에서 근로에 지워진 의무라는 개념은 현대사회에서 받아들이기 어렵다. 일하지 않는다는 이유로 국민으로서 의무를 위반했다고 할 수는 없기 때문이다. 이러한 의미에서 임금을 위해 노동력을 제공하는 것은 근로보다 노동이라고 하는 것이 적합해보인다.

국가유공자 가산점에
숨은 꼼수

┃ 헌법 제32조 제6항 ┃

국가유공자·상이군경 및 전몰군경의 유가족은 법률이 정하는 바에 의하여 우
선적으로 근로의 기회를 부여받는다.

'취준생'과 '공시족'은 어느새 오늘날 우리 사회를 상징적으로
보여주는 단어가 되었다. 실업률이 자연실업률(경기와 상관없이 구조
적으로 존재하는 실업률)에 가까웠던 시절에는 중학교나 고등학교만
졸업해도 바로 취업이 되었다. 대학생들은 졸업반이 되면 으레 입

사 원서를 썼고 졸업하기도 전에 취업이 되고는 했다. 당시에는 취업 준비를 별도로 하지 않았기에 취업 준비와 학생의 결합어, 취업하기 위해 공부하는 이를 뜻하는 취준생이라는 단어는 성립조차하지 않았다.

공무원 시험을 준비하는 이들을 뜻하는 공시족은 취준생보다 씁쓸한 단어다. 공시족은 취업을 해보았자 대부분 비정규직이고, 정규직이라 해도 언제 잘릴지 모르는 사실상 비정규직인 상황에서 그나마 안정적이라 평가되는 공무원에 젊은이들이 몰리면서 만들어진 단어이기 때문이다. 한때 공무원은 보수는 적지만 정년이 보장된 소위 '철밥통'으로, 안정을 위해 빈곤을 선택한 직업이라는 인식이 강했다. 그러나 어느새 사기업의 연봉이 줄어 공무원의 연봉보다 낮아지면서 이젠 공무원이 안정과 부 모두를 보장해주는 직업이 되었다.

공시족의 수는 대략 25만 명 정도로 파악된다(주원·오준범, 「공시의 경제적 영향 분석과 시사점」, 『이슈리포트』 6(2017), 현대경제연구원, 1~12쪽). 이렇듯 수많은 젊은이가 공무원 시험에 매달리면서 나타난 현상 중 하나는 가산점 전쟁이다. 공무원 시험의 경쟁이 치열해지면서 가산점을 얻지 않고 시험 점수만으로 합격하기 어려워졌기 때문이다. 공무원 시험의 가산점에는 자격증 가산점과 가족 관계 가산점 등이 있다. 가족 관계 가산점은 국가유공자 자녀에게 주어지는 가산점이 대표적이다.

자격증 가산점은 누구든 획득할 수 있다. 자격증을 획득하고 못하고는 공무원 시험에 합격하느냐 못하느냐와 마찬가지로 실력의 문제다. 반면 가족 관계 가산점은 모두에게 기회가 주어지지 않는다. 응시자가 아무리 노력해도 부모님이 갑자기 국가유공자가 될 수는 없기 때문이다. 때문에 가족 관계 가산점에 대해 끊임없이 불만이 이어져왔다. 심지어 몇몇 공무원 시험에서는 합격 점수가 만점을 넘어 가산점 없이는 합격 자체가 불가능한 상황이 발생하면서 가산점에 대한 불만은 더욱 고조되었다.

결국 2004년 국가유공자가 공무원 시험에 응시하면 가산점을 부여하도록 규정한 '국가 유공자 등 예우 및 지원에 관한 법률'과 '독립 유공자 예우에 관한 법률' 등에 위헌 심판이 제기되었다. 그런데 헌법재판소는 당혹스러운 논리로 위헌 결정을 내렸다. 특히 헌법재판소가 2001년 동일한 사안에 내렸던 합헌 결정(헌재 2001. 2. 22. 2000헌마25)을 번복한 것이어서 충격은 더했다.

헌법재판소는 헌법 제36조 제6항의 "국가유공자·상이군경 및 전몰군경의 유가족"을 국가유공자, 상이군경, 그리고 전몰군경의 유가족으로 해석했다. 조문의 '및'을 기준으로 '국가유공자·상이군경'과 '전몰군경'을 나누어 유가족이 수식하는 대상을 전몰군경에 한정시킨 것이다(헌재 2006. 2. 23. 2004헌마675). '및'은 부사로 문장에서 같은 요소를 연결할 때 쓰는 말이다. 그런데 헌법재판소는 이와 같은 '및'의 연결 기능을 무시한 채 '및'을 기준으로 앞뒤 단어를 끊어버린 것이다.

그런데 헌법재판소는 친절하게도 이처럼 문법에도 맞지 않는 무리한 해석을 한 이유를 스스로 밝히고 있다. "종전에는 헌법 제32조 제6항의 국가유공자·상이군경 및 전몰군경의 유가족은 법률이 정하는 바에 의해 우선적으로 근로의 기회를 부여받는다는 규정을 넓게 해석해 국가유공자 본인뿐만 아니라 가족들에 대한 취업보호제도(가산점)의 근거가 될 수 있다고 보았다. 그러나 가산점의 대상이 되는 국가유공자와 그 가족의 수가 과거보다 증가해 취업 보호 대상자에서 가족이 차지하는 비율이 높아지고 공무원 시험의 경쟁이 갈수록 치열해져 일반 응시자의 공무 담임의 기회를 제약하게 되는 결과가 될 수 있게 되어 해당 조항을 엄격하게 해석할 필요가 발생하였다"는 것이다. 즉, 공무원 시험의 경쟁률이 높아져 가산점 대상자를 줄여야 할 필요가 생겼기 때문에 이전 헌법재판소의 견해와 다르게 해석했다는 것이다. 헌법재판소가 법률을 해석하는 데 헌법이 아닌 현실의 필요성을 적용한 것이다. 어쨌든 헌법재판소의 헌법 불합치 결정으로 국가유공자와 상이군경은 당사자만 가산점을 받을 수 있게 되었고 유가족은 전몰군경인 경우에만 가산점을 받게 되었다.

하지만 헌법재판소의 결정을 무조건 비난하기에는 현실이 너무 팍팍하다. 헌법재판소의 결정 시점을 기준으로 7급 공무원의 경우 국가유공자 가산점 수혜자의 합격률이 2002년에는 전체 합격자의 30.3퍼센트(189명), 2003년 25.1퍼센트(159명), 2004년 34.2퍼센트(163명)에 이르렀다. 9급 공무원은 2002년 26.9퍼센트(784명), 2003년 17.6퍼센트(331명), 2004년 15.7퍼센트(282명)에 이르렀다. 2005년 기준으로 우선적 근로 기회를 부여받은 취업 보호 대상자(가산점 수혜자) 8만 6,862명 중 7,013명(8퍼센트)만이 국가유공자 본인이었고 7만 9,849명(92퍼센트)이 유가족이었다. 그리고 이 중 국가유공자의 자녀가 차지하는 비율은 83.7퍼센트(7만 2,777명)였다. 헌법재판소는 공무원 시험 합격자 중 국가유공자 자녀가 차지하는 높은 비율을 무시할 수 없었던 것이다.

하지만 현실의 문제를 고려한다 해도 헌법재판소의 결정이 정당화될 수는 없다. 법이 현실과 괴리되었다면 법 자체를 위헌으로 판단할 것이지 법을 왜곡해서는 안 되기 때문이다. 가산점 문제가 첨예한 사회 갈등으로 확산된 것은 가산점 제도 자체에 문제점이 있기 때문이다. 그렇다면 가산점 제도 자체가 위헌이어야 한다.

국가유공자는 국가를 위해 희생된 사람이다. 국가가 그들에게 합당한 보상을 하는 것은 당연하다. 그리고 가족 중 경제활동을 하는 구성원이 죽거나 다치면 생계가 어려워질 가능성이 크다. 때문에 국가가 유가족에게 지원해주는 것 역시 정당하다. 하지만 지원 방법이 공무원 시험 가산점인 것은 문제다. 국가유공자나 유가족 지원은 공평하게 이루어져야 한다. 그런데 가산점은 공무원 시험에 응시하는 이들에게만 주어진다. 공무원 시험에 응시하지 않는 사람은 혜택을 받을 기회 자체가 없다. 그런데도 국가가 국가유공자 등의 지원을 공무원 시험 가산점으로 해결하려는 것은 경제적 이유 때문으로 보인다. 국가유공자에게 공무원 시험 가산점을 부여한다고 공무원 수가 느는 것은 아니다. 어차피 뽑아야 할 공무원 중 일부를 국가유공자로 채우면 되기 때문에 추가 예산이 들지 않는다. 별도의 예산 없이 국가유공자를 지원하려는 국가의 꼼수였던 것이다.

이와 같은 국가의 꼼수는 경기가 좋아 취업률이 높았을 때는 문제가 되지 않았다. 하지만 취업률이 떨어져 청년 실업이 심각한 사회문제가 되고, 많은 청년이 공무원 시험에 몰리면서 심각한 사회문제로 부상했다. 하지만 이는 예상 가능한 일이었다. 응시자에게 가산점을 부여해서 공무원 중 일부분을 국가유공자에게 할당한다면 당연히 나머지 응시자들은 기회를 박탈당할 것이기 때문이다. 다만 그 정도가 적었을 뿐이다. 헌법재판소는 가산점 자체를 위헌으로 판단하고 국가유공자에게 제대로 된 지원 방안을 강구하게 했어야 한다.

공시족이라는 말이 나온 씁쓸한 현실의 책임 중 많은 부분은 나라 경제를 잘못 운영한 국가에 있다. 게다가 국가는 국가유공자 지원 의무를 회피하고자 공무원 시험 가산점 제도를 도입해 국민의 분열을 야기하기까지 했다. 물론 헌법은 국가유공자 등에게 우선적으로 근로 기회를 주도록 규정하고 있다. 그러나 우선적 근로의 기회는 별도의 일자리를 만들어 보장해야 하는 것이지 기존의 일자리 중 일부를 떼어내서 만드는 것은 아니다. 새로운 파이를 만들어야지 기존 파이 중 일부를 떼어주고서 의무를 다했다고 할 수는 없다. 국가유공자가 아닌 수많은 국민의 권리를 침해하면서 국가유공자에게 공무원 시험 가산점을 부여하는 현 제도는 문제가 크다.

국가가 국민을 외면한다면

박정희가 노동자에게
달아놓은 족쇄

┥ 헌법 제33조 제1항 ┝

근로자는 근로조건의 향상을 위하여 자주적인 단결권·단체교섭권 및 단체행동
권을 가진다.

춘투春鬪는 매년 봄 일어난 일본의 대규모 노동쟁의에서 유래한 말이다. 봄마다 노동쟁의가 일어난 이유는 일본 정부의 예산·회계 연도와 관련 있다. 일본은 4월 1일 예산·회계연도가 시작된다. 대다수의 기업도 이에 맞추어 회계연도를 4월 1일에 시작한다. 4월

에 회계연도를 시작하기 위해 3월 말까지는 지난해 결산과 다음 해 예산 계획의 수립이 끝나야 한다. 그래서 노동자의 임금과 근로 조건을 결정하는 임금과 단체 협상(임단협) 역시 2~3월에 마무리 되고는 했다.

인건비는 기업 예산에서 상당히 큰 부분을 차지한다. 그리고 다른 항목과 달리 사측이 독자적으로 결정할 수도 없다. 임금은 사측과 노동자의 협의를 통해 결정된다. 하지만 최대한 예산을 절감하려는 사측과 가급적 임금을 올리려는 노동자들의 의사가 일치하기는 쉽지 않다. 임단협은 원활히 진행되기 어렵기 때문에 회계연도 마감이 다가오면 긴장 관계가 고조되어 결국 노동조합은 파업에 돌입하고는 했다. 이를 봄에 발생하는 쟁의행위라는 뜻에서 춘계투쟁春季鬪爭이라 불렀다. 춘계투쟁의 줄임말이 춘투다.

한국 정부의 회계연도는 일본과 달리 1월 1일에 시작한다. 하지만 기업은 대부분 관례적으로 3월 1일에 회계연도를 시작한다. 그러나 대기업 중심으로 노동조합이 발전한 한국에서는 노동자들이 4월 정도에 임단협 요구안을 마련해 사측에 전달하고 5~6월부터 본격적인 임단협을 진행하고는 했다. 때문에 한국에서 파업은 주로 여름에 발생해왔다. 이를 춘투에 빗대어 여름에 하는 임금 투쟁이라는 의미로 하투夏鬪라 부른다. 하지만 일본의 춘투가 고유명사로 여겨지면서 특정 시기에 집중되는 임금 투쟁을 모두 춘투라 부르기도 한다.

그런데 노동조합이 거의 매년 파업을 반복하는 이유는 무엇일까? 기업은 노동자의 노동력 처분권을 돈(임금)을 주고 구입한다. 모든 거래가 그렇듯 노동력 처분권에 대한 거래에도 협상이 발생한다. 기업은 깎으려 하고, 노동자는 올리려 한다. 하지만 협상에서 노동자는 기업에 비해 매우 열악한 위치에 놓인다. 거대한 기업과 협상하기에 노동자 개인은 너무나도 미약한 존재다. 그래서 노동자들은 서로 뭉쳐 협상력을 높이고자 한다. 노동조합을 결성하는 것이다.

하지만 아무리 노동자가 단결해 힘을 키웠다고 해도 협상을 하려면 상대를 위협할 카드가 있어야 한다. 노동조합의 카드는 노무勞務 제공의 거부, 즉 파업이다. 요구 조건이 관철되지 않으면 일하지 않겠다는 것이다. 기업의 카드는 노무 수령의 거부다. 노동자가 일한다 해도 일을 시키지 않는 것이다. 공장 문을 닫아버리는 행위(직장 폐쇄)가 대표적인 방법이다. 물론 기업은 해고라는 강력한 무기도 있다. 하지만 해고는 자본주의 사회에서 노동자의 생존권 자체를 위협하는 행위이기 때문에 엄격한 조건과 절차를 갖추도록 법으로 제한한다.

파업을 하게 되면 노동자들이 일손을 놓아버리기 때문에 공장은 멈추게 되고 기업은 상당한 타격을 입게 된다. 파업은 노동조합이 쓸 수 있는 매우 강력한 카드다. 하지만 공격력이 강한 만큼 위험도 크다. 일하지 않으면 돈도 받을 수 없다는 무노동 무임금無勞動無賃金 원칙에 따라 파업 기간 노동자들은 임금을 포기해야 한다. 노동자들은 일하는 근본적인 이유인 임금을 포기하면서까지 파업에 참여하는 것이다.

그런데 노동조합은 왜 임금을 포기하면서까지 파업을 감행하는 것일까? 그것은 파업이 노동조합이 쓸 수 있는 거의 유일한 카드이기 때문이다. 공장을 멈추게 하는 것 말고는 노동조합이 기업에 타격을 입힐 방법은 사실상 없다. 만약 파업할 수 없다면 노동조합과 기업 간 협상은 한없이 기업 쪽으로 기울어질 것이다. 그렇기 때문에 노동자에게 파업은 반드시 보장되어야 하는 권리다. 일하지 않겠다(파업)는 자에게 노동을 강제한다면 이는 강제 노동(노예)에 해당한다.

노동자가 기업과 협상하기 위해서는 하나로 뭉쳐야 한다(단결권). 하지만 하나로 뭉쳤다고 해도 기업과의 협상을 개별적으로 해야 한다면 아무런 의미가 없다. 때문에 노동자들의 조직, 노동조합이 개별 노동자들을 대표해 기업과 협상할 수 있어야 한다(단체교섭권). 그리고 협상이 결렬된다면 노동자들은 파업과 같은 단체 행동을 할 수 있어야 한다(단체행동권). 헌법이 노동자의 단결권·단체교섭권·단체행동권, 즉 노동삼권을 규정한 이유다.

그런데 헌법의 노동삼권 규정에는 "근로조건의 향상을 위하여"라는 단서가 붙는다. 이 단서는 1962년 제5차 개헌에 의한 제6호 헌법에서 도입되었다. 이전까지 헌법은 "근로자의 단결, 단체교섭과 단체행동의 자유는 법률의 범위 내에서 보장된다"고만 규정했다. 이에 더해 제6호 헌법은 노동자의 이익분배균점권도 삭제했다. 이전 헌법에는 "영리를 목적으로 하는 사기업에 있어서는 근로자는 법률의 정하는 바에 의해 이익의 분배에 균점할 권리가 있다"고 규정해 노동자가 기업의 수익 중 일정 비율을 요구할 수 있도록 보장했다. 제5차 개헌은 노동삼권을 근로조건의 향상이라는 범위로 제한하고 기업의 수익 분배에 노동자를 배제함으로써 노동자의 권리를 대폭 축소시켰다.

1962년 제5차 개헌에 의한 제6호 헌법은 박정희가 1961년 5·16 쿠데타로 권력을 잡은 직후 헌법을 다시 만드는 수준으로 개정한 헌법이다. 당시 박정희는 자신에게 권력이 집중될 수 있도록 헌법을 개정했다. 이 과정에서 노동조합의 권한을 최대한 축소하기 위해 노동삼권에 "근로조건의 향상을 위하여"라는 단서를 붙인 것으로 생각한다.

"근로조건의 향상을 위하여"라는 단서는 현장에 엄청난 영향력을 미쳤다. 1999년 6월 7일 대전고등검찰청 검사장이었던 진형구는 기자들과 이야기를 나누던 중 큰 말실수를 했다. 이 말실수는 곧 언론에 대서특필되었고, 옷 로비 사건으로 위기를 맞았던 김대중 정권은 또다시 타격을 입을 수밖에 없었다. 그의 말실수는 1998년 11월 조폐공사 파업을 검찰이 유도했다는 것이었다.

1997년 말 IMF 외환 위기를 겪은 한국은 산업 전반에 걸친 구조 조정을 단행했다. 정부의 절대적인 영향력하에 있는 공기업이 구조 조정의 선봉에 섰다. 공기업 구조 조정의 일환으로 조폐공사는 대규모 인력 감축을 포함한 강도 높은 구조 조정을 단행했다. 노동조합은 강력히 반발했고 전면적인 파업으로 이어졌다. 조폐공사는 직장 폐쇄로 대응했다. 그런데 이 시점 당시 대검찰청 공안부장이었던 진형구가 고등학교 선후배 사이었던 조폐공사 사장에게 전화를 걸어 "좋지 않은 정보 보고가 올라온다. 서울이 시끄럽다. 빨리 직장 폐쇄를 풀고, 구조 조정을 단행하라", "위법성 시비가 있는 직장 폐쇄를 철회하라. 임금 협상과 관련한 파업은 불법이 아니어서 제압이 곤란하므로 공기업체 개혁에 차질이 생긴다. 구조 조정에 반대하는 파업은 불법이니 임금 삭감안을 갖고 노조와 협상하려 하지 말고 구조 조정을 단행하라. 그러면 노조가 파업을 하겠지만, 이는 불법 파업이므로 즉시 공권력을 투입해 제압해주겠다"고 말했다는 것이다.

구조 조정은 경영상 문제로 해석되어 노동조건의 개선과 관련 없기 때문에 구조 조정을 이유로 파업을 하면 불법이다. 검찰이 불법 파업을 유도해 노동조합을 탄압하려 한 것이다. 검찰은 즉각 내사內査를 벌였고 파업 유도 사실을 인정했지만 진형구의 단독 범행으로 덮으려 했다. 하지만 재판에서는 이보다 축소되어 직장 폐쇄를 풀고 구조 조정을 단행하라는 대화만 사실로 인정되었고 파업 유도 발언은 확인할 수 없다고 판단했다(대법원 2005. 4. 15. 선고 2002도3453 판결).

이렇듯 헌법 제33조 제1항에 의해 근로조건 향상을 위한 파업 외 모든 파업은 불법이 되면서 노동조합의 힘은 극도로 약해졌다. 대규모 인원 감축을 수반하는 구조 조정은 노동자에게는 일터를 떠나야 하는 중대한 사안이지만 근로조건과 관련 없기 때문에 파업의 대상이 되지 않는다. 만약 노동자들이 정부의 노동정책 등 사회구조적 문제를 유리하게 이끌기 위한 파업을 한다면 이 역시 노동조건 향상과 무관하다는 이유로 불법 파업이 된다.

기업은 홀로 존재하지 못한다. 사회 속에서 다양한 사회 구성 요소와 상호작용한다. 기업은 정부에 영향력을 행사해 사회제도를 기업에 유리하게 바꾸기도 한다. 조폐공사 파업 유도 사건에서 알 수 있듯, 정부의 정책은 기업과 노동자의 관계에도 큰 영향을 미친다. 당연히 노동자도 사회구조가 자신에게 유리해질 수 있도록 정부에 영향력을 행사할 수 있어야 한다. 파업은 노동자가 영향력을 행사할 수 있는 거의 유일한 방법이다. 하지만 박정희 정권 때 개정된 헌법은 노동자들의 노동삼권 행사를 근로조건의 향상을 위한 경우로 제한하고 있어 정부 정책에 대한 파업 역시 불가능하다. 노동자들은 심각하게 기울어진 운동장에서 권력과 맞서고 있다.

공무원은
파업을 하면 안 될까?

2013년 10월 24일 고용노동부는 전국교직원노동조합(전교조)에 팩스 1장을 보냈다. 제목은 "노동조합으로 보지 아니함"이었다. 이유는 노조원 중 해직자가 있다는 이유였다. 당시 전교조 조합원 중 해직자는 9명이었다. 전교조 전체 조합원은 6만여 명에 달했다. 정부는 고작 9명의 해직자 때문에 6만여 명의 조합원 지위를 박탈해버린 것이다. 이로써 전교조는 설립 25년, 합법화 14년 만에 법적 노동조합의 지위를 잃게 되었다.

전교조의 역사는 수난의 역사였다. 교직원 노동조합이 처음 설립된 것은 1960년이었다. 당시 1,500여 명의 교사가 노동조합을 결성했으나 다음 해 벌어진 5·16 군사 쿠데타로 수많은 교사가 구속·해직되면서 실패하고 말았다. 이후 교원 운동은 계속 정권의 탄압을 받아야 했다. 그러던 중 1987년 6월 민주 항쟁의 물결 속에서 그해 7월 민주교육추진 전국교사협의회(전교협)가 결의되었고 같은 해 9월 전교협이 창립되었다. 그리고 1989년 5월 28일 드디어 전교조가 정식 출범하게 되었다.

그러나 정부는 전교조를 출범과 동시에 불법 단체로 간주했다. 정부는 탈퇴 각서를 각 학교의 모든 교사에게 배포하고 전교조를 탈퇴하지 않으면 즉각 해임하겠다며 협박했다. 그러나 정부의 협박에도 전교조 교사들은 노동조합을 탈퇴하지 않았고 결국 1,527명의 교사가 노동조합에 가입했다는 이유로 파면·해임되었다. 당시 문교부가 전교조 식별법이라며 일선 학교에 배부한 공문은 오히려 전교조 교사의 명예를 치켜세워준 사건으로 아직도 회자된다.

국가가 국민을 외면한다면

전교조 식별법

- 촌지를 받지 않는 교사
- 학급에서 아이들과 신문을 내고 글을 받아서 문집 활동을 하는 교사
- 형편이 어려운 아이들과 상담을 자주 하는 교사
- 동아리에서 신문, 민속, 탈춤, 민요, 노래, 연극 등을 가르치는 교사
- 지나치게 열심히 가르치는 교사
- 아이들의 자율성, 창의성을 높이려는 교사
- 생활한복을 입고, 풍물패를 조직하는 교사
- 직원회의 때 교장선생님의 말에 원리 원칙을 따지며 토를 달고 발언하는 교사

이후 김영삼 정권이 출범하고 한국이 OECD에 가입하면서 전교조 문제가 다시 불거졌다. OECD 이사회가 한국에서 교사의 노동자성이 보장되지 않는다는 이유로 가입을 반대했기 때문이다. OECD는 김영삼 정부에 교원의 단결권 보장, 민주노총 합법화, 해고자와 실업자의 노조 가입 허용 등을 요구했고 산하 기구인 고용노동사회위원회ELSA가 한국의 약속 이행을 2007년까지 감시하는 조건으로 1996년 10월 11일 OECD 가입을 승인했다.

그러나 김영삼 정권은 OECD와의 약속을 이행하지 않았고 IMF 외환 위기 속 김대중 정권이 출범했다. 김대중 정권은 노사정 위원회를 설치하고 전교조 합법화를 논의했다. 오랜 투쟁과 우여곡절 끝에 1999년 1월 6일 '교원의 노동조합 설립 및 운영 등에 관한 법률(교원노조법)'이 국회를 통과하고 같은 해 7월 1일 시행되면서 전교조는 6만 2,654명 조합원의 이름으로 합법 노조가 되었다. 이에 더해 당시 노사정 위원회는 '경제 위기 극복을 위한 사회 협약'에 합의한 바 있다. 협약 제77조는 "정부는 노동기본권 확충을 위해 실업자에게 초기업 단위 노조의 가입 자격을 인정한다"고 규정하고 있다.

2013년 박근혜 정부의 전교조 법외노조화는 참교육을 위한 전교조 교사들의 오랜 노력을 무시한 행위다. 이에 더해 교사의 노동자성 보장이라는 OECD 가입 조건과 실업자의 초기업 단위 노조 가입 자격 인정이라는 노사정 위원회의 '경제 위기 극복을 위한 사회 협약'을 위반한 것이다.

그런데 교사들이 노동조합을 설립하는 데 왜 이렇게 오랜 시간이 걸려야 했고 그 과정에서 1,600명에 달하는 교사가 해직·파면되어야 했을까? 그리고 정부는 왜 무리를 하면서까지 전교조를 법외노조로 만들려고 했을까? 이런 물음에 답을 얻기 위해서는 공무원 노동조합에 대한 정부의 인식과 태도를 살펴볼 필요가 있다.

국가가 국민을 외면한다면

헌법 제33조 제2항은 공무원의 노동삼권을 제한하고 있다. 이어 제3항은 주요 방위산업체 노동자의 단체행동권을 제한한다. '공무원의 노동조합 설립 및 운영 등에 관한 법률(공무원노조법)' 제6조는 노동조합의 가입 범위를 6급 이하 공무원으로 제한하고 있다. 제11조는 "노동조합과 그 조합원은 파업, 태업 또는 그밖에 업무의 정상적인 운영을 방해하는 일체의 행위를 하여서는 아니 된다"고 해서 공무원의 쟁의행위를 일체 금지하고 있다. 교원노조법 제8조도 쟁의행위를 금지하고 있다. '노동조합 및 노동관계조정법' 제41조 제2항은 "'방위사업법'에 의해 지정된 주요 방위산업체에 종사하는 근로자 중 전력, 용수 및 주로 방산 물자를 생산하는 업무에 종사하는 자는 쟁의행위를 할 수 없다"고 규정해 주요 방위산업체 종사자의 쟁의행위를 금지하고 있다. 이렇게 법률은 철저히 공무원의 노동조합 활동을 제한하고 있다.

공무원의 노동조합 활동에 대한 법의 태도가 처음부터 부정적이었던 것은 아니다. 공무원의 노동삼권 제한과 주요 방위산업체 노동자의 단체행동권 제한은 1963년 제5차 개헌과 1972년 제7차 개헌에서 도입된 규정이다. 제5차 개헌은 박정희의 5·16 군사 쿠데타 직후 이루어진 개헌이고 제7차 개헌은 박정희 정권이 장기 집권을 위해 헌법을 유린한 유신 개헌이다. 제5차 개헌 이전 헌법은 "근로자의 단결, 단체교섭과 단체행동의 자유는 법률의 범위 내에서 보장된다"고만 규정해 공무원이나 방위산업체 노동자에 대한 제한이 없었다. 5·16 군사 쿠데타로 집권해 민주적 정당성을 확보하지 못한 박정희 정권은 정권 유지를 위해 강력한 권력이 필요했다. 이를 위해서는 공무원 조직을 장악할 필요가 있었고 공무원의 노동조합 활동은 상상할 수 없었을 것이다. 이후 영구 집권을 꿈꾸었던 박정희 정권은 반공 이데올로기를 이용해 한국을 군사국가화했는데 이 과정에서 방위산업체 종사자들의 단체행동권마저 제한한 것이다.

공무원은 국민에 대한 봉사자라며 공무원의 파업에 반대한다는 주장이 있다. 간혹 공무원에게 "내가 낸 세금으로 너희들 월급을 준다"며 큰소리를 치는 민원인도 있다. 헌법 제7조는 공무원을 국민 전체에 대한 봉사자로 규정하고 있다. 그러나 이 조항은 공무원은 국민을 위해 일해야지 특정인을 위해 일하면 안 된다는 의미일 뿐이다. 공무원의 월급이 주로 세금으로 충당되는 것 역시 사실이다. 하지만 세금은 단순히 공무원 급여의 재원일 뿐 그 이유로 국민과 공무원 간 상하 관계가 이루어지는 것은 아니다.

공무원이 파업한다면 국민이 불편을 겪을 것이기 때문에 그들의 노동삼권 제한이 정당하다는 주장도 있다. 교사가 파업하면 학생들의 수업권이 침해될 것이다. 주민센터 공무원이 파업한다면 민원 처리에 차질이 발생할 수 있다. 이런 것은 고스란히 국민의 불편으로 이어진다. 하지만 노동자로서 파업하는 것은 그들의 당연한 권리다. 파업 과정에서 발생하는 국민의 불편이 노동자의 권리를 제한하는 근거가 될 수는 없다. 공무원의 파업으로 발생하는 국민의 불편은 노동기본권의 확립을 위해 감내해야 하는 부분이다. 그리고 파업은 노동자가 하는 것이지만 그 원인까지 노동자에게만 있는 것이 아니다. 사측(정부) 역시 파업을 막지 못한 책임이 있다.

공무원 노동조합의 파업이 반드시 시민의 손해로 이어지는 것 또한 아니다. 1989년 문교부가 배부한 전교조 식별법으로도 알 수 있듯 전교조 활동 이전 학교에서는 촌지가 일상적이었고 열심히 가르치는 교사가 오히려 비정상적인 교사로 인식될 정도로 참교육이 이루어지기 어려웠다. 2017년 문화체육관광부 제2차관으로 임명된 노태강은 문화체육관광부 체육국 국장으로 재임하던 2013년 정권 실세의 비리를 눈감으라는 청와대의 압력에 굴하지 않다 사표를 써야 했다. 공무원이 권력에 종속되고, 중앙 부처의 고위직 공무원마저 정권에 찍혀나갈 수밖에 없는 것은 사용자(정부)를 견제할 힘 있는 노동조합이 없기 때문이다. 만약 강한 노동조합이 있었다면 노태강에 대한 사퇴 압력은 부당 해고에 해당해 노동조합의 강력한 반발에 부딪혔을 것이다. 노동자(공무원)가 사용자(정부)를 견제할 수 있었다면 대통령의 탄핵까지 야기한 국정 농단 사태는 미연에 방지할 수 있었을 것이다. 공무원 노동조합은 궁극적으로는 국가 전체의 이익이 될 수 있다.

노동삼권은 노동자의 당연한 권리다. 공무원이라고 예외일 수는 없다. 헌법 제33조 제1항에서 살펴보았듯 파업과 같은 단체행동권이 제한된 노동삼권은 아무런 의미가 없다. 공무원이 파업할 권리는 노동자로서 당연한 권리다. 공무원 노동조합의 파업은 일시적으로 시민의 불편함으로 이어질 수 있으나, 장기적으로는 국가에 도움이 된다. 그런데도 정부가 공무원의 노동삼권 보장을 고집스럽게 제한하는 것은 공무원의 장악이 권력 유지에 도움이 되기 때문일 것이다. 2013년 전교조의 법외노조화 역시 같은 맥락에서 이해해야 한다.

헌법의 공무원 노동삼권 제한은 비교법적으로도 유례를 찾아보기 힘든 조항이다. 한국과 같이 공무원의 노동삼권을 제한하는 나라는 찾아보기 힘들다. 박정희 정권은 우리 헌법에 너무나도 많은 독소 조항을 삽입했다. 박정희가 죽은 지 38년이 지났고 문민정부가 들어선 지 24년이 지났다. 그러나 아직도 우리 헌법에는 박정희의 흔적이 너무나도 많이 남아 있다.

국가가 국민을 외면한다면

5장

헌법이 말하는
인간다운 삶

최저임금으로
인간다운 삶이 가능할까?

2017년 6월 30일 국회에서는 경제민주화정책포럼, 이언주 의원, 경제균형발전을 위한 국민실천협의회 주최로 '비정규직 제로, 최저임금 1만 원 인상, 근로시간 단축은 좋은 일자리 창출의 필요조건인가'라는 토론회가 개최되었다. 토론회가 끝날 무렵 주최 기관인 경제균형발전을 위한 국민실천협의회는 전국의 소상공인에게 "최저임금 인상 시 해고 예고 20만 명 즉시 서면 통보"라는 대응 지침을 발표했다. 정부가 최저임금을 인상하면 20만 명을 해고하겠다는 협박에 가까운 엄포였다.

토론회가 끝나자 곧 논란이 일었다. 야당 국회의원이 주최한 토론회에서 정부 정책을 비판하며 20만 명의 노동자를 해고하겠다는 협박성 발언이 나왔기 때문이다. 소상공인들이 이처럼 민감하게 반응하는 것은 문재인 대통령의 공약 중 최저임금을 2020년까지 시급 1만 원 이상으로 올리겠다는 내용이 있었기 때문이다. 최저임금 1만 원 공약에 중소기업과 소상공인은 즉각 반발했다. 지금도 직원 임금이 부담인데 최저임금이 1만 원까지 오른다면 수많은 중소기업과 소상공인은 파산할 수밖에 없다는 주장이다.

2017년 최저임금은 시간당 6,470원이다. 월급으로 계산하면 약 135만 원 수준이다. 문재인 정부의 공약대로 2020년까지 최저임금이 1만 원 이상으로 인상된다면, 월급으로는 약 209만 원이 된다. 최저임금의 '최저'라는 의미대로 시간당 6,470원 이하로 급여를 책정해서는 안 된다. 하지만 현실에서는 최저임금이 최고임금으로 적용되고 있다. 노동자의 임금을 최저임금에 맞추어 지급하기 때문이다. 최저임금 인상에 중소기업과 소상공인들이 발끈하고 나선 것은 그들이 고용하는 노동자 중 대다수가 최저임금을 받고 있다는 것을 반증한다. 시간당 6,470원 이상 주어야 한다는 최저 임금을 적어도 시간당 6,470원은 주어야 한다고 해석해 적용한 것이다.

심지어 최저임금법을 위반해 처벌받는 사업주도 상당히 많다. 합법적으로 최저임금을 지키지 않을 방법도 있다. 최저임금법 제5조와 시행령 제3조는 수습 기간에는 최저임금의 90퍼센트만 지급할 수 있도록 규정하고 있다. 임금의 최저 수준을 보장하기 위한 최저임금법이 스스로 그 이하의 임금을 지급할 방법을 제시하고 있는 것이다. 물론 1년 이상의 근로계약을 체결해야 하고 수습 기간은 3개월을 초과할 수 없다는 단서가 있기는 하다. 하지만 최저임금을 적용받는 노동자는 대부분 미숙련·단기 고용 형태로 근속 기간이 길지 않다는 점을 고려하면 수습기간 3개월은 결코 짧은 기간이 아니다. 최저임금의 90퍼센트면 월급은 121만 원에 불과하다.

헌법 제34조 제1항은 "모든 국민은 인간다운 생활을 할 권리를 가진다"고 선언한다. '인간다운 생활'은 매우 추상적인 개념이다. 영국의 정치사상가인 존 스튜어트 밀John Stuart Mill은 "배부른 돼지보다 배고픈 소크라테스가 낫다"고 했다. 밀에게 인간다운 생활이란 배불리 먹고사는 것만을 뜻하지는 않았던 것 같다. 반면 몰리에르Molière의 희곡 「수전노L'Avare」의 주인공 아르파공은 돈을 많이 모으는 것이 인생 최고의 목표였다. 아르파공은 배부른 돼지를 선택한 것이다. 그러나 월 135만 원, 수습기간에는 121만 원을 받는 노동자에게는 이러한 논의 자체가 무의미하다.

헌법이 말하는 인간다운 생활을 할 권리를 헌법재판소는 "입법부와 행정부에 대해는 국민소득, 국가의 재정 능력과 정책 등을 고려해 가능한 범위 안에서 최대한으로 모든 국민이 물질적인 최저 생활을 넘어서 인간의 존엄성에 맞는 건강하고 문화적인 생활을 누릴 수 있도록 해야 한다는 행위의 지침"으로 해석하고 있다(헌재 1997. 5. 29. 94헌마33). 이는 국가가 국민의 인간다운 생활을 보장하기 위해 노력했는지 판단하는 가장 중요한 기준을 국가의 재정 능력으로 삼은 것으로, 매우 보수적인 해석이다. 쉽게 말해 국가가 능력껏 했다면 현실에서 국민이 인간다운 생활을 하지 못한다고 해도 문제 되지 않는다는 태도다. 하지만 헌법재판소의 의견 중 눈여겨볼 부분이 있다. 인간다운 생활을 "물질적인 최저 생활을 넘어서 인간의 존엄성에 맞는 건강하고 문화적인 생활"로 정의한 부분이다. 생명만 유지하는 삶은 인간다운 삶이 될 수 없다는 것이다. 적어도 최소한의 기본적 문화생활은 누릴 수 있어야 인간다운 삶이라고 할 수 있다는 것이 헌법재판소의 입장이다.

삶의 질을 경제적 기준으로만 따질 수는 없다. 하지만 자본주의 사회에서 경제적 기준은 삶의 질을 결정하는 매우 중요한 기준이다. 그렇다면 한 달에 얼마나 벌어야 인간다운 삶을 살아갈 수 있을까? 2017년 최저임금인 월 약 135만 원으로 인간다운 삶을 살아갈 수 있을까? 만약 월 135만 원이 인간다운 삶을 살아갈 수준이 되지 못한다면 국가는 최저임금을 인상하거나 국민에게 부족분을 메울 수 있는 경제적 지원을 해야 한다. 헌법이 국가에 지운 의무기 때문이다.

월 135만 원을 한 달, 30일로 나누면 하루 4만 5,000원이다. 대부분의 식당에서 한 끼 식사가 5,000원 이상임을 생각해보면 하루 세끼만 먹어도 1만 5,000원이 소요된다. 여기에 의류 비용과 주거 비용을 고려하면 월 135만 원은 삶을 겨우 유지할 수 있는 수준으로 보인다. 실제로 최저임금위원회의 2016년 심의 자료에 따르면 단신 노동자 실태생계비는 월 169만 원이었다. 2인 가구는 274만 원이었고 3인 가구는 347만 원에 달했다. 월급 135만 원은 혼자 살 수도 없는 돈이다. 만약 부양가족이라도 있다면 최저임금은 생존을 위협하는 수준이 된다. 대리운전이든 야간 편의점 아르바이트든 '투 잡'을 뛰어야만 생존할 수 있다.

많은 이가 최저임금으로 시급 1만 원을 주장하고 정부도 2020년까지 최저임금을 시급 1만 원 이상으로 인상하는 방안을 추진하는 것은 사람이 인간다운 생활을 하기 위해 최소한 월 209만 원은 벌어야 하기 때문이다. 그렇다고 해도 단신 노동자 실태생계비를 넘기는 수준밖에 되지 않는다.

헌법은 '인간다운 생활'이라는 용어를 사용한다. 헌법이 '생존'이 아닌 '인간다운 생활'을 선택한 것은 사람에게는 먹고사는 것 이상이 보장되어야 한다는 명확한 의지의 표명이다. 그런데도 지금까지 국가는 최저임금을 매우 낮은 수준으로 유지해왔다. 이에 더해 경제계는 먹고사는 문제만 겨우 해결할 수 있을 정도의 낮은 최저임금마저도 높다며 아우성쳐왔다. 심지어 최저임금을 인상하면 20만 명을 해고하는, 다분히 불법적인 행동을 하겠다며 정부를 협박하기까지 했다.

다행히 야당 국회의원이 공동으로 주최한 토론회에서 소상공인 단체가 정부를 상대로 한 협박은 효과가 없었다. 2017년 7월 15일 최저임금위원회는 2018년 최저임금을 시급 7,350원으로 확정했다. 2017년 대비 16.4퍼센트 인상된 금액이다. 월급으로 환산하면 약 157만 원으로 2017년보다 22만 원이나 올라간다. 보통 6~8퍼센트 올랐고 2010년에는 겨우 2.8퍼센트 올라가기도 했던 최근 10년 동안의 최저임금 인상률을 고려해보았을 때, 16.4퍼센트는 대폭 상승이다. 문재인 정부의 공약대로 2020년까지 최저임금을 시급 1만 원 이상으로 올리려면 연평균 15.7퍼센트씩 인상해야 하는데 재임 첫해에는 목표를 달성한 것이다.

한 달 동안 일해서 209만 원을 받겠다는 것이 중소상공인의 생존을 위협한다고 아우성치는 나라에서 국민의 인간다운 삶은 보장되기 어려울 것이다. 최저임금의 인상이 실제 소상공인들의 도산으로 이어질지도 의문이다. 하지만 소상공인의 폐업 도미노가 발생한다고 해도, 그것이 최저임금 탓만은 아닐 것이다. 고용이 극히 불안정하고 실업률이 높은 반면 전체 산업에서 자영업자의 비중이 높은 한국 경제구조의 특성에서 기인한 바가 크다. 한 집 걸러 한 집이 치킨집이고 자고 일어나면 새로운 커피숍이 생기는 상황에서 소상공인이 도산하지 않고 버티는 것이 오히려 기이한 현상일 것이다. 노동자가 인간다운 삶을 사는 것과 소상공인의 생존이 대립하는 경제는 올바른 체제일 수 없다. 최저임금 1만 원을 내세운 정부는 소상공인이 노동자에게 시급 1만 원을 지급할 능력을 갖출 수 있도록 정책적 지원을 마련해야 할 것이다.

헌법이 말하는 인간다운 삶

스웨덴 비싱쇠섬의
비밀

스웨덴에는 세르스Kährs라는 원목 마루를 생산하는 회사가 있다.
세르스 원목 마루는 세계적으로 인정받을 정도로 품질이 우수하
다. 세르스는 원목 마루의 재료인 참나무를 비싱쇠Visingsö섬에서 공
급받는다. 비싱쇠섬은 품질 좋은 참나무가 빽빽이 들어선 풍경으

로 유명하다. 그런데 비싱쇠섬의 풍경에는 웃지 못할 사연이 담겨
있다.

비싱쇠섬은 베테른Vättern호수 안에 있는 면적 25제곱킬로미터
의 섬이다. 베테른호수는 스웨덴에서 두 번째로 큰 호수로 면적은
제주도보다 약간 크다. 예전부터 비싱쇠섬에는 아름드리 참나무가
빽빽이 심어져 있었는데, 누가 조림造林을 시작했는지는 알려지지
않았다. 스웨덴 사람들은 비싱쇠섬의 참나무를 사랑하면서도 누가
심고 가꾸기 시작했는지 궁금해했다. 이 궁금증은 의외의 사건을
계기로 풀렸다.

1980년 스웨덴 해군은 산림청이 보낸 공문 한 통을 받았다. 군
함 건조용 목재를 인수하라는 공문이었다. 1980년, 강철로 만든
군함이 바다를 누비는 시대에 군함을 만들 목재를 인수하라니, 스
웨덴 해군은 황당할 뿐이었다. 하지만 참나무로 군함을 만들라는
공문의 사연은 우리에게 큰 교훈을 주었다.

스웨덴인은 바이킹의 후손이다. 바다를 호령하던 선조들의 기상
을 이어받아 한때 가장 강력한 해군을 보유하기도 했다. 하지만 네
덜란드와 영국 등 신흥 강자들이 등장하면서 스웨덴은 해상 주도
권을 잃고 말았다. 1829년 스웨덴 의회는 다시 바다로 진출할 수
있도록 강력한 해군을 만들 방안을 강구했다. 그러기 위해 가장 필
요한 것은 전함을 만들 튼튼한 나무였다. 군함을 만들다 보면 곧

나무가 동날 것이고 그러면 해군력 보강은 불가능하다. 스웨덴 의회는 나무를 키우는 것으로 문제를 해결하고자 했다. "나무가 없으면 나무를 심으면 된다!"

나무를 심고 가꿀 최적의 장소를 찾았고 비싱쇠섬이 낙점되었다. 의회는 산림청에 비싱쇠섬에 참나무 2만 그루를 심고 전함 건조용으로 충분히 자랄 수 있을 때까지 관리하도록 했다. 그런데 의회가 참나무를 관리할 기간으로 잡은 것이 무려 150년이었다. 그때가 1829년이니 150년 후인 1980년까지 참나무를 잘 키워 군함을 만들라는 것이었다. 150년이 지나 1980년이 되자 산림청은 해군에 목재를 인수하라고 공문을 보냈다.

해군은 참나무를 벌목해 큰 이익을 얻을 수 있었다. 하지만 그렇게 하면 수령 150년이 넘는 수만 그루의 참나무가 사라져야 했다. 더는 참나무로 군함을 만드는 시기도 아니었지만, 해군은 비싱쇠섬의 참나무 숲을 훼손하지 않았다. 스웨덴은 비싱쇠섬의 참나무 숲을 보전하기로 결정했다. 비싱쇠섬의 아름다운 참나무 숲이 유지될 수 있었던 비밀이다.

1829년, 스웨덴은 150년을 내다보고 국가 계획을 세웠다. 강철로 만든 군함의 등장을 예견하지 못해 본래의 목적을 달성하지는 못했으나, 먼 미래를 내다본 장기 계획은 수만 그루의 참나무로 가득 찬 비싱쇠섬을 만들어내었고, 비싱쇠섬은 후손에게 물려줄 홀

룡한 자원이 되었다. 그러나 만약 1980년 스웨덴 해군이 비싱쇠섬 참나무를 벌목했다면 지금 비싱쇠섬에는 참나무 밑동만 남아 있을 것이다.

비싱쇠섬의 참나무 숲에서 알 수 있듯 자연을 가꾸고 보존하는 데는 매우 긴 시간이 필요하다. 반면 파괴는 한순간에 이루어진다. 자연에 대한 인간의 손길은 적으면 적을수록, 더디면 더딜수록 좋다. 우리는 자연에 성급하게 접근해 돌이키기 어려운 환경 파괴가 저질러지는 것을 목격한 바 있다. 바로 4대강 사업이다. 이명박 정부는 굵직한 강들을 파헤치고 보洑라는 이름의 댐을 건설해 강을 호수로 만드는 일을 4년 만에 해치웠다. 인간의 역사 이전부터 흘러왔던 강은 단 4년 만에 흐름을 멈추고 호수가 되어버렸다.

결과는 참담했다. 고인 물은 썩기 시작했고 기온이 조금만 올라가도 강은 녹조로 뒤덮였다. 4대강의 녹조는 진한 녹색이었고, 이를 비꼬아 '녹조라테'라는 말까지 생겼다. 4대강이 아니면 들어볼 일도 없었을 큰빗이끼벌레와 붉은깔따구는 국민 상식이 되었다. 강변을 메웠던 아름드리 버드나무는 잘려나갔고, 수변 공원을 가꾼다면 심은 메타세쿼이아는 몇 년을 버티지 못하고 말라 죽었다. 습지에 살지 못하는 메타세쿼이아의 특성을 무시하고 강변에 심었기 때문이다. 스웨덴은 150년을 내다보고 참나무를 심은 반면 우리는 수십 수백 년은 되었을 버드나무를 잘라내고 몇 년을 버티지 못할 메타세쿼이아를 심은 것이다.

인간이 4년 만에 망쳐놓은 4대강을 복원하는 데 얼마나 긴 시간이 걸릴지는 아무도 모른다. 다만 4년과는 비교할 수도 없을 긴 시간이 걸릴 것은 분명하다. 파괴된 환경을 복원하는 것은 우리 세대의 일만이 아니다. 1829년 스웨덴 의회의 선택이 1980년 후손들에게 아름다운 참나무 숲을 물려준 것과 같이, 지금 우리의 선택은 다음 세대, 그다음 세대 혹은 그보다 훨씬 후에 이 땅에 살아갈 이들에게 영향을 미칠 수 있다.

냉전시대인 1959년 미군은 그린란드에 비밀 군사기지를 건설했다. 이 군사기지에서 핵실험을 진행한 미군은 1966년 기지를 폐쇄하면서 방사능에 오염된 냉각수 2,400만 리터와 저준위 핵폐기물을 기지와 함께 빙하 35미터 아래에 묻어버렸다. 그린란드의 빙하 속에 방사성 폐기물이 영원히 묻혀 있을 것이라 생각했던 것이다. 하지만 지구온난화가 지속되면서 빙하가 녹아내리기 시작했다. 현재 그린란드의 빙하는 해마다 3미터 이상 녹아내리고 있다. 이대로라면 2090년에는 미군이 묻은 방사성 폐기물은 대기 중에 노출되어 대규모 환경 재앙을 불러일으킬 것이다.

2011년 3월 11일 발생한 일본 후쿠시마 원전 폭발 사고는 바다와 대기를 오염시켰다. 후쿠시마 원전에서는 아직도 방사성 물질이 배출되고 있다. 방사성 물질에 오염된 바닷물은 일본뿐 아니라

전 세계 바다로 흘러들어 지구 전체를 오염시키고 있다.

헌법 제35조 제1항은 "국가와 국민은 환경보전을 위하여 노력하여야 한다"라며 국가와 국민 모두에게 환경 보전 의무를 지우고 있다. 헌법의 다른 규정이 국가 또는 국민 한편에만 의무를 부과하는 것과는 대조적이다. 환경은 한 번 파괴되면 복구에는 예측하기조차 어려운 긴 시간이 걸린다. 방사성 원소의 반감기는 수만 년에 달해 영원할 것 같던 빙하보다 오래간다. 방사능에 오염된 바닷물은 돌고 돌아 지구 전체에 영향을 미친다. 방사능은 극단적인 예지만, 예외적인 사례는 아니다. 방사능보다는 약해도 우리가 일상에서 발생시키는 환경오염 역시 복구에 오랜 시간이 걸리고 다른 사람에게도 영향을 미친다. 헌법이 국민과 국가 모두에 환경 보전 의무를 부여한 이유다.

존재를
부정당하는 사람들

1938년 헨리 터너Henry Turner는 터너 증후군Turner syndrome이라 불리게 되는 염색체 이상 증세를 보고했다. 곧 의학계는 충격에 휩싸였다. 그들이 절대적으로 믿고 있던 과학적이고 합리적인 성별 구분이 무너질 위기에 처했기 때문이다. 성염색체는 X와 Y 2가지가 있는데, X와 X가 만나 XX 조합이면 여성, X와 Y가 만나 XY 조합이면 남성이 되는 것으로 알려져왔다. 그러나 터너증후군은 성염색체가 X 하나다. 그러면서도 외부 생식기의 형태는 일반 여성과 같았다. 염색체가 XX가 아닌 여성의 존재가 발견됨으로써 여성은 XX라는 기존 의학계의 공식이 깨진 것이다. 그러나 주류 의학계는 Y염색체가 존재해야 남성이기 때문에 X염색체만 가진 터너 증후군이 X와 Y염색체에 따라 성별이 결정된다는 원칙의 예외가 될 수는 없다고 주장했다.

4년 뒤 의학계는 다시 한 번 난감한 상황에 봉착했다. X와 Y염색체가 모두 존재하는 성염색체 이상증이 발견되었기 때문이다. 1942년 해리 클라인펠터Harry Klinefelter는 XXY로 염색체가 구성된 사례를 발견했다. 클라인펠터 증후군Klinefelter syndrome이라 불리게 된 이 증상을 갖고 태어난 사람은 남성의 생식기가 있지만 고환이 작고 체모가 거의 없다. 유방이 비대해져 여성과 같은 이들도 있다. 남성은 XY 염색체를 갖고 있다는 원칙이 깨짐과 동시에 Y염색체가 있음에도 여성적 특징이 나타나는 클라인펠터 증후군은 Y염색체의 존재가 남성을 결정한다는 주장을 위협했다.

X나 XXY 성염색체 조합이 존재한다는 사실은 XX와 XY라는 염색체의 구성이 인간을 남성과 여성으로 명확히 구분하지 못한다는 증거가 되었다. 그런데도 인간이 남성과 여성으로 엄격히 구

분될 수 있다는 신념을 가진 이들은 Y염색체의 존재나 외부 생식기의 형태로 남성과 여성을 구분할 수 있다는 주장을 굽히지 않았다. 이들의 주장은 클라인펠터 증후군에 의해 다시 한 번 깨지고 말았다.

클라인펠터 증후군 중 성적 정체성에 혼란을 겪는 사례가 다수 발견되었다. 대부분의 사람은 일생을 살면서 유전자 검사를 받아 볼 일이 거의 없다. 클라인펠터 증후군 역시 고환이 작고 체모가 없다는 것 외에는 밖으로 드러나는 이상 증상이 적기 때문에 증상을 알지 못하고 평생을 살아가는 사람이 많다. 성 정체성에 혼란을 겪는 클라인펠터 증후군 중 일부는 유전자 검사를 통해 뒤늦게 XXY 염색체 조합을 알고 오히려 성 정체성을 편하게 받아들여 안정감을 찾기도 한다.

성 정체성에 혼란을 겪는 클라인펠터 증후군의 사례는 인간을 남성과 여성이라는 이분법으로 구분할 수 있다고 믿는 사람들에게 혼란을 주었다. 그들은 생물학적 성과 다른 성 정체성을 가진 성전환증transsexualism을 정신병이라 주장했다. 인간을 남성과 여성으로 구분하고 이 범주에서 벗어나는 이들은 정신 질환자로 치부해 예외를 부정하려는 것이다. 그러나 클라인펠터 증후군의 여성으로서의 정체성은, 인간의 성을 생물학적 기준에 따라 남성과 여성으로만 나누는 이들의 주장에 따르면 XX(Y) 염색체에 의한 것이므로 정신병이라고 몰아붙일 수는 없었다.

　인간을 남성과 여성이라는 2가지 성으로 구분할 수 있다는 강력한 환상은 의학의 발달을 통해 XX, XY 염색체 구성이 발견되면서 과학적 환상으로 발전했다. 하지만 X(터너 증후군)와 XXY(클라인펠터 증후군) 조합이 발견되면서 과학적 환상 또한 위협받았다. 그러나 Y염색체의 존재와 외부 생식기 형태라는 어설픈 과학적 변명은 폐기되어야 할 남성과 여성이라는 환상에 다시 생명을 불어넣었다. 하지만 성 정체성에 혼란을 겪는 클라인펠터 증후군 사례는 Y염색체와 남성의 외부 생식기가 절대적 기준이 될 수 없음을 보여주었다. 이들은 남성임에도 여성 정체성을 가진 정신병자로 몰아 남성의 범주에 넣을 수도 없었다.

　흑조black swan가 단 한 마리라도 존재한다면 모든 고니는 백조 white swan라는 정의는 깨질 수밖에 없다. 클라인펠터 증후군은 Y염색체와 남성의 외부 생식기를 갖고 있어도 남성이라 정의할 수 없는 흑조 같은 존재였다. 외적 특성과 유전적 구성으로 남녀를 구분할 수 없다면 성전환증의 존재를 받아들여야 한다. 더는 인간을 남성과 여성만으로 구분할 수 없게 된 것이다. 인류와 함께 언제나 존재해왔으나 단 한 번도 존재를 인정받지 못했던 남성도 여성도 아닌 제3의 성이 드디어 인정받을 수 있게 된 것이다. 하지만 인구의 대다수를 차지하는 XX 염색체 보유 여성과 XY 염색체 보유 남성은 고집스럽게도 그들의 존재를 인정하지 않으려 했다.

클라인펠터 증후군이 보고된 것은 1942년이다. 과학적으로 남성과 여성을 구분할 수 있다는 환상이 깨진 지 반세기가 훌쩍 넘은 것이다. 그럼에도 어떠한 과학적 근거도 없는 양성(남·여)이라는 환상은 아직 우리 사회를 강하게 지배하고 있다. 헌법 제36조 제1항은 "혼인과 가족생활은 개인의 존엄과 양성의 평등을 기초로 성립되고 유지되어야"한다고 규정한다. 성에 따른 불평등 거부는 환영할 일이지만 성을 양성으로 구분 짓는 것에는 문제가 있다. 남도 여도 아닌 제3의 성을 부정하기 때문이다.

헌법 제36조 제1항의 '양성'은 성을 이분법으로 남과 여로 구분한다는 것을 넘어 더 큰 문제가 있다. 양성을 혼인과 연계시켰기 때문이다. 헌법이 혼인과 가족 구성은 양성에 따라야 한다고 규정함으로써 한국에서 동성 커플의 결혼은 인정받을 수 없게 되었다. 2013년 9월 7일 영화감독 김조광수는 사업가 김승환과 결혼식을 올렸다. 그런데 이들은 둘 다 남성이었다. 그들은 결혼식을 올린 후 담당 구청에 찾아가 혼인신고를 하려 했다. 구청은 이들의 혼인신고를 받아주지 않았다. 판례에 따라 동성의 결혼은 불가하다는 것이었다. 이들은 구청장의 처분에 불복해 소송을 제기했다. 그러나 법원 역시 소를 각하했다(서울서부지방법원 2016. 5. 25. 선고 2014호파1842 판결).

사람들은 저마다 성 정체성을 갖고 살아간다. 그리고 자신의 성 정체성을 가장 잘 아는 이는 바로 자신이다. 내가 나를 남성 또는 여성이라고 생각하는데, 타인이 다르게 규정한다면 그것은 존재를 부정당하는 것이다. 우리는 그동안 사회적으로 남성(또는 여성)으로 규정되어왔으나 여성(또는 남성)이라는 성 정체성을 갖고 살아가야 하는 이들의 존재를 부정해왔다. 심지어 헌법까지 모든 사람을 남성과 여성으로 구분 지어 그들의 존재를 부정했다. 성별에 따른 평등을 추구한다며 오히려 제3의 성을 부정해버린 것이다. 존재의 부정은 인간이 저지를 수 있는 가장 잔인한 폭력이다.

성적 욕망 또한 마찬가지다. 남자라고 꼭 여자를, 여자라고 꼭 남자를 성적으로 욕망해야 하는 것은 아니다. 남자가 남자를, 여자가 여자를 성적으로 욕망하는 것이 잘못된 것은 더더욱 아니다. 남자가 남자를 사랑하든 여자가 여자를 사랑하든 이 역시 타인이 간섭할 문제는 아니다. 하지만 한국에서는 사랑마저 마음대로 할 수 없다. 심지어 군대에서는 남자가 남자를, 여자가 여자를 사랑하기 위해 형사처벌까지 감수해야 한다.

헌법 제1조 제2항은 "대한민국의 주권은 국민에게 있고, 모든 권력은 국민으로부터 나온다"고 선언한다. 국민이 주권자이기에 헌법은 국민을 거역할 수 없다. 그런데 현재 우리 헌법은 주권자인 국민 일부의 존재를 부정하고 있다. 헌법이 스스로 헌법을 위반하

는 것이다. 주권자까지 거론하지 않더라도 개인의 성과 사랑을 국
가가 통제하겠다는 발상은 쉽게 납득할 수 없다.

모성이라는
신화

━━━━━◀ 헌법 제36조 제2항 ▶━━━━━
국가는 모성의 보호를 위하여 노력하여야 한다.

아널드 슈워제네거Arnold Schwarzenegger는 오스트리아 출신의 영화 배우로, 정치인으로 변신해 캘리포니아주 주지사를 지내기도 했다. 그는 영화배우로 데뷔하기 전 미스터 올림피아, 세계선수권대회 등 보디빌딩 대회에서 13차례나 우승을 차지한 우수한 보디

헌법이 말하는 인간다운 삶

빌딩 선수였다. 때문에 영화배우로서 경력도 근육질 몸매를 앞세운 액션 영화가 대부분을 차지한다. 〈코만도〉(1985), 〈터미네이터〉(1984), 〈토탈 리콜〉(1990) 등이 대표적이다. 특히 5편까지 제작되며 인기몰이를 한 〈터미네이터〉는 액션 배우로서 그의 진면목을 보여준 영화다. 그런데 슈워제네거는 때로는 부드러운 영화에 출연하기도 했다. 그중 〈주니어〉(1994)에서 그의 모습은 다소 충격적이기까지 했다. 근육 덩어리 몸으로 임신과 출산 연기를 해냈기 때문이다. 주니어는 남성 임신을 소재로 한 영화다.

해마는 암컷이 산란관으로 수컷의 육아낭에 난자를 주입하면 수컷이 정자를 보내 수정시킨 후 2~6주 정도 임신 기간을 거쳐 출산한다. 수컷이 임신·출산을 하는 것이다. 그러나 해마 같은 예외적인 사례를 제외하면 인간뿐만 아니라 지구상 대부분의 생명체는 암컷이 임신과 출산을 담당한다. 〈주니어〉는 여성만 가능한 임신과 출산이 남성에게 일어난다는 다소 엉뚱한 소재로 신선한 감동을 주었다. 특히 근육질 몸매에 통념적 남성성의 전형인 슈워제네거를 임신과 출산을 겪는 주인공으로 캐스팅해 남성과 임신·출산이라는 대립적 요소를 더욱 부각시켰다. 하지만 이런 남성 임신은 영화 속에서나 가능한 일이고 현실에서 임신·출산은 생물학적 여성에게서만 가능하다.

그런데 2010년 토머스 비티Thomas Beatie라는 미국 남성이 실제로 세 번째 아이를 출산했다. 그는 낸시 로버츠라는 여성과 결혼해 가정을 꾸리고 살아왔다. 하지만 낸시 로버츠가 불가피하게 자궁을 적출하게 되자 아내 대신 자신이 임신·출산을 한 것이다. 토머스 비티는 어떻게 임신·출산을 할 수 있었을까? 그는 트랜스 젠더 남성이었다. 생물학적으로는 여성이었지만 남성 정체성을 가졌던 그는 성전환 수술을 받았다. 수술 과정에서 자궁 등 내부 장기는 그대로 두었기 때문에 임신·출산이 가능했다.

토머스 비티의 출산은 세계 토픽이 되었다. 모두 남성인 그가 출산했다는 것에 놀라움을 금치 못했다. 하지만 여성의 내부 장기를 그대로 둔 FTMFemail to Mail 트랜스 젠더인 그가 임신과 출산을 할 수 있는 것은 당연했다. 그리고 이러한 사실이 알려진 후 남성의 임신·출산이라는 미스터리는 깔끔하게 해결되었다. 하지만 대중의 관심은 수그러들지 않았다. 대중은 출산 후에도 그들의 가정에 계속 관심을 가졌다. 대중이 아버지와 어머니 그리고 자녀로 구성된 정상 가족 이데올로기(남성 아버지, 여성 어머니 그리고 자녀로 구성된 가족)에 충실한 토머스 비티의 가족에 계속 관심을 가진 이유는 무엇일까? 대중은 남성 정체성을 갖고 성전환 수술까지 한 그에게 모성이 남아 있는지, 남아 있다면 어떻게 작용하는지 궁금했던 것이다. 대중은 남성에게도 모성이 있을 수 있다는 것 자체를 신기해했다.

태아는 10개월 동안 여성의 자궁에서 자란 후 태어난다. 태어난 후에도 짧게는 몇 개월에서 길게는 1년 이상 모유를 먹고 자란다. 물론 근래에는 분유가 발달해 모유에 의지하지 않고도 신생아를 키울 수 있다. 하지만 수만 년 인류의 역사에서 젖먹이의 식사는 언제나 어머니의 책임이었다. 때문에 어린아이의 양육자는 어머니라는 인식이 은연중 무의식에 자리 잡았다.

모성母性의 사전적 의미는 "여성이 어머니로서 가지는 정신적·육체적 성질 또는 그런 본능"이다. 하지만 옳지 않은 해석이다. 모성의 모母는 어머니를 뜻한다. 그러나 이를 '여성으로서 어머니'로 해석할 필요는 없다. 여성으로서의 어머니보다는 아이를 키우는 자로서 어머니로 해석해야 한다. 신생아를 유기한 여성에게 모성을 찾기는 어려울 것이다. 반면 남성이라도 아이를 정성껏 키운다면 그에게 모성이 없다고 할 수 없다. 그렇기에 모성은 "아이를 기르는 자의 성질이나 본능"으로 해석해야 한다.

모성을 여성의 것으로 해석하면 심각한 문제가 발생한다. 임신·출산은 남성과 여성의 생물학적 특성 때문에 여성이 담당할 수밖에 없다. 남성이 임신·출산에 도움을 준다고 해도 어디까지나 보조를 할 뿐이다. 하지만 출산 과정이 종료되면 신생아는 어머니의 도움 없이도 충분히 살아갈 수 있다. 실제로 근래에는 분유로만 자라는 아이도 많다. 모유가 신생아의 면역력 등 건강에 미치는 영향, 어머니와의 관계가 아이의 정서 발달에 미치는 영향 등은 어머니의 중요성을 나타낼 뿐 육아를 여성이 해야 한다는 주장을 정당화시켜주지는 않는다. 그런데도 모성이라는 단어 하나로 육아의 모든 책임이 여성에게 지워지고 있다.

이처럼 모성은 성중립적 개념이 아니다. 모성은 우리 사회가 바라보는 여성과 어머니에 대한 시각, 우리 사회가 여성과 어머니에게 요구하는 모습이 반영된 개념이다. 모성은 그 자체로 이데올로기로 기능한다. '슈퍼맘'은 가사家事를 담당하면서도 직장 생활을 훌륭하게 수행하는 여성을 뜻한다. 반면 '슈퍼대디'는 직장 생활을 하면서도 가사를 분담하는 남성을 뜻한다. 가사와 생업은 별개의 개념인데 둘 다 수행하니 슈퍼맘이고 슈퍼대디라는 것이다. 슈퍼맘에는 "집안일이나 하는 엄마가 사회생활도 잘하네"라는 인식이 깔려 있다. 반면 슈퍼대디에는 "돈 버느라 고생하는 남자가 집안일도 해?"라는 생각이 깔려 있다.

'맘'과 '대디'에 무언가 뛰어나다는 뜻의 수식어 '슈퍼'가 붙었다면 어머니, 아버지의 역할을 훌륭히 수행하는 이를 지칭해야 한다. 그런데 정작 슈퍼맘과 슈퍼대디는 어머니, 아버지의 역할 외 다른 역할까지 잘하는 사람을 지칭한다. 슈퍼맘과 슈퍼대디가 이와 같은 뜻을 갖게 된 것은 가사 노동과 생업을 엄격히 구분하고 가사 노동은 여성, 생업은 남성의 역할로 구분 지은 사회 통념이 작용했기 때문이다. 슈퍼맘, 슈퍼대디에는 여성의 전유물, 여성의 책임으로 인식된 모성이 전제되어 있다.

헌법 제36조 제2항은 국가에 모성보호를 위해 노력할 의무를 부과한다. 대부분의 헌법학자나 법률가는 헌법의 모성을 여성으로서 어머니가 갖는 성질이라 해석한다. 하지만 앞서 설명했듯 모성이 곧 여성의 성질을 뜻해서는 안 된다. 이처럼 논란의 여지가 큰 모성이라는 용어를 헌법에 사용하는 것은 적절하지 않다. 임신·출산이라는 행위를 보호하고자 한다면 "국가는 임신과 출산을 보호해야 한다"고 하면 된다. 출산 이후 성장을 보호하는 것을 뜻한다면 "국가는 아동과 청소년의 성장을 보호해야 한다"고 하면 그만이다.

법은 당시 사회 모습을 반영한다. 헌법 역시 법이므로 만들어질 당시 사회를 반영할 수밖에 없다. 모성보호 규정은 현행 헌법인 1987년 제9차 개헌에서 도입되었다. 이전 헌법에는 혼인과 가족에 관한 규정만 있었을 뿐 모성보호 규정은 없었다. 1987년 이전까지 임신·출산 그리고 자녀의 양육은 당연히 여성의 몫으로 인식되었다. 여성으로서 당연히 해야 할 일이기 때문에 보호할 필요성도 없었다. 그렇기에 제9차 개헌에서 모성을 보호의 대상으로 규정한 것은 여권신장 측면에서 괄목할 만한 것이다. 그러나 제9차 개헌 역시 임신·출산 그리고 자녀의 양육을 여성의 일이라 여

긴 한계를 극복하지는 못했다. 제9차 개헌 후 30년 가까이 지났다. 이제 우리 사회는 임신·출산과 양육을 여성만의 일이라 보지 않는다. 헌법 제36조 제2항은 수명을 다한 것이다.

권리가 먼저일까,
법이 먼저일까?

▐ 헌법 제37조 제1항 ▐

국민의 자유와 권리는 헌법에 열거되지 아니한 이유로 경시되지 아니한다.

크로아티아와 세르비아는 발칸반도에 나란히 있는 이웃 나라다. 두 나라는 세르비아-크로아티아-슬로베니아 왕국으로 한 체제 아래 있었다. 세르비아-크로아티아-슬로베니아 왕국은 1929년 유고슬라비아 왕국, 1945년 유고슬라비아 사회주의 연방공화국으로 바뀌었지만 두 나라는 계속 동일한 체제 아래 있었다. 그러나 1990년대 연방이 해체되면서 1991년 크로아티아가 독립했고, 1992년 세르비아와 몬테네그로가 유고슬라비아 연방 공화국(신유고연방)을 결성하면서 서로 완전히 다른 나라가 되었다. 신유고연방은 이후 세르비아와 몬테네그로로 갈라졌다.

별개의 독립국가가 되면서 크로아티아와 세르비아 간 영토 분쟁이 불거지기 시작했다. 두 나라 사이를 흐르는 도나우강 물줄기가 19세기 대대적인 곡류曲流 치수治水 작업으로 흐름이 바뀐 것이 발단이었다. 세르비아는 도나우강의 중심선을 국경으로 주장한 데 반해 크로아티아는 토지대장상 경계를 국경으로 주장했다. 토지대장은 도나우강의 흐름이 바뀌기 전 물줄기를 기준으로 되어 있었다. 영토 분쟁은 전쟁으로 이어졌고 두 나라는 3년 동안이나 전쟁을 치러야 했다.

도나우강 일대는 매우 민감한 지역이 되었다. 몇몇 섬은 두 나라가 모두 섣불리 자국 영토라 주장하지 못해 무주지無主地로 남기도 했다. 그런데 두 나라 간 영토 분쟁은 엉뚱한 결과로 이어졌다. 무주지에 신생국가가 설립된 것이다. 도나우강 연안에는 여의도의 2배 정도인 6제곱킬로미터의 무인도가 있는데 크로아티아와 세르비아 모두 실효 지배하지 못해 비어 있는 땅이었다. 2015년 비트 예들리치카Vít Jedlička는 이 섬에 들어가 국가 수립을 선포했다. 그는 어느 국가의 영토도 아닌 무주지에는 누구나 국가를 선포할 수 있다고 주장했다. 그는 국가명을 자유의 땅이라는 의미인 리버랜드 Liberland로 정하고 스스로 대통령에 취임했다. 이후 '거주해야 하고, 거주를 허용해야 한다to live and let live'를 국가 모토로 정하고 웹사이트liberland.org를 통해 시민을 모집했다. 리버랜드의 시민이 되기 위해서 특별한 조건이 필요하지는 않았다. 다만 범죄 경력자, 나치, 공산주의자는 제외되었다. 순식간에 30만 명이 넘는 사람이 리버랜드의 시민이 되겠다고 신청했다.

크로아티아와 세르비아 모두 리버랜드를 국가로 인정하지 않기 때문에 리버랜드가 국제법으로 인정받는 정식 국가가 될지는 미지수다. 하지만 리버랜드가 정식 국가로 인정받지 못한다고 해도 국가 형성 과정을 관찰할 수 있는 훌륭한 사례가 될 수 있다. 주인이 없는 땅에서 예들리치카는 국가를 선포했다. 그리고는 범죄 경력자, 나치, 공산주의자가 아닐 것 등 몇몇 조건을 내걸고 시민을 모집했다. 이 조건에 동의한 사람들은 리버랜드의 시민이 되겠다며 국적취득 신청을 했다. 만약 이들이 정말 리버랜드의 시민이 된다면 그들은 리버랜드의 통치 형태와 규칙(법률) 등을 논의해 정할 것이다. 시민들이 구성되고 그들이 국가에 정당성을 부여한다면 리버랜드는 시민이 부여한 주권을 갖게 된다. 시민들의 사회적 계약으로 국가가 성립된다는 근대 국가 이론인 사회계약론이 리버랜드에서 현실로 나타나고 있는 것이다.

리버랜드 시민들은 머리를 맞대고 그들이 살아가는 데 필요한 법을 만들어야 한다. 그중 가장 중요한 것은 그들의 권리다. 시민이 어떤 권리를 갖고 있으며 그중 제한이 가능한 권리와 그렇지 않은 권리는 어떤 것인지 정해야 한다. 그런데 시민의 권리는 어디에서 기원하는 것일까? 시민들이 머리를 맞댄 논의의 결과로 권리가 발생한 것이라면, 언제든 시민들의 합의로 회수할 수 있을 것이다. 반면 이미 존재하는 권리를 시민들이 확인한 것뿐이라면 이는 시민들이 합의(법)로 제한할 수 없다.

리버랜드 시민들이 모든 권리는 그들의 합의를 통해 주어진 것이며 언제든지 합의를 통해 회수할 수 있다고 결정할 수 있을까? 그렇다면 리버랜드 시민들의 지위는 매우 불안해질 것이고, 누구도 리버랜드 시민이 되려고 하지 않을 것이다. 인간으로서 갖고 있는 권리를 포기하면서까지 리버랜드 시민이 되기를 선택하지 않을 것이기 때문이다. 사회계약론자들을 이런 문제를 천부인권天賦人權 사상으로 해결했다. 인간은 태어날 때부터 하늘이 부여한 권리가 있다는 것이다.

인간은 불가침한 권리를 갖고 태어난다는 천부인권 사상은 국가에 의해 규정된 권리는 천부인권 중 일부일 뿐이라는 의미를 내포한다. 하늘이 부여한 인간의 권리를 법으로 모두 규정할 수는 없기 때문이다. 사회계약론자들이 처음 주장한 천부인권 사상은 근대적 의미의 인권을 확립한 미국 독립선언(1776년)과 프랑스 인권선언(1789년)에 큰 영향을 미쳤다. 그리고 오늘날 대부분의 민주주의 국가는 천부인권 사상을 수용하고 있다. 대한민국 헌법 역시 제37조 제1항의 "국민의 자유와 권리는 헌법에 열거되지 아니한 이유로 경시되지 아니한다"는 규정을 통해 천부인권 사상을 반영하고 있다. 헌법에 열거되지 않은 국민의 권리가 있다는 것은 인간이 원래 갖고 있던 권리 중 일부만 헌법으로 규정되었다는 의미다.

인간은 언어를 통해 사고思考한다. 인간은 이름을 붙이고 나서야 비로소 존재를 사고할 수 있다. 하지만 이름은 존재를 온전히 규정하지 못한다는 한계가 있다. 예를 들어 나무는 인간이 '나무'라고 부르기 전부터 존재해왔다. 인간이 사고하기 위해 '나무'라는 이름을 붙였을 뿐이다. '나무'라는 이름은 나무라는 존재를 온전히 설명할 수 없다. 인간은 나무를 설명하기 위해 특성이나 형태, 자라는 지역 등 여러 가지 사항을 덧붙이지만, 설명을 거듭한다 해도 나무라는 존재를 완벽하게 설명할 수는 없다. 나무라는 존재를 다양한 측면에서 설명할 뿐 존재에 대한 온전한 설명은 될 수 없기 때문이다.

인간의 권리 또한 마찬가지다. 인간의 권리는 법과 상관없이 이미 존재한다. 하지만 인간이 그것을 사고하기 위해서는 이름을 붙이고 법으로 규정해야 한다. 하지만 아무리 신체의 자유, 거주 이전의 자유와 같이 이름을 붙이고 규정한다고 해도 인간이 가진 권리 중 일부일 뿐 인간의 권리를 온전히 설명할 수는 없다.

그런데 여기서 새로운 문제가 발생한다. 권리를 법에 기술하는 것은 법치주의 국가에서 권리를 보장하기 위해서다. 그런데 법으로 권리를 보장하는 것이 반복되다 보니 법이 권리를 보장하는 것이 아니라 권리를 창설한다는 착각에 빠지고 만다. 법의 기능이 강해지면서 인간의 권리를 하늘이 준 것(천부)이 아닌 법이 부여한 것(법부)으로 생각하는 경향이 나타나기 시작했다. 천부인권이 아닌 법부인권法賦人權이 된 것이다. 인간은 자신이 애초부터 갖고 있었던 권리를 인정받기 위해 투쟁해야 하는 상황에 처하게 된 것이다.

예컨대 성소수자는 인간의 역사와 함께해왔다. 하지만 헌법이 양성兩聖이라는 표현으로 남성과 여성, 2가지 성만 인정하고 있기 때문에 성소수자는 존재를 인정받기 위해 투쟁해야 하는 상황에 처했다. 또 다른 예를 들면 IT 기술이 발전하면서 스마트폰은 단순한 전화기를 넘어 사생활의 내밀한 영역까지 기록하는 저장 매체가 되었다. 다른 사람이 내 스마트폰을 들여다보는 것을 거부할 권리는 당연히 사생활 보호 권리에 포함된다. 그러나 수사기관이 스마트폰을 압수하고 내용을 들여다보는 데 필요한 영장은 과거 단순한 기능의 휴대전화를 압수하는 데 필요했던 수준에 머물고 있다. 사람들은 자신의 스마트폰이 공개되지 않을 당연한 권리를 보호받기 위해 법률 개정 투쟁에 나서야 하는 상황에 놓이게 되었다.

헌법은 분명히 헌법에 열거되지 않은 권리 역시 보호되어야 한다고 선언한다. 하지만 법치주의 국가에서 권리는 법으로 보호된다. 권리를 주장해도 관련 법률이 없다면 인정받기 어렵다. 반면 권리인지 의심되는 것이라도 법률에 규정되는 순간 철저하게 보장된다. 권리를 보호하기 위해 만든 법이 오히려 권리 위에 군림하는 법치주의의 아이러니다.

사형이
헌법 위반인 이유

┣━━━━━━ **헌법 제37조 제2항** ━━━━━━┫

국민의 모든 자유와 권리는 국가안전보장·질서유지 또는 공공복리를 위하여
필요한 경우에 한하여 법률로써 제한할 수 있으며, 제한하는 경우에도 자유와
권리의 본질적인 내용을 침해할 수 없다.

1953년 7월 27일 휴전협정 체결과 함께 한국전쟁은 중단되었
다. 한국전쟁이 멈추자 수많은 피난민이 다시 서울로 몰려들었다.
하지만 피난민을 맞이한 것은 전쟁으로 쑥대밭이 된 서울이었다.
그들은 무허가 판잣집을 짓고 살아야 했다. 1960년대 들어 서울의

인구가 급증하면서 무허가 판잣집은 더욱 늘어났다. 당시 대통령이었던 박정희는 헬리콥터를 타고 서울 상공을 지나다 무허가 건물들을 보고 김현옥 당시 서울시장에게 판잣집 정리를 지시했다고 한다.

김현옥은 1968년 12월 3일, 서울의 무허가 건물을 전수조사한 후 약 9만 동을 철거하고 그 자리에 아파트를 짓는 계획을 발표했다. 계획이 발표된 후 1년 만에 32개 지구에 406동 1만 5,840가구의 아파트가 건립되었다. 1년 만에 대규모 아파트가 올라간 것에서 추측할 수 있듯 아파트는 부실 공사로 지어졌다. 특히 마포구 창천동 와우산 중턱에 지어진 와우아파트는 부실 공사의 결정체였다. 와우아파트 한 동이 준공 4개월 만인 1970년 4월에 무너졌다. 34명이 죽었고 40명이 부상을 당했다. 조사 결과 철근 70개가 들어가야 하는 기둥에 단 5개만 들어가 있는 등 총체적 부실이 드러났다.

김현옥 시장은 박정희 대통령이 헬리콥터를 타고 이동할 때 잘 보이도록 아파트를 일부러 산 중턱에 지었다. 건설업자는 공무원에게 엄청난 뇌물을 주었다. 당연히 그만큼 공사비를 아껴야 했다. 공사비도 부족한 상황에서 서울시는 공사 기간 단축을 강요했다. 건설업자 입장에서도 빨리 지어야 그만큼 남길 수 있었다. 결국 권력과 자본이 결탁해 산으로 올라간 와우아파트는 준공 4개월 만에 비극적 결말을 남기고 사라졌다.

당시 서울시는 판잣집 철거로 발생한 이주민 중 일부를 경기도 광주(지금의 성남시 수정구와 중원구)에 대규모 주거 단지를 조성해 정착시켰다. 그런데 주거 단지만 조성했지 시장이나 학교, 일터 등 기반 시설은 전무했다. 이주민들은 생존권을 요구하며 집단 저항을 벌였다. 와우아파트 붕괴 직후였다. 와우아파트 붕괴 사고는 박정희 정권의 예민한 부분이었다. 가수 조영남이 〈산타령〉을 "와우아파트 무너지는 소리에 얼떨결에 깔린 사람들이 아우성을 치누나"라고 개사해 부르다가 박정희 정권의 기관원에게 끌려가 혼쭐이 나는 웃지 못할 사건이 일어나기도 했다.

하지만 한국은 와우아파트 붕괴 사고에서 어떠한 교훈도 얻지 못한 것 같다. 부실 공사는 계속 발생했다. 1994년에는 성수대교가 붕괴했고 이듬해인 1995년에는 삼풍백화점이 무너졌다. 근래의 부실 공사는 층간 소음이라는 사회적 문제로 이어지고 있다. 층간 소음은 아파트 층간에 방음재가 적절히 시공되지 않아 위층의 소음이 그대로 아래층으로 전해지는 것이 문제다. 층간 소음은 이웃 간 다툼을 넘어 살인 사건으로 이어지기까지 한다. 건설업계는 아무리 완벽하게 시공해도 층간 소음을 완전히 방지할 수는 없다고 항변한다. 하지만 아파트 부실 건설의 역사와 층간 소음으로 인한 사회적 갈등을 고려해보면 건설업계의 주장을 곧이곧대로 받아들이기는 쉽지 않다.

집은 매우 사적인 공간으로, 누구나 집 안에서 자유롭게 생활할 자유와 권리가 있다. 하지만 아파트 같은 공동주택에서는 내가 사적 공간에서 누리는 자유가 타인의 자유를 방해할 수 있다. 내 자유와 권리 행사가 타인의 권리를 침해 또는 제한하는 것으로 이어질 수 있는 것이다.

자유와 권리는 최대한 보장되어야 하지만 무한정 보장할 수는 없다. 아파트 건설업자는 이윤을 추구할 권리가 있지만 그것이 공공의 안전을 위협해서는 안 된다. 아파트 위층 사람은 사적 공간에서 자유롭게 생활할 권리가 있지만 아래층 사람의 자유를 침해해서는 안 된다. 문제는 내 권리와 타인의 권리 혹의 사회의 권리 사이에 균형을 찾는 것이 쉬운 일이 아니라는 점이다. 헌법은 개인의 자유와 권리를 최대한 보장하되 제한 사유와 한계, 방법을 규정하고 있다.

헌법 제37조 제2항은 "국민의 모든 자유와 권리는 국가안전보장·질서유지 또는 공공복리를 위하여 필요한 경우에 한하여 법률로써 제한할 수 있으며, 제한하는 경우에도 자유와 권리의 본질적인 내용을 침해할 수 없다"고 규정한다. 즉 국민의 자유와 권리는 국가 안전 보장, 질서유지 또는 공공복리를 위해 요구되는 경우에만 제한할 수 있으며(제한 사유) 자유와 권리를 제한하더라도 본질적 내용은 제한할 수 없다(제한의 한계). 그리고 자유와 권리를 제한하려면 반드시 법률을 통해야 한다(제한 방법).

국민의 자유를 제한할 경우 사유와 방법, 한계까지 규정한 헌법의 태도에 흠잡을 곳은 없다. 그러나 한 가지 의문은 남는다. 자유와 권리의 본질적 부분이 무엇일까? 과연 자유와 권리를 본질적 부분과 본질적이지 않은 부분으로 나누는 것은 가능할까? 이에 대해 헌법재판소는 본질을 비껴가는 방식으로 문제를 해결했다. 헌법재판소는 내용이 아닌 정도를 기준으로 삼았다. 전부 제한하면 본질적 제한이고 일부만 제한하면 비본질적 제한이라는 식이다. 예를 들어 일정한 경우에는 노동삼권을 전면적으로 제한하거나(헌재 2015. 3. 26. 2014헌가5), 특정한 사유가 있을 때 불복신청을 제한하는 것이 아니라 불복신청 자체를 보장해주지 않는 경우(헌재 2010. 10. 28. 2008헌마514), 헌법재판소는 자유와 권리의 본질적 제한으로 판단했다. 특정 행위가 하루 중 1시간만 허용된다면 비본질적 제한이지만 전면 금지된다면 본질적 제한이라는 태도다.

자유와 권리의 내용이 아닌 제한의 정도로 본질 여부를 판단하는 헌법재판소의 태도에는 문제가 있다. 하지만 더 큰 문제는 자유와 권리를 전부 제한하는데도 본질적인 침해가 아니라고 판단하는 경우도 있다는 것이다. 사형은 인간의 생명을 빼앗는 것으로, 인간이 가진 자유와 권리 전부를 제한하는 행위다. 헌법재판소의 태도에 비추어본다면 사형은 생명의 전부를 제한하는 행위로, 본질적 침해에 해당한다. 하지만 헌법재판소는 형법 제250조 사형이 합헌이라 결정한 바 있다.

헌법재판소는 사형 제도에 대해 "어느 개인의 생명권에 대한 보호가 곧바로 다른 개인의 생명권에 대한 제한이 될 수밖에 없거나, 특정한 인간에 대한 생명권의 제한이 일반 국민의 생명 보호나 이에 준하는 매우 중대한 공익을 지키기 위하여 불가피한 경우에는 비록 생명이 이념적으로 절대적 가치를 지닌 것이라 하더라도 생명에 대한 법적 평가가 예외적으로 허용될 수 있다고 할 것"이라며 생명권도 제한할 수 있다고 판단했다(헌재 2010. 2. 25. 2008헌가23).

개인의 생명권 보호가 곧 다른 개인의 생명권 제한(누군가를 살리기 위해 다른 누군가를 죽여야 하는 경우)이 되는 경우로 낙태를 떠올릴 수 있다. 특정인의 생명권 제한이 일반 국민의 생명 보호가 되는 경우로는 테러를 들 수 있다. 그러나 태아는 법적으로 인간이 아니기에 낙태는 생명권 제한의 대상이 아니다. 테러범을 테러 행위 중 사살하는 경우는 정당방위에 해당한다. 테러범 사형은 테러 행위가 종료되고 그가 특정 시설에 구금되어 있어야 가능하다. 그렇기에 더는 테러를 저지를 수 없는 테러범의 사형이 일반 국민의 생명 보호로 이어질 수는 없다.

헌법재판소가 생명권 제한이 필요하다고 언급한 내용은 모두 누군가의 생명을 보호하기 위해 어쩔 수 없이 타인의 생명권을 제한해야 하는 경우다. 하지만 이것은 생명권 제한 필요성에 대한 설명일 뿐, 생명권이 국민의 자유와 권리의 본질적인 부분인지에 대한 답변은 아니다. 필요하기 때문에 생명권을 제한할 수 있다는 주장은, 인간의 생명을 도구로 여기는 사고라 더 문제가 된다. 필요를 충족시키기 위한 도구로 인간의 생명을 활용하는 것이기 때문이다. 헌법 제10조는 인간은 존엄하다고 선언한다. 생명권이 필요를 위한 도구로 사용된다면 그것은 인간의 존엄성 침해다. 도구는 존엄할 수 없기 때문이다.

인간의 생명에는 정도程度가 없다. 전부 아니면 전무다. 임종에 가까운 사람의 생명이라도 온전한 생명이다. 그렇기에 생명권을 일부 제한한다는 것은 성립할 수 없다. "피고인의 생명을 50퍼센트 제한하다"라는 판결을 선고할 수 없다는 것이다. 뿐만 아니라 생명권은 모든 권리의 전제다. 행동의 자유, 양심의 자유 등 모든 권리는 사람이 살아 있어야 행사할 수 있다. 그렇기에 생명권은 그 자체로 본질적이며, 생명권 제한에는 비본질적 부분이 존재할 수 없다.

하지만 헌법재판소는 생명권이 국민의 자유와 권리의 본질적인 부분이 아닐 수 있는 근거를 제시하지는 않는다. 인간이 가진 모든 자유와 권리의 전제가 되는 생명권을 제한할 수 있는 어떠한 근거도 제시하지 못한 채 사형 제도가 합헌이라는 결정을 내릴 수 있다면 헌법 제37조 제2항은 있으나 마나 한 조항일 뿐이다.

국가와 조폭의
차이점

┫ 헌법 제38조 ┣

모든 국민은 법률이 정하는 바에 의하여 납세의 의무를 진다.

헌법을 통틀어 국민의 순수한 의무 규정은 제38조 납세의 의무
와 제39조 국방의 의무밖에 없다. 교육이나 근로의 의무도 있으나
이는 의무인 동시에 권리이며 강제성도 없어 상징적 의무에 불과
하다. 하지만 납세나 국방의 의무는 이행하지 않으면 국가에 의해

강제로 이루어진다.

납세는 국가에 세금을 납부하는 행위다. 세금의 종류는 매우 다양하다. 돈을 벌면 소득세를 낸다. 돈을 써도 세금을 낸다. 소비자는 물건을 살 때마다 10퍼센트의 부가가치세를 낸다. 때로는 금을 그어놓고 넘어오면 세금을 받기도 한다. 관세청은 관세선을 그어놓고 물건이 선을 넘어오면 관세를 부과한다. 면세점의 물건이 저렴한 이유는 관세선 밖에 있기 때문이다. 심지어 다른 사람에게 돈을 공짜로 주어도 증여세라는 세금을 낸다. 국가는 이처럼 국민이 돈을 벌거나 쓰거나 남에게 줄 때마다 세금을 받는다.

세금은 왜 내는 것일까? 대부분 돈은 가게에서 물건을 사거나 택시를 이용하고 돈을 내는 것처럼 재화(물건)나 용역(서비스)의 대가로 지불한다. 그런데 세금에는 대가성이 없다. 국가가 국방이나 치안 유지 등 서비스를 제공하기 때문에 세금을 내야 한다는 주장도 있다. 그러나 세금이 서비스의 대가라면 세금을 많이 내는 사람은 많은 서비스를, 적게 내는 사람은 적은 서비스를 받아야 한다. 그런데 국가의 서비스는 세금의 크기와 상관없이 모든 국민에게 공평하게 제공된다. 심지어 세금을 내지 않는 사람에게도 국가 서비스가 제공된다. 세금과 국가 서비스 사이에는 대가 관계가 없다.

국가가 국민에게 세금을 걷는 권리를 징수권이라 한다. 징수권의 정당성을 쉽게 설명하기는 어렵다. 국가를 운영하기 위해서는 많은 돈이 필요하고 국가의 구성원인 국민이 재정을 마련해야 한다는 것 정도로 설명할 수 있을 것이다. 다르게 말하면, 국가는 국민에게 정당성을 부여받았기 때문에 세금을 걷을 수 있다고 할 수 있다.

조직폭력배가 상인에게 보호비를 받는 것과 국가가 국민에게 세금을 받는 것은 본질적으로 동일한 행위다. 다만 국가는 정당한 권력인데 반해 조직폭력배는 정당성이 없는 권력이라는 점, 국가는 받은 돈을 국민의 감시하에 사용하지만 조직폭력배는 내키는 대로 사용한다는 점, 국가는 원리와 원칙에 따라 돈을 걷지만 조직폭력배는 마음대로 걷는다는 점에서 차이가 있다. 이 차이로 하나는 세금이 되고, 다른 하나는 갈취가 된다. 반대로 해석하면 국가라 해도 정당한 원칙에 따라 돈을 받고 올바르게 사용하지 않는다면 세금이 아닌 갈취가 될 수 있는 것이다.

세금을 걷는 기준은 다양하지만, 가장 중요한 기준은 '공평한 부과'일 것이다. 세금을 공평하게 부과한다는 것은 모든 국민이 능력에 따라 균등하게 부담한다는 뜻이다. 소득이나 재산이 많은 사람은 세금 부담 능력이 크기 때문에 많은 세금을 내고 그렇지 않은 사람은 적은 세금을 내야 한다.

세금을 능력에 따라 부과해야 하는 또 다른 이유는 세금이 가진 소득재분배 기능 때문이다. 경제력이 편중되는 것은 자본주의의 대표적인 한계다. 돈이 많은 사람의 재산은 점점 불어나는 반면 가난한 사람의 재산은 점점 더 줄어든다. 국가가 개입하지 않으면 빈부 격차는 더욱 커질 수밖에 없다. 국가가 소득이나 재산이 많은 이에게 많은 세금을 걷어 그렇지 않은 이에게 돌려주면 소득재분배 효과가 발생해 자본주의의 한계를 극복할 수 있다.

소득세와 재산세는 조세 부담 능력에 따라 부과하는 대표적인 세금이다. 이러한 세금을 직접세라고 한다. 직접세는 국가가 납세의무자에게 직접 징수하는 세금이다. 반대로 국가가 직접 징수하지 않는 세금은 간접세라고 한다. 부가가치세가 대표적이다. 국민은 일부 면세품을 제외한 대부분의 물건을 살 때 10퍼센트의 부가가치세를 국가가 아닌 판매자에게 낸다. 판매자는 소비자에게 받은 부가가치세를 모아 다시 국가에 납부한다. 국가가 납세의무자(소비자)에게 직접 세금을 걷지 않고 원천징수의무자(판매자)를 통해 받기 때문에 간접세라고 한다.

부가가치세처럼 간접세는 소득이나 재산의 정도가 아닌 소비 행위에 따라 부과되기 때문에 과세 부담 능력과 상관없다. 따라서 세금 중 간접세의 비중이 높을수록 공평하지 않은 과세가 될 가능성이, 반대로 직접세의 비중이 높을수록 공평한 과세가 될 가능성이 크다. 그런데 한국은 간접세의 비중이 거의 절반에 달한다. 그만큼 재산의 크기와 조세의 부담이 비례하지 않는다.

간접세는 조세 저항이 거의 없다. 물건을 살 때마다 10퍼센트의 부가가치세를 내지만 납세 행위가 눈에 보이지 않기 때문에 소비자는 세금을 낸다는 사실조차 쉽게 인지하지 못한다. 세금이 물건값에 포함되어 있어 탈세의 가능성도 없다. 반면 직접세는 조세 저항이 매우 크다. 직장인은 매월 월급 명세서를 받을 때마다 급여중 세금으로 빠져나간 금액을 눈으로 확인한다. 사업자들은 정기적으로 직접 소득 신고를 하고 세금을 납부한다. 세율 변동에 민감할 수밖에 없고 다양한 탈세 행위가 일어나기도 한다.

국가는 조세 저항이 심한 직접세보다 별다른 신경을 쓰지 않아도 수월하게 걷히는 간접세를 훨씬 매력적으로 볼 수밖에 없다. 그래서인지 정부는 전체 세수 대비 높은 간접세 비중을 줄이기 위한 노력을 하지 않는 것으로 보인다. 2009년 이명박 정부는 전격적으로 법인세를 인하했다. 법인세는 기업에 부과하는 세금으로 직접세 중 매우 큰 비중을 차지한다. 반면 2015년 박근혜 정부는 담뱃값에 포함된 담뱃세를 큰 폭으로 올렸다. 이를 통해 증가된 세수는 2015년 약 3조 5,000억 원, 2016년 약 5조 2,000억 원이었다. 2015년 대비 2016년 세수가 1조 7,000억 원가량 증가한 이유다.

더 큰 문제는 세금의 역진성이다. 직접세는 대부분 누진세다. 소득이 클수록 높은 누진세율이 적용된다. 고소득자의 세율이 저소득자보다 높은 이유다. 반면 간접세는 비례세다. 물건을 산 만큼

부가가치세를 내고 담배를 피운 만큼 담뱃세를 낸다. 하지만 재산이 많다고 그에 비례해 많은 소비를 하는 것은 아니다. 소득이 적어도 생활에 필요한 최소한의 소비가 있기 때문에 소비를 무한정 줄일 수는 없다. 때문에 간접세에서는 세금의 역진성이 나타난다. 예를 들어 연봉이 1억 원인 직장인이 1년에 1,000만 원을 소비했다면 부가가치세를 100만 원 내게 된다. 소득 대비 세금 부담률은 1퍼센트다. 반면 연봉이 5,000만 원인 직장인이 1년에 800만 원을 소비해 부가가치세를 80만 원 냈다면 소득 대비 세금 부담률은 1.6퍼센트가 된다. 소득이 적은 사람이 더 높은 비율의 세금을 내는 것이다. 전체 세수 중 간접세의 비중이 커지면 빈부 격차도 커질 수밖에 없다.

국가의 세금이 조직폭력배의 보호비와 다른 이유는 국민에게 정당성을 부여받았기 때문이다. 그리고 세금의 정당성은 평등한 부과로 얻어진다. 하지만 간접세 비중이 높으면 세금을 있는 자에게 적게, 없는 자에게 많이 부과하게 된다. 세금이 오히려 빈부 격차를 부추기는 격이다. 가난한 사람에게 더 많이 걷는 세금이 정당할리 없다. 그런 세금은 조직폭력배의 보호비와 다르지 않을 것이다.

병역 비리에
분노하는 이유

━━━━┨ 헌법 제39조 제1항 ┠━━━━

모든 국민은 법률이 정하는 바에 의하여 국방의 의무를 진다.

2012년 2월 22일 국회의원 강용석은 기자회견을 열고 의원직 사퇴를 발표했다. 국회의원의 사퇴는 정치적 항의를 하기 위해 단체로 이루어지는 것이 일반적이다. 단독으로 사퇴하는 것은 매우 이례적이다. 강용석은 박원순 서울시장의 아들 박주신이 불법으로 병역면제를 받았다고 의심해왔다. 그런데 그 의혹이 거짓으로 밝혀지자 결국 의원직을 사퇴한 것이다.

강용석은 매우 집요하게 박주신의 병역 의혹을 제기했다. 박주신은 허리 디스크 문제로 병역면제 처분을 받았는데, 강용석은 박주신이 병무청에 제출한 MRI 기록이 조작되었다고 주장했다. 강용석은 자신의 의혹이 사실이 아니면 의원직을 사퇴하겠다고 배수진을 쳤다. 결국 박주신은 공개 신체검사를 받았고 병역면제 판정에 문제가 없는 것으로 밝혀졌다. 강용석은 거짓 주장을 한 것을 넘어 명예훼손 등 형사처벌을 받을 위기까지 몰렸다.

강용석은 박주신의 병역 의혹을 제기하기 얼마 전 소속 정당인 한나라당에서 제명당했다. 대학생들이 모인 자리에서 "아나운서는 다 줄 생각은 해야 한다. 그런데 이대 이상 급은 자존심이 있어서 다 안 주더라"며 아나운서를 모욕한 것이 발단이었다. 심지어 강용석은 자신의 발언을 문제 삼은 이들을 무고죄 등으로 고소하기까지 했다. 저급한 언사와 행위로 소속 정당에서 제명까지 당한 강용석에게는 국면 전환이 필요했을 것이다. 박주신은 강용석에게 국면 전환을 위한 카드였다는 것이 일반적인 평이다.

그런데 박주신의 병역면제 의혹 제기는 매우 위험한 카드였다. 허리 디스크는 병역 비리에 자주 이용되는 병이 아니다. MRI라는 정밀 진단 결과도 있었다. 더욱이 상대는 상당한 지지를 얻고 있는 거물급 정치인의 자녀였다. 그런데도 강용석은 의원직까지 걸면서 위험한 싸움을 걸었다. 그 배경에는 한국 사회에서 병역이 갖는 특수성이 있다.

고위 공직자 인사 청문회가 열리면 후보자의 위장 전입, 부동산 투기, 논문 표절 등 다양한 의혹이 제기된다. 하지만 그런 의혹들로는 후보자에게 상처를 낼 수는 있으나 낙마시키기는 어렵다. 그런데 병역 비리에 연루된 후보자는 대부분 인사 청문회를 통과하지 못한다. 한국 사회는 병역 문제에 매우 민감하다. 이를 이해하기 위해서는 한국의 역사를 살펴보아야 한다.

헌법 제39조 제1항은 국방을 국민의 의무로 규정하고 제5조 제2항은 국방을 신성한 의무라고 한다. 헌법에 따르면 모든 국민에게는 신성한 국방의 의무가 있다. 여기에 한국전쟁이라는 내전의 아픔이 있다. 한국전쟁은 종전이 아닌 휴전이 되었다. 휴전으로 남과 북은 60년 넘도록 대치하고 있다. 더욱이 중국, 러시아, 일본, 미국이라는 군사 대국은 한반도를 둘러싸고 긴장감을 고조시키고 있다. 미군의 사드THAAD, Terminal High Altitude Area Defense 배치에 대한 중국과 러시아의 반발은 한반도를 둘러싼 지정학적 긴장 관계의 대표적인 사례다.

게다가 한국은 박정희, 전두환, 노태우로 이어지는 수십 년의 군사정권을 경험했다. 군사정권은 권력 유지를 위해 한국을 병영국가화했다. 학생들은 군복과 다름없는 교련복을 입고 나무총을 들고 교련 수업을 받아야 했다. 반공 글짓기와 웅변대회에 참여한 학생들은 입에 담기도 힘든 말로 북한을 비난했다. 수많은 사람이 간첩 누명을 쓰고 억울하게 옥살이를 했다. 몇몇은 목숨을 잃었다. 조작된 간첩 사건은 공안 정국을 조성하는 데 활용되었다. 사회는 점차 병영국가가 되었고 국가가 고양한 반공 의식은 사회 전반에 영향을 미쳤다. 그런 만큼 국방의 의무 또한 강조되었다.

국민에게는 국방을 신성한 의무라 강조하며 성실히 수행할 것을 강요했지만 정작 사회 지도층은 다양한 방법으로 국방의 의무를 회피했다. 1984년부터 1992년까지 단기 장교 복무라는 제도가 있었다. 석사 학위 소지자 중 일부를 선발해 6개월간 군사훈련과 전방 체험을 하게 한 뒤 소위로 임관하는 동시에 전역시켜주는 제도였다. 석사 장교라 불렸던 이 제도는 병역의무를 6개월 만에 이수하고도 장교 출신이라는 영예를 얻을 수 있는 파격적인 제도였다. 당시 병사의 복무 기간이 3년 정도였고 사회에서도 장교 출신을 우대했던 것을 고려하면 석사 장교의 혜택은 놀라울 정도였다. 그런데 석사 장교는 당시 대통령이었던 전두환과 노태우의 자녀들이 이를 통해 군 복무를 마치자 곧 폐지되었다. 때문에 대통령 자녀의 군 복무 혜택을 위해 만들어진 제도라는 의혹이 끊이지 않았다. 아버지는 군사 쿠데타로 정권을 잡았지만 정작 자녀들은 아버지가 만든 제도로 6개월 만에 복무를 마쳤던 것이다.

1997년 12월에 치러진 제15대 대통령 선거에서 이회창은 겨우 1.6퍼센트포인트 차이로 김대중에게 패했다. 이회창에게는 두 아들이 있는데 둘 다 체중 미달로 병역을 면제받았다. 김대중 측은 이를 끈질기게 문제 삼았다. 병역면제의 문제점이 사실로 밝혀지지는 않았지만 국민은 대통령 후보의 아들이 모두 병역을 면제받았다는 데 분노했다. 병역면제 의혹은 이회창의 결정적 패인이었다.

얼마 후 더욱 놀라운 사실이 밝혀졌다. 대선 직전 청와대 행정관 등 3명이 중국 베이징에서 아시아태평양평화위원회 조선민주주의인민공화국 참사 박충을 만나 휴전선 인근에서 무력시위를 해달라고 요청했다는 사실이 드러났기 때문이다. 이른바 총풍사건이다. 대통령 선거 직전 휴전선에서 무력 도발이 일어나 공안 정국이 조성되면 보수정당 후보인 이회창에게 유리하리라 판단한 것이다. 국가 안보를 선거에 이용하려는 이들이 정작 자녀는 군대에 보내지 않았다는 데 국민은 또다시 분노했다.

전쟁의 경험과 정부의 병영국가화, 거기에 사회 지도층의 병역회피에 대한 분노가 한국을 병역 문제에 민감하게 만들었다. 그런데 매우 유사한 경험을 했는데도 한국과 정반대의 길을 걸은 국가가 있다. 중앙아메리카 남부에는 아메리카 대륙을 관통하는 운하로 유명한 파나마가 있다. 파나마 북쪽의 니카라과는 중국 자본을 동원해 2019년 완공을 목표로 새로운 운하를 건설하고 있다. 초대형 운하로 각축을 벌이는 니카라과와 파나마 사이에는 코스타리카라는 작은 나라가 있다. 코스타리카의 면적은 5만 1,100제곱킬로미터, 인구는 약 480만 명, 1인당 GDP는 1만 달러가 약간 넘는다. 코스타리카는 지정학적으로도 민감한 위치에 있는데 국제사회에서 상당한 영향력을 행사하고 있다. 특히 국제 인권 분야에서 영향력이 상당하다. 그런데 강력한 국제적 영향력을 가진 코스타리카에는 군대가 없다.

코스타리카의 외교적 영향력과 군대가 없는 것에는 상관관계가 있다. 코스타리카는 1948년 대통령 부정선거가 발단이 되어 내전의 아픔을 겪었다. 내전은 오래 지속되지는 않았지만, 전 국민의 약 1퍼센트에 해당하는 엄청난 사망자가 발생했다. 내전 후 정권을 잡은 호세 피게레스 페레르José Figueres Ferrer는 반전 여론에 힘입어 군대를 폐지해버렸다. 다시는 같은 국민끼리 총구를 겨누는 일은 없어야 한다는 것이다. 군대 폐지는 안보관 자체를 변화시켰다. 군대가 없기에 대외 문제를 외교로 해결해야 했다. 코스타리카는 외교력 신장에 집중했다. 국내에서는 국방 예산을 교육, 보건, 문화 등에 투자했다. 그 결과 코스타리카는 국제 인권 이슈를 선도하는 인권 선진국이 되었다. 물론 군대를 폐지한 1948년 이후 단 한

번의 전쟁도 경험하지 않았다. 전쟁에 대비하기 위한 군대를 없애자 전쟁이 없어진 것이다.

물론 코스타리카의 경험을 그대로 한국에 대입하기는 어려울 것이다. 하지만 코스타리카 역시 한반도 못지않게 지정학적으로 민감한 위치에 있으며, 내전이라는 비극을 겪었다. 그러나 코스타리카는 국가의 비극을 군대 폐지로 발전시켜 평화와 인권을 선도하는 국가가 되었다. 반면 한국은 한국전쟁이라는 경험으로 나라를 군사 국가화했다. 그 결과 한반도는 지구상에서 군사적 긴장이 가장 높은 지역 중 하나가 되었다. 다시는 한반도에서 전쟁이 일어나지 않아야 한다는 문제의식을 발전시켜 남북 간 군사적 화해가 이어졌다면 한반도의 모습은 지금과 달랐을 것이다.

국가에 군대가 필요하다면 그 짐은 모든 국민이 나누어지는 것이 옳다. 그러나 한번쯤은 군대가 반드시 필요한지 의문을 가져볼 필요도 있다. 그랬다면 최소한 사회 지도자들이 병역 비리로 공격당하는 일도, 청와대가 자국 군대를 겨냥한 총격을 요청하는 일도, 국회의원이 무고한 이의 병역 비리 의혹을 제기하다 사퇴하는 일도 없었을 것이다. 무엇보다도 국민이 사회 지도자의 도덕성 부족에 분노하느라 힘을 뺄 일도 없었을 것이다.

헌법이 말하는 인간다운 삶

대한민국헌법

[시행 1988. 2. 25.] [헌법 제10호, 1987. 10. 29., 전부개정]

전문

유구한 역사와 전통에 빛나는 우리 대한국민은 3·1운동으로 건립된 대한
민국임시정부의 법통과 불의에 항거한 4·19민주이념을 계승하고, 조국의
민주개혁과 평화적 통일의 사명에 입각하여 정의·인도와 동포애로써 민족
의 단결을 공고히 하고, 모든 사회적 폐습과 불의를 타파하며, 자율과 조화를
바탕으로 자유민주적 기본질서를 더욱 확고히 하여 정치·경제·사회·문화
의 모든 영역에 있어서 각인의 기회를 균등히 하고, 능력을 최고도로 발휘하
게 하며, 자유와 권리에 따르는 책임과 의무를 완수하게 하여, 안으로는 국민
생활의 균등한 향상을 기하고 밖으로는 항구적인 세계평화와 인류공영에 이
바지함으로써 우리들과 우리들의 자손의 안전과 자유와 행복을 영원히 확보
할 것을 다짐하면서 1948년 7월 12일에 제정되고 8차에 걸쳐 개정된 헌법
을 이제 국회의 의결을 거쳐 국민투표에 의하여 개정한다.

제1장 총강

제1조 ①대한민국은 민주공화국이다.

②대한민국의 주권은 국민에게 있고, 모든 권력은 국민으로부터 나온다.

제2조 ①대한민국의 국민이 되는 요건은 법률로 정한다.

②국가는 법률이 정하는 바에 의하여 재외국민을 보호할 의무를 진다.

제3조   대한민국의 영토는 한반도와 그 부속도서로 한다.

제4조   대한민국은 통일을 지향하며, 자유민주적 기본질서에 입각한 평화적 통일 정책을 수립하고 이를 추진한다.

제5조   ①대한민국은 국제평화의 유지에 노력하고 침략적 전쟁을 부인한다. ②국군은 국가의 안전보장과 국토방위의 신성한 의무를 수행함을 사명으로 하며, 그 정치적 중립성은 준수된다.

제6조   ①헌법에 의하여 체결·공포된 조약과 일반적으로 승인된 국제법규는 국내법과 같은 효력을 가진다. ②외국인은 국제법과 조약이 정하는 바에 의하여 그 지위가 보장된다.

제7조   ①공무원은 국민전체에 대한 봉사자이며, 국민에 대하여 책임을 진다. ②공무원의 신분과 정치적 중립성은 법률이 정하는 바에 의하여 보장된다.

제8조   ①정당의 설립은 자유이며, 복수정당제는 보장된다. ②정당은 그 목적·조직과 활동이 민주적이어야 하며, 국민의 정치적 의사 형성에 참여하는데 필요한 조직을 가져야 한다. ③정당은 법률이 정하는 바에 의하여 국가의 보호를 받으며, 국가는 법률이 정하는 바에 의하여 정당운영에 필요한 자금을 보조할 수 있다. ④정당의 목적이나 활동이 민주적 기본질서에 위배될 때에는 정부는 헌법재판소에 그 해산을 제소할 수 있고, 정당은 헌법재판소의 심판에 의하여 해산된다.

제9조 국가는 전통문화의 계승·발전과 민족문화의 창달에 노력하여야 한다.

제2장 국민의 권리와 의무

제10조 모든 국민은 인간으로서의 존엄과 가치를 가지며, 행복을 추구할 권리를 가진다. 국가는 개인이 가지는 불가침의 기본적 인권을 확인하고 이를 보장할 의무를 진다.

제11조 ①모든 국민은 법 앞에 평등하다. 누구든지 성별·종교 또는 사회적 신분에 의하여 정치적·경제적·사회적·문화적 생활의 모든 영역에 있어서 차별을 받지 아니한다.
②사회적 특수계급의 제도는 인정되지 아니하며, 어떠한 형태로도 이를 창설할 수 없다.
③훈장등의 영전은 이를 받은 자에게만 효력이 있고, 어떠한 특권도 이에 따르지 아니한다.

제12조 ①모든 국민은 신체의 자유를 가진다. 누구든지 법률에 의하지 아니하고는 체포·구속·압수·수색 또는 심문을 받지 아니하며, 법률과 적법한 절차에 의하지 아니하고는 처벌·보안처분 또는 강제노역을 받지 아니한다.
②모든 국민은 고문을 받지 아니하며, 형사상 자기에게 불리한 진술을 강요당하지 아니한다.
③체포·구속·압수 또는 수색을 할 때에는 적법한 절차에 따라 검사의 신청에 의하여 법관이 발부한 영장을 제시하여야 한다. 다만, 현행범인인 경우와 장기 3년 이상의 형에 해당하는 죄를 범하고 도피 또는 증거인멸의

염려가 있을 때에는 사후에 영장을 청구할 수 있다.

④누구든지 체포 또는 구속을 당한 때에는 즉시 변호인의 조력을 받을 권리를 가진다. 다만, 형사피고인이 스스로 변호인을 구할 수 없을 때에는 법률이 정하는 바에 의하여 국가가 변호인을 붙인다.

⑤누구든지 체포 또는 구속의 이유와 변호인의 조력을 받을 권리가 있음을 고지받지 아니하고는 체포 또는 구속을 당하지 아니한다. 체포 또는 구속을 당한 자의 가족등 법률이 정하는 자에게는 그 이유와 일시·장소가 지체없이 통지되어야 한다.

⑥누구든지 체포 또는 구속을 당한 때에는 적부의 심사를 법원에 청구할 권리를 가진다.

⑦피고인의 자백이 고문·폭행·협박·구속의 부당한 장기화 또는 기망 기타의 방법에 의하여 자의로 진술된 것이 아니라고 인정될 때 또는 정식재판에 있어서 피고인의 자백이 그에게 불리한 유일한 증거일 때에는 이를 유죄의 증거로 삼거나 이를 이유로 처벌할 수 없다.

제13조　①모든 국민은 행위시의 법률에 의하여 범죄를 구성하지 아니하는 행위로 소추되지 아니하며, 동일한 범죄에 대하여 거듭 처벌받지 아니한다.

②모든 국민은 소급입법에 의하여 참정권의 제한을 받거나 재산권을 박탈당하지 아니한다.

③모든 국민은 자기의 행위가 아닌 친족의 행위로 인하여 불이익한 처우를 받지 아니한다.

제14조　모든 국민은 거주·이전의 자유를 가진다.

제15조　모든 국민은 직업선택의 자유를 가진다.

제16조　모든 국민은 주거의 자유를 침해받지 아니한다. 주거에 대한 압수나 수색을 할 때에는 검사의 신청에 의하여 법관이 발부한 영장을 제시하여야 한다.

제17조　모든 국민은 사생활의 비밀과 자유를 침해받지 아니한다.

제18조　모든 국민은 통신의 비밀을 침해받지 아니한다.

제19조　모든 국민은 양심의 자유를 가진다.

제20조　①모든 국민은 종교의 자유를 가진다.
②국교는 인정되지 아니하며, 종교와 정치는 분리된다.

제21조　①모든 국민은 언론·출판의 자유와 집회·결사의 자유를 가진다.
②언론·출판에 대한 허가나 검열과 집회·결사에 대한 허가는 인정되지 아니한다.
③통신·방송의 시설기준과 신문의 기능을 보장하기 위하여 필요한 사항은 법률로 정한다.
④언론·출판은 타인의 명예나 권리 또는 공중도덕이나 사회윤리를 침해하여서는 아니된다. 언론·출판이 타인의 명예나 권리를 침해한 때에는 피해자는 이에 대한 피해의 배상을 청구할 수 있다.

제22조　①모든 국민은 학문과 예술의 자유를 가진다.
②저작자·발명가·과학기술자와 예술가의 권리는 법률로써 보호한다.

제23조 ①모든 국민의 재산권은 보장된다. 그 내용과 한계는 법률로 정한다.

②재산권의 행사는 공공복리에 적합하도록 하여야 한다.

③공공필요에 의한 재산권의 수용·사용 또는 제한 및 그에 대한 보상은 법률로써 하되, 정당한 보상을 지급하여야 한다.

제24조 모든 국민은 법률이 정하는 바에 의하여 선거권을 가진다.

제25조 모든 국민은 법률이 정하는 바에 의하여 공무담임권을 가진다.

제26조 ①모든 국민은 법률이 정하는 바에 의하여 국가기관에 문서로 청원할 권리를 가진다.

②국가는 청원에 대하여 심사할 의무를 진다.

제27조 ①모든 국민은 헌법과 법률이 정한 법관에 의하여 법률에 의한 재판을 받을 권리를 가진다.

②군인 또는 군무원이 아닌 국민은 대한민국의 영역안에서는 중대한 군사상 기밀·초병·초소·유독음식물공급·포로·군용물에 관한 죄중 법률이 정한 경우와 비상계엄이 선포된 경우를 제외하고는 군사법원의 재판을 받지 아니한다.

③모든 국민은 신속한 재판을 받을 권리를 가진다. 형사피고인은 상당한 이유가 없는 한 지체없이 공개재판을 받을 권리를 가진다.

④형사피고인은 유죄의 판결이 확정될 때까지는 무죄로 추정된다.

⑤형사피해자는 법률이 정하는 바에 의하여 당해 사건의 재판절차에서 진술할 수 있다.

제28조　형사피의자 또는 형사피고인으로서 구금되었던 자가 법률이 정하는 불기소처분을 받거나 무죄판결을 받은 때에는 법률이 정하는 바에 의하여 국가에 정당한 보상을 청구할 수 있다.

제29조　①공무원의 직무상 불법행위로 손해를 받은 국민은 법률이 정하는 바에 의하여 국가 또는 공공단체에 정당한 배상을 청구할 수 있다. 이 경우 공무원 자신의 책임은 면제되지 아니한다.
②군인·군무원·경찰공무원 기타 법률이 정하는 자가 전투·훈련등 직무집행과 관련하여 받은 손해에 대하여는 법률이 정하는 보상외에 국가 또는 공공단체에 공무원의 직무상 불법행위로 인한 배상은 청구할 수 없다.

제30조　타인의 범죄행위로 인하여 생명·신체에 대한 피해를 받은 국민은 법률이 정하는 바에 의하여 국가로부터 구조를 받을 수 있다.

제31조　①모든 국민은 능력에 따라 균등하게 교육을 받을 권리를 가진다.
②모든 국민은 그 보호하는 자녀에게 적어도 초등교육과 법률이 정하는 교육을 받게 할 의무를 진다.
③의무교육은 무상으로 한다.
④교육의 자주성·전문성·정치적 중립성 및 대학의 자율성은 법률이 정하는 바에 의하여 보장된다.
⑤국가는 평생교육을 진흥하여야 한다.
⑥학교교육 및 평생교육을 포함한 교육제도와 그 운영, 교육재정 및 교원의 지위에 관한 기본적인 사항은 법률로 정한다.

제32조　①모든 국민은 근로의 권리를 가진다. 국가는 사회적·경제적 방법

으로 근로자의 고용의 증진과 적정임금의 보장에 노력하여야 하며, 법률이 정하는 바에 의하여 최저임금제를 시행하여야 한다.

②모든 국민은 근로의 의무를 진다. 국가는 근로의 의무의 내용과 조건을 민주주의원칙에 따라 법률로 정한다.

③근로조건의 기준은 인간의 존엄성을 보장하도록 법률로 정한다.

④여자의 근로는 특별한 보호를 받으며, 고용·임금 및 근로조건에 있어서 부당한 차별을 받지 아니한다.

⑤연소자의 근로는 특별한 보호를 받는다.

⑥국가유공자·상이군경 및 전몰군경의 유가족은 법률이 정하는 바에 의하여 우선적으로 근로의 기회를 부여받는다.

제33조 ①근로자는 근로조건의 향상을 위하여 자주적인 단결권·단체교섭권 및 단체행동권을 가진다.

②공무원인 근로자는 법률이 정하는 자에 한하여 단결권·단체교섭권 및 단체행동권을 가진다.

③법률이 정하는 주요방위산업체에 종사하는 근로자의 단체행동권은 법률이 정하는 바에 의하여 이를 제한하거나 인정하지 아니할 수 있다.

제34조 ①모든 국민은 인간다운 생활을 할 권리를 가진다.

②국가는 사회보장·사회복지의 증진에 노력할 의무를 진다.

③국가는 여자의 복지와 권익의 향상을 위하여 노력하여야 한다.

④국가는 노인과 청소년의 복지향상을 위한 정책을 실시할 의무를 진다.

⑤신체장애자 및 질병·노령 기타의 사유로 생활능력이 없는 국민은 법률이 정하는 바에 의하여 국가의 보호를 받는다.

⑥국가는 재해를 예방하고 그 위험으로부터 국민을 보호하기 위하여 노력

하여야 한다.

제35조 ①모든 국민은 건강하고 쾌적한 환경에서 생활할 권리를 가지며, 국가와 국민은 환경보전을 위하여 노력하여야 한다.

②환경권의 내용과 행사에 관하여는 법률로 정한다.

③국가는 주택개발정책등을 통하여 모든 국민이 쾌적한 주거생활을 할 수 있도록 노력하여야 한다.

제36조 ①혼인과 가족생활은 개인의 존엄과 양성의 평등을 기초로 성립되고 유지되어야 하며, 국가는 이를 보장한다.

②국가는 모성의 보호를 위하여 노력하여야 한다.

③모든 국민은 보건에 관하여 국가의 보호를 받는다.

제37조 ①국민의 자유와 권리는 헌법에 열거되지 아니한 이유로 경시되지 아니한다.

②국민의 모든 자유와 권리는 국가안전보장·질서유지 또는 공공복리를 위하여 필요한 경우에 한하여 법률로써 제한할 수 있으며, 제한하는 경우에도 자유와 권리의 본질적인 내용을 침해할 수 없다.

제38조 모든 국민은 법률이 정하는 바에 의하여 납세의 의무를 진다.

제39조 ①모든 국민은 법률이 정하는 바에 의하여 국방의 의무를 진다.

②누구든지 병역의무의 이행으로 인하여 불이익한 처우를 받지 아니한다.

제3장 국회

제40조 입법권은 국회에 속한다.

제41조 ①국회는 국민의 보통·평등·직접·비밀선거에 의하여 선출된 국회의원으로 구성한다.
②국회의원의 수는 법률로 정하되, 200인 이상으로 한다.
③국회의원의 선거구와 비례대표제 기타 선거에 관한 사항은 법률로 정한다.

제42조 국회의원의 임기는 4년으로 한다.

제43조 국회의원은 법률이 정하는 직을 겸할 수 없다.

제44조 ①국회의원은 현행범인인 경우를 제외하고는 회기중 국회의 동의 없이 체포 또는 구금되지 아니한다.
②국회의원이 회기전에 체포 또는 구금된 때에는 현행범인이 아닌 한 국회의 요구가 있으면 회기중 석방된다.

제45조 국회의원은 국회에서 직무상 행한 발언과 표결에 관하여 국회외에서 책임을 지지 아니한다.

제46조 ①국회의원은 청렴의 의무가 있다.
②국회의원은 국가이익을 우선하여 양심에 따라 직무를 행한다.
③국회의원은 그 지위를 남용하여 국가·공공단체 또는 기업체와의 계약이나 그 처분에 의하여 재산상의 권리·이익 또는 직위를 취득하거나 타인

을 위하여 그 취득을 알선할 수 없다.

제47조 ①국회의 정기회는 법률이 정하는 바에 의하여 매년 1회 집회되며, 국회의 임시회는 대통령 또는 국회재적의원 4분의 1 이상의 요구에 의하여 집회된다.
②정기회의 회기는 100일을, 임시회의 회기는 30일을 초과할 수 없다.
③대통령이 임시회의 집회를 요구할 때에는 기간과 집회요구의 이유를 명시하여야 한다.

제48조 국회는 의장 1인과 부의장 2인을 선출한다.

제49조 국회는 헌법 또는 법률에 특별한 규정이 없는 한 재적의원 과반수의 출석과 출석의원 과반수의 찬성으로 의결한다. 가부동수인 때에는 부결된 것으로 본다.

제50조 ①국회의 회의는 공개한다. 다만, 출석의원 과반수의 찬성이 있거나 의장이 국가의 안전보장을 위하여 필요하다고 인정할 때에는 공개하지 아니할 수 있다.
②공개하지 아니한 회의내용의 공표에 관하여는 법률이 정하는 바에 의한다.

제51조 국회에 제출된 법률안 기타의 의안은 회기중에 의결되지 못한 이유로 폐기되지 아니한다. 다만, 국회의원의 임기가 만료된 때에는 그러하지 아니하다.

제52조 국회의원과 정부는 법률안을 제출할 수 있다.

제53조　①국회에서 의결된 법률안은 정부에 이송되어 15일 이내에 대통령이 공포한다.

②법률안에 이의가 있을 때에는 대통령은 제1항의 기간내에 이의서를 붙여 국회로 환부하고, 그 재의를 요구할 수 있다. 국회의 폐회중에도 또한 같다.

③대통령은 법률안의 일부에 대하여 또는 법률안을 수정하여 재의를 요구할 수 없다.

④재의의 요구가 있을 때에는 국회는 재의에 붙이고, 재적의원과반수의 출석과 출석의원 3분의 2 이상의 찬성으로 전과 같은 의결을 하면 그 법률안은 법률로서 확정된다.

⑤대통령이 제1항의 기간내에 공포나 재의의 요구를 하지 아니한 때에도 그 법률안은 법률로서 확정된다.

⑥대통령은 제4항과 제5항의 규정에 의하여 확정된 법률을 지체없이 공포하여야 한다. 제5항에 의하여 법률이 확정된 후 또는 제4항에 의한 확정법률이 정부에 이송된 후 5일 이내에 대통령이 공포하지 아니할 때에는 국회의장이 이를 공포한다.

⑦법률은 특별한 규정이 없는 한 공포한 날로부터 20일을 경과함으로써 효력을 발생한다.

제54조　①국회는 국가의 예산안을 심의·확정한다.

②정부는 회계연도마다 예산안을 편성하여 회계연도 개시 90일전까지 국회에 제출하고, 국회는 회계연도 개시 30일전까지 이를 의결하여야 한다.

③새로운 회계연도가 개시될 때까지 예산안이 의결되지 못한 때에는 정부는 국회에서 예산안이 의결될 때까지 다음의 목적을 위한 경비는 전년도 예산에 준하여 집행할 수 있다.

1. 헌법이나 법률에 의하여 설치된 기관 또는 시설의 유지·운영
2. 법률상 지출의무의 이행
3. 이미 예산으로 승인된 사업의 계속

제55조　①한 회계연도를 넘어 계속하여 지출할 필요가 있을 때에는 정부는 연한을 정하여 계속비로서 국회의 의결을 얻어야 한다.
②예비비는 총액으로 국회의 의결을 얻어야 한다. 예비비의 지출은 차기 국회의 승인을 얻어야 한다.

제56조　정부는 예산에 변경을 가할 필요가 있을 때에는 추가경정예산안을 편성하여 국회에 제출할 수 있다.

제57조　국회는 정부의 동의없이 정부가 제출한 지출예산 각항의 금액을 증가하거나 새 비목을 설치할 수 없다.

제58조　국채를 모집하거나 예산외에 국가의 부담이 될 계약을 체결하려 할 때에는 정부는 미리 국회의 의결을 얻어야 한다.

제59조　조세의 종목과 세율은 법률로 정한다.

제60조　①국회는 상호원조 또는 안전보장에 관한 조약, 중요한 국제조직에 관한 조약, 우호통상항해조약, 주권의 제약에 관한 조약, 강화조약, 국가나 국민에게 중대한 재정적 부담을 지우는 조약 또는 입법사항에 관한 조약의 체결·비준에 대한 동의권을 가진다.
②국회는 선전포고, 국군의 외국에의 파견 또는 외국군대의 대한민국 영

역안에서의 주류에 대한 동의권을 가진다.

제61조 ①국회는 국정을 감사하거나 특정한 국정사안에 대하여 조사할 수 있으며, 이에 필요한 서류의 제출 또는 증인의 출석과 증언이나 의견의 진술을 요구할 수 있다.
②국정감사 및 조사에 관한 절차 기타 필요한 사항은 법률로 정한다.

제62조 ①국무총리·국무위원 또는 정부위원은 국회나 그 위원회에 출석하여 국정처리상황을 보고하거나 의견을 진술하고 질문에 응답할 수 있다.
②국회나 그 위원회의 요구가 있을 때에는 국무총리·국무위원 또는 정부위원은 출석·답변하여야 하며, 국무총리 또는 국무위원이 출석요구를 받은 때에는 국무위원 또는 정부위원으로 하여금 출석·답변하게 할 수 있다.

제63조 ①국회는 국무총리 또는 국무위원의 해임을 대통령에게 건의할 수 있다.
②제1항의 해임건의는 국회재적의원 3분의 1 이상의 발의에 의하여 국회재적의원 과반수의 찬성이 있어야 한다.

제64조 ①국회는 법률에 저촉되지 아니하는 범위안에서 의사와 내부규율에 관한 규칙을 제정할 수 있다.
②국회는 의원의 자격을 심사하며, 의원을 징계할 수 있다.
③의원을 제명하려면 국회재적의원 3분의 2 이상의 찬성이 있어야 한다.
④제2항과 제3항의 처분에 대하여는 법원에 제소할 수 없다.

제65조　①대통령·국무총리·국무위원·행정각부의 장·헌법재판소 재판관·법관·중앙선거관리위원회 위원·감사원장·감사위원 기타 법률이 정한 공무원이 그 직무집행에 있어서 헌법이나 법률을 위배한 때에는 국회는 탄핵의 소추를 의결할 수 있다.

②제1항의 탄핵소추는 국회재적의원 3분의 1 이상의 발의가 있어야 하며, 그 의결은 국회재적의원 과반수의 찬성이 있어야 한다. 다만, 대통령에 대한 탄핵소추는 국회재적의원 과반수의 발의와 국회재적의원 3분의 2 이상의 찬성이 있어야 한다.

③탄핵소추의 의결을 받은 자는 탄핵심판이 있을 때까지 그 권한행사가 정지된다.

④탄핵결정은 공직으로부터 파면함에 그친다. 그러나, 이에 의하여 민사상이나 형사상의 책임이 면제되지는 아니한다.

제4장 정부

제1절 대통령

제66조　①대통령은 국가의 원수이며, 외국에 대하여 국가를 대표한다.

②대통령은 국가의 독립·영토의 보전·국가의 계속성과 헌법을 수호할 책무를 진다.

③대통령은 조국의 평화적 통일을 위한 성실한 의무를 진다.

④행정권은 대통령을 수반으로 하는 정부에 속한다.

제67조　①대통령은 국민의 보통·평등·직접·비밀선거에 의하여 선출한다.

②제1항의 선거에 있어서 최고득표자가 2인 이상인 때에는 국회의 재적의원 과반수가 출석한 공개회의에서 다수표를 얻은 자를 당선자로 한다.

③대통령후보자가 1인일 때에는 그 득표수가 선거권자 총수의 3분의 1 이상이 아니면 대통령으로 당선될 수 없다.

④대통령으로 선거될 수 있는 자는 국회의원의 피선거권이 있고 선거일 현재 40세에 달하여야 한다.

⑤대통령의 선거에 관한 사항은 법률로 정한다.

제68조　①대통령의 임기가 만료되는 때에는 임기만료 70일 내지 40일전에 후임자를 선거한다.

②대통령이 궐위된 때 또는 대통령 당선자가 사망하거나 판결 기타의 사유로 그 자격을 상실한 때에는 60일 이내에 후임자를 선거한다.

제69조　대통령은 취임에 즈음하여 다음의 선서를 한다.

"나는 헌법을 준수하고 국가를 보위하며 조국의 평화적 통일과 국민의 자유와 복리의 증진 및 민족문화의 창달에 노력하여 대통령으로서의 직책을 성실히 수행할 것을 국민 앞에 엄숙히 선서합니다."

제70조　대통령의 임기는 5년으로 하며, 중임할 수 없다.

제71조　대통령이 궐위되거나 사고로 인하여 직무를 수행할 수 없을 때에는 국무총리, 법률이 정한 국무위원의 순서로 그 권한을 대행한다.

제72조　대통령은 필요하다고 인정할 때에는 외교·국방·통일 기타 국가안위에 관한 중요정책을 국민투표에 붙일 수 있다.

제73조　대통령은 조약을 체결·비준하고, 외교사절을 신임·접수 또는 파

견하며, 선전포고와 강화를 한다.

제74조　①대통령은 헌법과 법률이 정하는 바에 의하여 국군을 통수한다.
②국군의 조직과 편성은 법률로 정한다.

제75조　대통령은 법률에서 구체적으로 범위를 정하여 위임받은 사항과 법률을 집행하기 위하여 필요한 사항에 관하여 대통령령을 발할 수 있다.

제76조　①대통령은 내우·외환·천재·지변 또는 중대한 재정·경제상의 위기에 있어서 국가의 안전보장 또는 공공의 안녕질서를 유지하기 위하여 긴급한 조치가 필요하고 국회의 집회를 기다릴 여유가 없을 때에 한하여 최소한으로 필요한 재정·경제상의 처분을 하거나 이에 관하여 법률의 효력을 가지는 명령을 발할 수 있다.
②대통령은 국가의 안위에 관계되는 중대한 교전상태에 있어서 국가를 보위하기 위하여 긴급한 조치가 필요하고 국회의 집회가 불가능한 때에 한하여 법률의 효력을 가지는 명령을 발할 수 있다.
③대통령은 제1항과 제2항의 처분 또는 명령을 한 때에는 지체없이 국회에 보고하여 그 승인을 얻어야 한다.
④제3항의 승인을 얻지 못한 때에는 그 처분 또는 명령은 그때부터 효력을 상실한다. 이 경우 그 명령에 의하여 개정 또는 폐지되었던 법률은 그 명령이 승인을 얻지 못한 때부터 당연히 효력을 회복한다.
⑤대통령은 제3항과 제4항의 사유를 지체없이 공포하여야 한다.

제77조　①대통령은 전시·사변 또는 이에 준하는 국가비상사태에 있어서 병력으로써 군사상의 필요에 응하거나 공공의 안녕질서를 유지할 필요가

있을 때에는 법률이 정하는 바에 의하여 계엄을 선포할 수 있다.

②계엄은 비상계엄과 경비계엄으로 한다.

③비상계엄이 선포된 때에는 법률이 정하는 바에 의하여 영장제도, 언론·출판·집회·결사의 자유, 정부나 법원의 권한에 관하여 특별한 조치를 할 수 있다.

④계엄을 선포한 때에는 대통령은 지체없이 국회에 통고하여야 한다.

⑤국회가 재적의원 과반수의 찬성으로 계엄의 해제를 요구한 때에는 대통령은 이를 해제하여야 한다.

제78조 대통령은 헌법과 법률이 정하는 바에 의하여 공무원을 임면한다.

제79조 ①대통령은 법률이 정하는 바에 의하여 사면·감형 또는 복권을 명할 수 있다.

②일반사면을 명하려면 국회의 동의를 얻어야 한다.

③사면·감형 및 복권에 관한 사항은 법률로 정한다.

제80조 대통령은 법률이 정하는 바에 의하여 훈장 기타의 영전을 수여한다.

제81조 대통령은 국회에 출석하여 발언하거나 서한으로 의견을 표시할 수 있다.

제82조 대통령의 국법상 행위는 문서로써 하며, 이 문서에는 국무총리와 관계 국무위원이 부서한다. 군사에 관한 것도 또한 같다.

제83조 대통령은 국무총리·국무위원·행정각부의 장 기타 법률이 정하는

공사의 직을 겸할 수 없다.

제84조 대통령은 내란 또는 외환의 죄를 범한 경우를 제외하고는 재직중 형사상의 소추를 받지 아니한다.

제85조 전직대통령의 신분과 예우에 관하여는 법률로 정한다.

제2절 행정부

제1관 국무총리와 국무위원

제86조 ①국무총리는 국회의 동의를 얻어 대통령이 임명한다.
②국무총리는 대통령을 보좌하며, 행정에 관하여 대통령의 명을 받아 행정 각부를 통할한다.
③군인은 현역을 면한 후가 아니면 국무총리로 임명될 수 없다.

제87조 ①국무위원은 국무총리의 제청으로 대통령이 임명한다.
②국무위원은 국정에 관하여 대통령을 보좌하며, 국무회의의 구성원으로서 국정을 심의한다.
③국무총리는 국무위원의 해임을 대통령에게 건의할 수 있다.
④군인은 현역을 면한 후가 아니면 국무위원으로 임명될 수 없다.

제2관 국무회의

제88조 ①국무회의는 정부의 권한에 속하는 중요한 정책을 심의한다.
②국무회의는 대통령·국무총리와 15인 이상 30인 이하의 국무위원으로 구성한다.

③대통령은 국무회의의 의장이 되고, 국무총리는 부의장이 된다.

제89조　다음 사항은 국무회의의 심의를 거쳐야 한다.
1. 국정의 기본계획과 정부의 일반정책
2. 선전·강화 기타 중요한 대외정책
3. 헌법개정안·국민투표안·조약안·법률안 및 대통령령안
4. 예산안·결산·국유재산처분의 기본계획·국가의 부담이 될 계약 기타 재정에 관한 중요사항
5. 대통령의 긴급명령·긴급재정경제처분 및 명령 또는 계엄과 그 해제
6. 군사에 관한 중요사항
7. 국회의 임시회 집회의 요구
8. 영전수여
9. 사면·감형과 복권
10. 행정각부간의 권한의 획정
11. 정부안의 권한의 위임 또는 배정에 관한 기본계획
12. 국정처리상황의 평가·분석
13. 행정각부의 중요한 정책의 수립과 조정
14. 정당해산의 제소
15. 정부에 제출 또는 회부된 정부의 정책에 관계되는 청원의 심사
16. 검찰총장·합동참모의장·각군참모총장·국립대학교총장·대사 기타 법률이 정한 공무원과 국영기업체관리자의 임명
17. 기타 대통령·국무총리 또는 국무위원이 제출한 사항

제90조　①국정의 중요한 사항에 관한 대통령의 자문에 응하기 위하여 국가원로로 구성되는 국가원로자문회의를 둘 수 있다.

②국가원로자문회의의 의장은 직전대통령이 된다. 다만, 직전대통령이 없을 때에는 대통령이 지명한다.

③국가원로자문회의의 조직·직무범위 기타 필요한 사항은 법률로 정한다.

제91조 ①국가안전보장에 관련되는 대외정책·군사정책과 국내정책의 수립에 관하여 국무회의의 심의에 앞서 대통령의 자문에 응하기 위하여 국가안전보장회의를 둔다.

②국가안전보장회의는 대통령이 주재한다.

③국가안전보장회의의 조직·직무범위 기타 필요한 사항은 법률로 정한다.

제92조 ①평화통일정책의 수립에 관한 대통령의 자문에 응하기 위하여 민주평화통일자문회의를 둘 수 있다.

②민주평화통일자문회의의 조직·직무범위 기타 필요한 사항은 법률로 정한다.

제93조 ①국민경제의 발전을 위한 중요정책의 수립에 관하여 대통령의 자문에 응하기 위하여 국민경제자문회의를 둘 수 있다.

②국민경제자문회의의 조직·직무범위 기타 필요한 사항은 법률로 정한다.

제3관 행정각부

제94조 행정각부의 장은 국무위원 중에서 국무총리의 제청으로 대통령이 임명한다.

제95조 국무총리 또는 행정각부의 장은 소관사무에 관하여 법률이나 대통

령령의 위임 또는 직권으로 총리령 또는 부령을 발할 수 있다.

제96조　행정각부의 설치·조직과 직무범위는 법률로 정한다.

제4관 감사원

제97조　국가의 세입·세출의 결산, 국가 및 법률이 정한 단체의 회계검사와 행정기관 및 공무원의 직무에 관한 감찰을 하기 위하여 대통령 소속하에 감사원을 둔다.

제98조　①감사원은 원장을 포함한 5인 이상 11인 이하의 감사위원으로 구성한다.
②원장은 국회의 동의를 얻어 대통령이 임명하고, 그 임기는 4년으로 하며, 1차에 한하여 중임할 수 있다.
③감사위원은 원장의 제청으로 대통령이 임명하고, 그 임기는 4년으로 하며, 1차에 한하여 중임할 수 있다.

제99조　감사원은 세입·세출의 결산을 매년 검사하여 대통령과 차년도국회에 그 결과를 보고하여야 한다.

제100조　감사원의 조직·직무범위·감사위원의 자격·감사대상공무원의 범위 기타 필요한 사항은 법률로 정한다.

제5장 법원

제101조　①사법권은 법관으로 구성된 법원에 속한다.

②법원은 최고법원인 대법원과 각급법원으로 조직된다.

③법관의 자격은 법률로 정한다.

제102조　①대법원에 부를 둘 수 있다.

②대법원에 대법관을 둔다. 다만, 법률이 정하는 바에 의하여 대법관이 아닌 법관을 둘 수 있다.

③대법원과 각급법원의 조직은 법률로 정한다.

제103조　법관은 헌법과 법률에 의하여 그 양심에 따라 독립하여 심판한다.

제104조　①대법원장은 국회의 동의를 얻어 대통령이 임명한다.

②대법관은 대법원장의 제청으로 국회의 동의를 얻어 대통령이 임명한다.

③대법원장과 대법관이 아닌 법관은 대법관회의의 동의를 얻어 대법원장이 임명한다.

제105조　①대법원장의 임기는 6년으로 하며, 중임할 수 없다.

②대법관의 임기는 6년으로 하며, 법률이 정하는 바에 의하여 연임할 수 있다.

③대법원장과 대법관이 아닌 법관의 임기는 10년으로 하며, 법률이 정하는 바에 의하여 연임할 수 있다.

④법관의 정년은 법률로 정한다.

제106조　①법관은 탄핵 또는 금고 이상의 형의 선고에 의하지 아니하고는 파면되지 아니하며, 징계처분에 의하지 아니하고는 정직·감봉 기타 불리한 처분을 받지 아니한다.

②법관이 중대한 심신상의 장해로 직무를 수행할 수 없을 때에는 법률이 정하는 바에 의하여 퇴직하게 할 수 있다.

제107조 ①법률이 헌법에 위반되는 여부가 재판의 전제가 된 경우에는 법원은 헌법재판소에 제청하여 그 심판에 의하여 재판한다.
②명령·규칙 또는 처분이 헌법이나 법률에 위반되는 여부가 재판의 전제가 된 경우에는 대법원은 이를 최종적으로 심사할 권한을 가진다.
③재판의 전심절차로서 행정심판을 할 수 있다. 행정심판의 절차는 법률로 정하되, 사법절차가 준용되어야 한다.

제108조 대법원은 법률에 저촉되지 아니하는 범위안에서 소송에 관한 절차, 법원의 내부규율과 사무처리에 관한 규칙을 제정할 수 있다.

제109조 재판의 심리와 판결은 공개한다. 다만, 심리는 국가의 안전보장 또는 안녕질서를 방해하거나 선량한 풍속을 해할 염려가 있을 때에는 법원의 결정으로 공개하지 아니할 수 있다.

제110조 ①군사재판을 관할하기 위하여 특별법원으로서 군사법원을 둘 수 있다.
②군사법원의 상고심은 대법원에서 관할한다.
③군사법원의 조직·권한 및 재판관의 자격은 법률로 정한다.
④비상계엄하의 군사재판은 군인·군무원의 범죄나 군사에 관한 간첩죄의 경우와 초병·초소·유독음식물공급·포로에 관한 죄중 법률이 정한 경우에 한하여 단심으로 할 수 있다. 다만, 사형을 선고한 경우에는 그러하지 아니하다.

제6장 헌법재판소

제111조　①헌법재판소는 다음 사항을 관장한다.

1. 법원의 제청에 의한 법률의 위헌여부 심판

2. 탄핵의 심판

3. 정당의 해산 심판

4. 국가기관 상호간, 국가기관과 지방자치단체간 및 지방자치단체 상호간의 권한쟁의에 관한 심판

5. 법률이 정하는 헌법소원에 관한 심판

②헌법재판소는 법관의 자격을 가진 9인의 재판관으로 구성하며, 재판관은 대통령이 임명한다.

③제2항의 재판관중 3인은 국회에서 선출하는 자를, 3인은 대법원장이 지명하는 자를 임명한다.

④헌법재판소의 장은 국회의 동의를 얻어 재판관중에서 대통령이 임명한다.

제112조　①헌법재판소 재판관의 임기는 6년으로 하며, 법률이 정하는 바에 의하여 연임할 수 있다.

②헌법재판소 재판관은 정당에 가입하거나 정치에 관여할 수 없다.

③헌법재판소 재판관은 탄핵 또는 금고 이상의 형의 선고에 의하지 아니하고는 파면되지 아니한다.

제113조　①헌법재판소에서 법률의 위헌결정, 탄핵의 결정, 정당해산의 결정 또는 헌법소원에 관한 인용결정을 할 때에는 재판관 6인 이상의 찬성이 있어야 한다.

②헌법재판소는 법률에 저촉되지 아니하는 범위안에서 심판에 관한 절차,

내부규율과 사무처리에 관한 규칙을 제정할 수 있다.

③헌법재판소의 조직과 운영 기타 필요한 사항은 법률로 정한다.

제7장 선거관리

제114조 ①선거와 국민투표의 공정한 관리 및 정당에 관한 사무를 처리하기 위하여 선거관리위원회를 둔다.

②중앙선거관리위원회는 대통령이 임명하는 3인, 국회에서 선출하는 3인과 대법원장이 지명하는 3인의 위원으로 구성한다. 위원장은 위원중에서 호선한다.

③위원의 임기는 6년으로 한다.

④위원은 정당에 가입하거나 정치에 관여할 수 없다.

⑤위원은 탄핵 또는 금고 이상의 형의 선고에 의하지 아니하고는 파면되지 아니한다.

⑥중앙선거관리위원회는 법령의 범위안에서 선거관리·국민투표관리 또는 정당사무에 관한 규칙을 제정할 수 있으며, 법률에 저촉되지 아니하는 범위안에서 내부규율에 관한 규칙을 제정할 수 있다.

⑦각급 선거관리위원회의 조직·직무범위 기타 필요한 사항은 법률로 정한다.

제115조 ①각급 선거관리위원회는 선거인명부의 작성등 선거사무와 국민투표사무에 관하여 관계 행정기관에 필요한 지시를 할 수 있다.

②제1항의 지시를 받은 당해 행정기관은 이에 응하여야 한다.

제116조 ①선거운동은 각급 선거관리위원회의 관리하에 법률이 정하는

범위안에서 하되, 균등한 기회가 보장되어야 한다.

②선거에 관한 경비는 법률이 정하는 경우를 제외하고는 정당 또는 후보자에게 부담시킬 수 없다.

제8장 지방자치

제117조 ①지방자치단체는 주민의 복리에 관한 사무를 처리하고 재산을 관리하며, 법령의 범위안에서 자치에 관한 규정을 제정할 수 있다.

②지방자치단체의 종류는 법률로 정한다.

제118조 ①지방자치단체에 의회를 둔다.

②지방의회의 조직·권한·의원선거와 지방자치단체의 장의 선임방법 기타 지방자치단체의 조직과 운영에 관한 사항은 법률로 정한다.

제9장 경제

제119조 ①대한민국의 경제질서는 개인과 기업의 경제상의 자유와 창의를 존중함을 기본으로 한다.

②국가는 균형있는 국민경제의 성장 및 안정과 적정한 소득의 분배를 유지하고, 시장의 지배와 경제력의 남용을 방지하며, 경제주체간의 조화를 통한 경제의 민주화를 위하여 경제에 관한 규제와 조정을 할 수 있다.

제120조 ①광물 기타 중요한 지하자원·수산자원·수력과 경제상 이용할 수 있는 자연력은 법률이 정하는 바에 의하여 일정한 기간 그 채취·개발 또는 이용을 특허할 수 있다.

②국토와 자원은 국가의 보호를 받으며, 국가는 그 균형있는 개발과 이용

을 위하여 필요한 계획을 수립한다.

제121조 ①국가는 농지에 관하여 경자유전의 원칙이 달성될 수 있도록 노력하여야 하며, 농지의 소작제도는 금지된다.
②농업생산성의 제고와 농지의 합리적인 이용을 위하거나 불가피한 사정으로 발생하는 농지의 임대차와 위탁경영은 법률이 정하는 바에 의하여 인정된다.

제122조 국가는 국민 모두의 생산 및 생활의 기반이 되는 국토의 효율적이고 균형있는 이용·개발과 보전을 위하여 법률이 정하는 바에 의하여 그에 관한 필요한 제한과 의무를 과할 수 있다.

제123조 ①국가는 농업 및 어업을 보호·육성하기 위하여 농·어촌종합개발과 그 지원등 필요한 계획을 수립·시행하여야 한다.
②국가는 지역간의 균형있는 발전을 위하여 지역경제를 육성할 의무를 진다.
③국가는 중소기업을 보호·육성하여야 한다.
④국가는 농수산물의 수급균형과 유통구조의 개선에 노력하여 가격안정을 도모함으로써 농·어민의 이익을 보호한다.
⑤국가는 농·어민과 중소기업의 자조조직을 육성하여야 하며, 그 자율적 활동과 발전을 보장한다.

제124조 국가는 건전한 소비행위를 계도하고 생산품의 품질향상을 촉구하기 위한 소비자보호운동을 법률이 정하는 바에 의하여 보장한다.

제125조 국가는 대외무역을 육성하며, 이를 규제·조정할 수 있다.

제126조　국방상 또는 국민경제상 긴절한 필요로 인하여 법률이 정하는 경우를 제외하고는, 사영기업을 국유 또는 공유로 이전하거나 그 경영을 통제 또는 관리할 수 없다.

제127조　①국가는 과학기술의 혁신과 정보 및 인력의 개발을 통하여 국민경제의 발전에 노력하여야 한다.
②국가는 국가표준제도를 확립한다.
③대통령은 제1항의 목적을 달성하기 위하여 필요한 자문기구를 둘 수 있다.

제10장 헌법개정

제128조　①헌법개정은 국회재적의원 과반수 또는 대통령의 발의로 제안된다.
②대통령의 임기연장 또는 중임변경을 위한 헌법개정은 그 헌법개정 제안 당시의 대통령에 대하여는 효력이 없다.

제129조　제안된 헌법개정안은 대통령이 20일 이상의 기간 이를 공고하여야 한다.

제130조　①국회는 헌법개정안이 공고된 날로부터 60일 이내에 의결하여야 하며, 국회의 의결은 재적의원 3분의 2 이상의 찬성을 얻어야 한다.
②헌법개정안은 국회가 의결한 후 30일 이내에 국민투표에 붙여 국회의원선거권자 과반수의 투표와 투표자 과반수의 찬성을 얻어야 한다.
③헌법개정안이 제2항의 찬성을 얻은 때에는 헌법개정은 확정되며, 대통령은 즉시 이를 공포하여야 한다.

부칙

제1조 이 헌법은 1988년 2월 25일부터 시행한다. 다만, 이 헌법을 시행하기 위하여 필요한 법률의 제정·개정과 이 헌법에 의한 대통령 및 국회의원의 선거 기타 이 헌법시행에 관한 준비는 이 헌법시행 전에 할 수 있다.

제2조 ①이 헌법에 의한 최초의 대통령선거는 이 헌법시행일 40일 전까지 실시한다.
②이 헌법에 의한 최초의 대통령의 임기는 이 헌법시행일로부터 개시한다.

제3조 ①이 헌법에 의한 최초의 국회의원선거는 이 헌법공포일로부터 6월 이내에 실시하며, 이 헌법에 의하여 선출된 최초의 국회의원의 임기는 국회의원선거후 이 헌법에 의한 국회의 최초의 집회일로부터 개시한다.
②이 헌법공포 당시의 국회의원의 임기는 제1항에 의한 국회의 최초의 집회일 전일까지로 한다.

제4조 ①이 헌법시행 당시의 공무원과 정부가 임명한 기업체의 임원은 이 헌법에 의하여 임명된 것으로 본다. 다만, 이 헌법에 의하여 선임방법이나 임명권자가 변경된 공무원과 대법원장 및 감사원장은 이 헌법에 의하여 후임자가 선임될 때까지 그 직무를 행하며, 이 경우 전임자인 공무원의 임기는 후임자가 선임되는 전일까지로 한다.
②이 헌법시행 당시의 대법원장과 대법원판사가 아닌 법관은 제1항 단서의 규정에 불구하고 이 헌법에 의하여 임명된 것으로 본다.
③이 헌법중 공무원의 임기 또는 중임제한에 관한 규정은 이 헌법에 의하여 그 공무원이 최초로 선출 또는 임명된 때로부터 적용한다.

제5조   이 헌법시행 당시의 법령과 조약은 이 헌법에 위배되지 아니하는 한 그 효력을 지속한다.

제6조   이 헌법시행 당시에 이 헌법에 의하여 새로 설치될 기관의 권한에 속하는 직무를 행하고 있는 기관은 이 헌법에 의하여 새로운 기관이 설치 될 때까지 존속하며 그 직무를 행한다.